KB153088

조선사 진검승부

조선사
진검승부

劍
眞 負
勝

『조선왕조실록』에 감춰진 500년의 진실

이한우 지음

해냄

사람이 있는 역사를 위하여

그분들은 계속 우리에게 말을 걸어왔지만 우리는 이런저런 이유로 그 말씀을 외면해 온 것이 아닌가 싶다. 우선 그분들을 생각하면 '남루했다'. 도무지 저런 사람들에게서 무엇을 배울 수 있을 것인가? 도대체 무슨 생각으로 살았길래 우리에게 국망(國亡)이라는 크나큰 치욕을 안겨준 것일까?

애써 그분들을 감싸 안는다고 해도 인생을 살아가야 할 지혜는 도무지 배울 게 없을 것 같았다. 그러니 그저 아무런 발언 하지 말고 그냥 곁에 조용히만 있어주었으면 좋겠다고 생각했다. 그분들이 민주화니 정보화니 글로벌라이제이션이니 하는 말들을 알기나 했겠는가? 그저 공자왈 주자왈 하다가 나라를 망쳐버린 것은 아닌가.

오만(傲慢). 나의, 혹은 우리의 이런 태도를 깨닫는 데 수십 년이 걸린 듯하다. 2001년부터 시작된 필자의 '실록' 읽기는 조선 시대에 대한 대한민국 사람들의 오만을 털어내는 과정이었다고 할 수 있다. 그 어떤 역사 방법론으로도 얻을 수 없는, 우리 역사로 들어가는 길은 그렇게 조금씩 조금씩 열렸다.

이제야 그분들의 삶이 제대로 눈에 들어오기 시작했다. 그분들의 삶은 우리와 조금도 다르지 않았다. 주어진 여건 하에서 최선을 다하고 또 좌절하기도 했다. 조선이 가야 할 방향을 두고서 피비린내 나는 정쟁을 벌였고 그 속에는 뛰어난 경세가도 있었고 술수로 무장한 책략가도 있었다. 충신이 있었고 간신이 있었다. 청렴결백한 사람이 있었고 뇌물에 찌든 탐오한 사람이 있었다.

오만을 버릴 때 어설픈 도덕의 잣대도 함께 버렸다. 그렇다고 도덕의식마저 버린 것은 아니다. 다만 나 스스로 지키지도 못할 엄격한 잣대로 선조들의 삶을 재단(裁斷)할 수 있다는 생각만큼은 분명히 버렸다. 그때서야 경세가의 삶은 그대로, 책략가의 삶도 그대로 받아들일 수 있었다. 충신도 간신도, 청백리도 장리(贓吏)도 다 조상들이 살아낸 삶의 한 조각이라는 것도 받아들이게 됐다.

비로소 개론이나 통사의 틀에 갇혀 있던 역사가 풍요로워졌다. 죽은 그림처럼 존재했던 역사 속 인물들 하나하나가 살아나 말을 하기 시작했고 그 말들이 조금씩 들리기 시작했다. 솔직히 처음에는 그들이 하는 소리를 알아들을 수 없을까 봐 불안했던 것도 사실이다. 시간적으로 너무 떨어져 있는데다가 사고방식도 우리와는 전혀 다를 것이라고 지레짐작했기 때문이다.

그렇지 않았다. 귀를 기울인 순간 조상들과 나 사이에 친밀감이 생겨났다. 어떤 때는 외국이론의 틀에 갇혀 앵무새처럼 이런저런 이론을 떠들어대는 동시대 학자들의 발언보다 더 친근하게 와닿았다. 그제서야 깨달았다. 아, 그분들은 다른 나라 사람의 조상이 아니라 우리의 조상이라는 사실을.

이 책에 모자이크처럼 모아놓은 조선 사람들 이야기에는 이런 뒤늦은 각성이 녹아들어 있다. 그렇다고 조선 시대와 조선 사람들을 미화하려는 것이 아니다. 그저 그 시대를 열심히 살아낸 사람들을 있었던 그대로 받아들이자는 것이다. 우리가 보는 눈이 있으면 그분들의 삶속에서 무수히 많은 것들을 읽어낼 수 있다. 보는 눈이 없으면 아무 것도 읽어낼 수 없다. 다만 보는 눈이 없어 보지 못해놓고 그분들에게는 아무 것도 없었다는 식의 오만불손은 경계해야 한다.

한 가지 예를 들어보겠다. 역사가 발전한다고 할 때 역사 속의 무엇이 발전하는 것일까라는 질문은 대학원 시절 역사철학을 공부할 때부터 늘 풀리지 않는 숙제처럼 머리 속을 맴돌던 화두(話頭)였다. 조선의 역사와 대한민국의 역사를 비교하면 역사는 분명히 발전하고 있는 것 같은데 정작 무엇이 발전했느냐고 묻는다면 쉽게 답할 수가 없다.

물론 당장 몇 가지 내놓을 수 있는 일반적인 잣대가 없는 것은 아니다. 자유, 인권, 경제수준, 국민들의 지적 수준, 민주제도 등이 그것이다. 근대사회를 이루는 기본적인 원칙에서 보자면 대한민국은 분명 조선 시대와는 비교할 수 없는 발전을 이루었다.

그러나 유감스럽게도 조선에 대해 대한민국이 우위를 갖는 것은 여기까지다. 대한민국의 정치가 조선의 정치보다 나았다고 자신할 수 있는가? 예를 들어 조선의 의정부와 대한민국의 국회를 비교해 보자. 조선의 경우 판서를 거치며 능력과 경륜이 검증된 사람들로 의정부를 구성했다. 의정부에는 영의정, 좌의정, 우의정 등 3정승과 좌우 찬성, 좌우 참찬 등이 포진해 국정 전반을 국왕과 함께 토의했다. 또 의정부 정승을 지낸 사람들은 중추부로 물러나 국가 중대사에 대해서는 전직 정승으로서 국정에 참여했다. 대략 30여 명 정도의 경륜가들이 국정의 큰 방향을 논의했다고 할 수 있다.

    반면 오늘날 대한민국은 300명으로 구성된 국회가 국정 전반을 논의한다. 과연 그들의 전문성이 30여 명으로 구성된 의정부 중추부의 전·현직 정승과 찬성, 참찬 등의 전문성을 능가할 수 있을까? 나는 결코 그렇지 않다고 생각한다. 우리가 역사 앞에서 겸손해져야 하는 이유다.

    끝으로 사람이 있는 역사를 강조하고 싶다. 역사학의 경우 연구의 성격상 제도나 구조에 초점을 맞출 수밖에 없다. 그러다보니 사람이 빠진다. 사람이 빠진 역사학은 무미건조하여 후대에 별다른 가르침을 주지 못한다. 역사적 경향을 발견하게 해주지만 그것은 너무 큰 이야기다. 역사에 사람을 채워주는 일은 곧 역사와 삶을 만나게 하는 작업이다. 필자가 죽은 역사에 생명을 불어넣는 일에 흥미를 느끼는 것도 실은 역사와 삶을 만나게 하는 일이 주는 즐거움 때문이다.

    견강부회(牽强附會)가 없지는 않겠지만 꼭지마다 앞에 그 꼭지의 내용을 압축할 만한 사자성어(四字成語)를 걸어놓은 것도 조상들로부터 삶의 지혜를 얻는 데 초점을 두었기 때문이다. 사자성어와 함께 하나하나의 에피소드를 음미해 본다면 그저 옛 이야기로 그치지 않고 살아있는 지금의 이야기가 될 수 있으리라 믿는다.

    원래 이 작업은 지금은《조선일보》를 떠난 대선배 김종래 전국장의 제안으로《주간조선》에 1년간 장기연재한 원고들이 바탕이 됐다. 당시 편집장으로 있었고 지금은 문화관광부 차관이 된 신재민 선배의 격려도 큰 힘이 됐다. 먼저 두 선배께 감사드린다.

    해냄출판사 송영석 사장, 이번 원고의 편집을 맡아 난삽한 원고를 환골탈태(換骨奪胎)시켜준 정진라 씨에게 깊은 감사를 전한다.

11월 3일 이한우

차
례

2장 살아남으려면 권력을 거머쥐라 권력의 실체

3장 참을 수 없는 유혹에 쓰러지다 불편한 진실

뜻이 좋아도 법도가 있다 겉과 속의 부조화

5장 역사는 실력 있는 자를 기억한다 감출 수 없는 재능

피할 수 없으면 승부를 보라

◈ 승부의 세계 ◈

拔本塞源

발본색원 拔本塞源

나무의 뿌리를 뽑고 물의 근원을 없앤다는
뜻. 폐단의 원인을 빠짐없이 제거한다는 말
로, 『춘추좌씨전』에 있다. 조선 초기 고려 왕
씨들의 존재가 큰 문젯거리로 떠올랐다. 그들
의 존재 자체만으로 불안감을 야기시켜 조정
에서는 불안의 씨앗을 애초부터 제거해야 한
다는 주장이 제기되었고, 왕씨 제거 작전은
치밀한 계획 하에 진행되었다.

그 많던 왕씨는
어디로 사라졌나

조선 시대 왕씨 제거사

그 많던 왕(王)씨는 어디로 갔을까? 당시의 통계가 남아 있지 않아 정확히 알 수는 없지만, 500년 가까이 이어진 고려였으므로 조선 건국 당시 왕씨의 수는 십수만 명은 되었을 것이다. 고려가 망하고 조선이 건국된 지 사흘 후인 1392년 7월 20일, 태조 이성계는 대사헌 민개의 건의를 받아들여 고려 왕조의 제사를 받들 소수의 인원을 제외한 모든 왕씨를 강화도와 거제도로 옮겨 살도록 명을 내렸다.

이성계는 물론이고 신하들도 왕씨의 존재에 대해 극도의 불안감을 느끼고 있었다. 왕위 찬탈을 받아들이지 못하는 백성들이 적지 않았기 때문이다. 아직 명나라로부터 제대로 인정받지도 못해서 국내외적으로 불안정했다. 태조 3년(1394년) 1월 21일, 사헌부·사간원·형조 등 형률을 맡고 있는 3개 기관이 왕씨를 제거해야 한다는 글을 함께 올린 것도 그런 불안감 때문이었다. 이성계는 이를 윤허하지 않았다.

자칫 민심을 잃을 수도 있는 중대한 사안이었다. 신하들도 물러서지 않았다. 이들은 무려 10여 차례에 걸쳐 끈질기게 왕씨 제거를 주장했다.

작전 개시

실상은 분명하지 않지만 이 무렵 왕씨들이 연루된 이런저런 모반 사건이 연이어 터졌다. 태조 3년 1월 21일, 3개 기관이 왕씨 제거 상소를 올린 것도 1월 16일에 터진 모종의 사건 때문이었다. 이날 문하부 참찬사 박위가 장님 점장이 이흥무에게 왕씨과 이성계의 명운을 비교하는 점을 친 사실이 발각돼 투옥되었다. 박위는 위화도 회군 때 이성계를 추종했고 대마도 정벌을 감행했던 무장으로, 이성계의 최측근이었다. 이런 인물조차 왕씨와 이씨 사이에서 고민하고 있었던 것이다.

이흥무는 박위에게 왕씨 중에서는 남평군 왕화와 영평군 왕거가 귀하다고 답했다. 모반이 일어난다면 이들에게 민심이 쏠릴 것이라는 암시였다. 남평군과 영평군은 형제로, 고려의 마지막 임금인 공양왕과는 사촌이었다. 이 일로 남평군과 영평군이 안동 감옥에 투옥됐다. 이때부터 조정 내에서 왕씨 제거론이 힘을 얻었다. 이성계는 사헌부에 명을 내려 강화도 등에 거주하고 있는 왕씨를 철저히 경계할 것을 명기도 했다.

신하들의 왕씨 제거론은 4월이 되어도 여전했다. 결국 4월 14일, 이성계는 도평의사사(都評議使司, 최고 의사 결정 기관으로 의정부에 해당)에 이 문제를 논의하라고 지시한다. 왕씨들의 운명이 바뀌는 순간이었다. 일부 신하는 섬에 유배시키는 선에서 문제를 해결하자고 했지만 이런 이들은 소수였고, 절대 다수는 왕씨를 완전히 제거하자고 주장했다. 왕씨 멸족 잔혹사의 시작이었다. 결국 조선 조정은 왕씨 제

개성 왕씨의 족보, 국립중앙도서관 소장.

사를 담당해야 하는 공양왕의 동생인 왕우 삼부자를 제외한 모든 왕
씨를 살해하기로 결정했다. 왕우는 딸이 이성계의 아들 이방번과 결
혼한 덕분에 목숨을 부지할 수 있었다. 우리 역사에서 이보다 참혹한
순간이 또 있었을까?

이렇게 해서 왕씨의 씨를 말리는 작전이 시작되었다. 당시 왕씨들
은 강화도와 거제도 말고도 삼척에서 집단으로 거주하고 있었다. 중
추원부사 정남진과 형조의랑 함부림은 삼척으로, 형조전서 윤방경과
대장군 오몽을은 강화도로, 형조전서 손흥종과 첨절제사 심효생은 거
제도로 파견되었다. 모두 개국에 큰 공을 세운 이성계의 최측근이었다.

작전은 전격적으로 이뤄졌다. 다음 날 윤방경 등은 왕씨를 모두 색
출해 강화 나루에 수장시켰다. 거제도에서는 4월 20일에 이뤄졌다. 마
찬가지로 수장이었다. 여기서 그치지 않았다. 죽은 이들은 주로 왕족
이었는데, 그 밖의 왕씨도 대대적으로 색출하여 "모두 목을 베었다"고
『실록』은 기록하고 있다. 심지어 왕씨의 서얼들까지 잡히는 대로 참수
했다.

이어 이성계는 고려 때 왕씨 성을 하사 받은 경우에는 본래의 성으
로 돌아가도록 하고, 왕족이 아닌 경우라도 왕씨는 모두 어머니 쪽 성

으로 바꾸도록 엄명을 내렸다. 왕씨들의 관직 진출이 금지된 것은 말할 필요도 없다.

그러나 행정력이 미비한 상태여서 완벽하게 왕씨를 제거했다고 해도 살아남은 사람이 적지 않았다. 왕씨 색출 작업은 태종 때도 계속된다. 태종 13년(1413년), 태종은 "사찰에 있는 중들 중에 15세 이상 40세 이하의 경우 출생지와 조상을 샅샅이 조사해 보고하라"고 의정부에 명했다. 절에 숨어든 왕씨들을 찾아내기 위해서였다. 아무래도 사찰은 불교 국가였던 고려에 동조하리라고 생각했기 때문이다.

살아남기 위해 수모를 견디다

그러나 이 문제를 다루면서 태종의 생각이 바뀐다. 당시 왕씨의 후손 한 명이 체포되었다. 신하들은 당연히 그를 죽여야 한다고 나섰다. 이때 태종이 말한다.

"역사책을 살펴보니 역성혁명을 일으키고도 전조(前朝)의 후손들을 완전히 멸망시킨 경우는 없었다. 그것은 임금의 도리가 아니다. 앞으로 나는 왕씨의 후예를 보전하겠다."

아버지 이성계의 조치를 뒤집는 발언이었다. 신하들은 벌떼처럼 일어났다. 이에 태종은 신하들을 나무란다. 자신들의 목숨을 구하자고 고려 왕실을 없애려는 모습이 부끄럽지 않느냐고 따졌다.

"이씨에 도(道)가 있으면 100명의 왕씨가 있다 하더라도 무엇을 걱정하겠는가? 그렇지 않고 이씨가 도를 잃으면 왕씨가 아니더라도 천명

(天命)을 받아 일어나는 자가 없겠는가?"

현실주의자 태종다운 발언이었다. 이어 태종은 "예전에 태조가 왕씨를 제거한 것은 태조의 본의가 아니었다"는 말로 아버지와의 의견 충돌을 무마했다. 그러나 20여 년간 왕씨들은 살아남기 위해 온갖 수모를 겪어야 했다. 성을 전(全)이나 옥(玉), 금(琴)으로 바꾼 사람도 많았다.

태종의 명이 있은 이후 왕씨에 대한 살육은 중단되었다. 그러나 관직에 진출하는 길은 사실상 막혀 있었다. 단종에게 사약을 들고 간 의금부도사 왕방연이 그나마 최고위직에 올랐던 셈이었다. 문종 때에야 공식적으로 왕씨에 대한 탄압이 폐지된다.

문과 급제자는 1543년에 왕희걸(王希傑, ?~1553년)이 최초였다. 그는 이름 그대로 보기 드문 인재였다. 문장과 글씨에 두루 정통해서 홍문관 부제학에까지 올랐다. 또 이황이나 노수신 같은 당대의 유명한 유학자들과도 교분이 두터웠다. 왕희걸을 바라보는 왕씨 집안사람들의 감회는 남달랐으리라.

왕희걸은 명종 때 을사사화로 역사적인 사건과 연관된다. 당시 그는 함경도 어사로 있었다. 이때 문정왕후와 윤원형은 계림군을 역모로 얽어매려 했는데, 계림군이 함경도 쪽으로 도망쳤다. 왕희걸이 조사한 결과, 중 보우(普雨)가 황룡사·석왕사 등지에 계림군을 숨겨주었다는 보고서를 올렸지만 보우의 뒤에는 문정왕후가 있었기 때문에 별문제가 되지 않았다. 그러나 명종 20년(1565년)에 문정왕후가 세상을 뜨자 보우는 승적을 박탈당하고 제주도로 유배되었다가 제주목사 변협에게 피살된다. 보우의 승적을 박탈할 때 근거가 된 것이 바로 왕희걸의 장계(狀啓, 국왕에게 올리는 보고서)였다.

숭의전, 경기도 연천 소재. 조선 시대에 고려 태조를 비롯한 7왕의 위패를 모시고 제사 지내던 사당이다.

제사 지낼 사람 하나는 남겨야지

흥미로운 것은 왕씨에 대한 탄압에도 불구하고 고려 왕실에 대한 제사는 줄곧 이어졌다는 점이다. 그러나 선조 때에 오면 그마저도 제사를 주관할 사람이 없었다. 선조 22년(1589년) 7월 4일, 조정에서는 50년 가까이 왕씨가 아닌 다른 성씨 사람이 제사를 주관해 온 것은 문제라며 왕씨 중에서 주사자(主祀者)를 새로 선정하는 문제를 놓고 선조와 신하들이 격론을 벌인다. 왕훈이라는 사람이 문제를 호소했기 때문이다.

조선의 입장에서 왕씨 집안의 제사는 한 집안의 문제가 아니라 전조(前朝)를 받드는 문제였다. 그런데 왕씨를 지나치게 탄압한 결과 왕실의 제사마저 왕씨 아닌 사람이 주관하게 되는 사태가 벌어진 것이다. 자신들의 거사에 반대한 인물이지만 정몽주를 충신의 상징처럼 만든 조선 왕조의 입장과도 부합하지 않는 처사였다. 특히 세월이 흘러 왕씨가 반란을 일으킬 가능성이 사라질수록 전조를 높이는 일은 조선 왕실의 위엄을 높이는 수단이 될 수도 있었는데, 왕씨를 멸족시키는 바람에 결과적으로 스스로의 권위와 정당성마저 훼손시키는 딜레마에 빠져버렸다.

논란의 핵심은 종손(宗孫) 계통에서 고를 것인지, 벼슬이 높았던 계통에서 고를 것인지 하는 것이었다. 고려 왕실 종손의 경우 조선에 들어와 지방의 말직을 지낸 것이 전부였다. 벼슬이 높았던 계통으로는 당연히 왕희걸의 후손이 거론됐다. 결국 왕씨 제사 문제를 최초로 제기한 왕훈이 숭의전 제사를 모시기로 결정되었다. 왕훈은 종손 계통이었다. 숭의전은 왕건을 비롯한 고려 왕의 위패를 모신 사당이다.

조선 500년 역사를 통틀어 왕씨를 중용하겠다고 공개적으로 밝힌 인물은 흥선대원군이다. 그의 뜻은 고종에게 이어졌다. 고종 8년(1871년) 3월 6일, 고종은 왕건의 현릉에 행차했다가 동부승지 왕정양에게 이렇게 말했다.

"왕씨가 전조의 후손으로서 오랫동안 벼슬에 오르지 못하고 초야에 파묻혀 있는 것은 실로 가슴 아픈 일이다. 이제부터는 공부에 힘써 이름을 날리도록 하라."

조선이 망하기 직전에야 벼슬길이 열린 것이다.

先則制人

선즉제인 先則制人

선수를 치면 상대를 제압할 수 있다는 뜻으로, 『사기(史記)』에 있다. 태종 초기 명나라 사신이 제주 법화사에 있는 불상을 가져가겠다는 명목 하에 제주도 방문을 청했으나, 진짜 목적은 조선 지리 정탐에 있었다. 태종은 그들의 속셈을 미리 간파하고 불상을 서울로 옮겨놓음으로써 선수를 쳤다.

명나라의
제주 정탐을 막아라

태종의 승부수

조선을 방문하는 명나라, 청나라의 사신을 천사(天使), 칙사(勅使)라고 불렀다. 특별한 일이 없으면 중국에서는 1년에 한두 차례, 조선에서는 대여섯 차례씩 사신을 파견했다. 명나라 사신 중에는 특히 조선 초에 여러 차례 조선을 찾은 황엄이 독보적이었다. 그는 태종 3년 4월에 처음 조선을 찾은 후로 태종 때 모두 여덟 차례, 세종 때 한 차례 등 아홉 차례에 걸쳐 조선을 찾았다.

그는 철저하게 명나라의 국익을 추구하면서도 조선을 배려할 줄 알았다. 요즘 식으로 말하면 명나라 조정에서 몇 안 되는 친조파(親朝派) 인사였다고 할 수 있다. 그러다 보니 황엄은 조선과 우호 관계를 유지하면서도 때로는 태종과 심각한 긴장 국면을 빚어냈다.

태종과 황엄의 신경전

태종 6년(1406년) 4월, 황엄 일행이 조선을 방문했을 때다. 4월 19일에 한양에 온 사신 일행을 위해 태종은 태평관에서 연회를 열었다. 태평관은 사신의 숙소였다. 서울 한복판을 가로지르는 '태평로'는 태평관에서 유래한 이름이다. 한창 술자리가 무르익을 무렵 갑자기 황엄이 술에 취했다며 자리를 떴다. 그러자 황엄의 부하인 한첩목아가 태종에게 은근히 말을 건넸다.

"제주도 법화사에 있는 미타삼존불은 원나라 때 양공이 만든 것입니다. 원래 우리 것이니 우리가 가져가는 것이 마땅합니다."

이 이야기를 하기 전에 황엄이 자리를 피한 이유는 3년 전 위세를 부리다가 태종에게 봉변을 당한 적이 있었기 때문이다. 당시 조선을 처음 찾은 황엄이 거만하고 무례하게 굴자, 태종은 태평관에서 열린 연회 중간에 자리를 박차고 나가버렸다. 이후 황엄은 작은 나라의 임금이지만 태종을 무서워했다. 한첩목아의 말이 끝나자 태종은 맞장구를 쳤다.

"아, 마땅하고말고요. 다만 배로 실어 가다가 부처 귀에 물이나 들어가지 않을까 두렵구려!"

재담 섞인 태종의 대답에 술자리에서는 한바탕 웃음이 터졌다. 황엄을 제외한 명나라 사신들은 뜻밖에 일이 쉽게 풀리리라고 생각했을 것이다. 그러나 그것은 태종을 몰라도 한참이나 모르고 내린 순진한 판단이었다.

제주도 법화사 대웅전 모습.

　술자리가 끝나자마자 측근 신하를 부른 태종은 아무래도 황엄이 불상을 찾는 일보다는 제주의 사정을 정탐하려는 것 같다며, 두 명의 신하를 시켜 당장 제주로 출발하도록 명했다. 사신이 원하는 불상을 제주에서 나주로 옮겨놓으면 제주에 갈 명분이 사라지기 때문이다. 왜구가 조선뿐 아니라 명나라 연안에도 큰 피해를 주고 있었기 때문에 명나라로서는 왜구 방어의 전진 기지로서 제주도의 전략적 가치를 직접 확인하고 싶어 했다. 반면 태종으로서는 그 핑계로 명나라가 제주도를 점령할 가능성을 걱정하지 않을 수 없었다. 그만큼 태종은 판단이 빨랐고 행동도 민첩했다.

　이런 사정을 모르는 황엄 일행은 닷새 후인 4월 25일, 제주도로 가기 위해 전라도를 향해 출발했다. 태종은 가장 신뢰하던 의정부 지사 박석명이 황엄 일행과 동행하게 했다. 말로는 길 안내였지만 실은 감시 역할이었다. 떠날 때도 태종과 황엄은 신경전을 벌였다. 황엄은 태종이 직접 나와서 전송해 줄 것을 청했고, 태종은 단호하게 거절했다. 이에 화가 난 황엄 일행은 새벽녘에 말을 몰아 떠났다. 그 바람에 지신사(비서실장) 황희는 태평관으로 황엄 일행을 전송하러 갔다가 허탕을 쳤다.

승부수를 던지다

한편 4월 20일에 태종의 특명을 받고 불상을 운반하기 위해 제주도로 향한 박모와 김도생은 불과 17일 만에 제주도로 가서 동불(銅佛) 3구를 실어다가 나주에 가져다 놓았다. 5월 7일경에는 불상 운반 작전이 끝났다는 뜻이다.

황엄 일행이 나주에서 한양으로 돌아온 것은 7월 16일이다. 황엄으로서는 본래의 목적, 즉 제주 정탐은 하지 못한 채 동불 3구만을 챙겨서 돌아갔으니 허탕을 친 셈이었다. 황엄 일행의 남행길이 좌절된 데는 전라도 관찰사 박은의 지연책도 큰 역할을 했다. 태종 정권 후기에 하륜에 이어 좌의정을 맡아 최고의 권력을 누리게 되는 그 박은이다. 전라도 관찰사로 있던 박은은 서둘러 바다를 건너려는 황엄 일행을 이 핑계 저 핑계를 대며 40일 동안 붙잡아놓았던 것이다.

속으로 패씸해하고 있는 황엄에게 태종은 다시 한 번 불을 지른다. 그들 일행이 한양으로 들어올 때 환영 행사에 '일부러' 나가지 않은 것이다. 몸이 불편하다고 핑계를 대고는 이조판서 이직을 내보냈다. 황엄은 더욱 화가 났다. '정승도 아니고 판서를 내보내 명나라 사신을 맞는단 말인가?'

쉽게 물러날 황엄이 아니었다. 명나라 황제가 불교를 숭상하니 동불을 맞이할 때 태종이 다섯 번 절하고 세 번 머리를 조아리는 예를 행해야 할 것이라고 조선 조정에 통보했다. 태종은 격노했다.

"황엄이 나를 욕보임이 어찌 이 정도까지 이를 수 있단 말인가?"

태종이 황엄 일행을 찾아간 것은 이틀 후였다. 태종이 태평관으로 찾아가자 황엄은 불상에 예를 행할 것을 청했다. 곧바로 태종이 논리 정연하게 반박했다.

"내가 여기에 온 것은 천사(天使)를 위한 것이지 불상을 위한 것이 아니오. 불상이 중국에서 왔다면 마땅히 절하여 공경의 뜻을 표해야 옳겠지만 지금은 그렇지 아니한데 절할 필요가 있겠소?"

태종으로서는 승부수를 던진 것이었다. 그러나 속으로는 불안했다. 대궐로 돌아온 태종은 정승들을 불러 의견을 내놓도록 했다. 뜻밖에도 대부분의 정승은 황제가 불교를 숭상하는 데다 황엄은 난폭하니 임시방편으로라도 예불(禮佛)하는 것이 좋겠다고 말했다. 태종은 무척 화가 났다. 정승을 믿고서 불상에 절을 하지 않겠다고 최후통첩을 던졌는데, 가장 총애하는 두 정승인 하륜과 조영무가 절을 해야 한다고 말하니 충격을 받은 것이다.

"여러 신하가 황엄 한 사람을 두려워하는 것이 이와 같은데, 하물며 의를 지켜 임금의 어려움을 구할 수 있겠는가? 고려의 충혜왕이 원나라에 잡혀 갔을 때 고려 신하 중에서 충혜왕을 구하려 드는 자가 없었다. 내가 위태롭고 어려움을 당해도 역시 그러할 것이다."

태종은 결단을 내렸다. 태평관으로 행차한 태종은 통역을 맡은 어전통사 이현을 시켜 이렇게 말했다.

"이 나라 조선의 화복이야 천자의 손에 달려 있지 불상에 있는 것은 아니오."

이현의 말을 전해 들은 황엄은 한참 동안 하늘을 올려다보며 말이 없었다. 마음속으로는 '내가 당신에게 졌소이다'라고 되뇌었을지 모른다. 그러더니 미소를 지으며 이렇게 말했다.

"전하를 만나보겠소."

태종은 태평관 안으로 들어가 황엄과 만났다. 옆에 있던 불상에는 예를 행하지 않았다. 고비를 넘긴 태종은 "이곳에서 술자리를 베풀고 싶은 마음은 간절하지만 한가운데에 불상이 있으니 함부로 할 수가 없소. 곧바로 궁궐로 와주길 바라오!"라며 황엄을 대궐로 초청했다.

황엄은 겉으로야 웃고 있었지만 속은 무척이나 쓰렸으리라. 태종이 대궐로 돌아온 지 한참이 지났는데도 황엄 일행은 꼼짝도 않고 태평관에 머물렀다. 태종은 대언(代言, 세종 때 승지로 명칭이 바뀐다) 윤사수를 시켜 황엄에게 훌륭한 말 한 마리를 선사했다. 그러자 마침내 황엄도 화를 풀고 창덕궁으로 들어왔다. 이날 광연루에서는 거나하게 술판이 벌어졌다.

나흘 후인 7월 22일, 황엄은 불상 3구를 안고 일행과 함께 명나라로 돌아갔다. 신하들은 이것으로 불상 파동은 일단락됐다고 생각했다. 물론 그랬다.

그러나 조선 조정에서는 전혀 다른 파동이 기다리고 있었다. 황엄 일행이 돌아간 지 두 달여 만인 8월 18일에 선위(禪位) 파동이 일어나 조정 안팎이 발칵 뒤집어졌다. 결국 철회되기는 했지만 선위 파동의 충격은 대단했다. 태종의 처남인 민씨 형제들이 그 여파로 목숨을 잃었기 때문이다.

이때의 선위 파동은 대단히 계산된 행동이었다. 임금의 자리를 불안하게 여긴 태종이 신하들의 속마음을 떠보기 위해 주도면밀하게 계획한 것이었다. 태종이 불안해한 여러 이유 중에는 불상에 예를 표하는 게 좋겠다는 정승의 건의도 들어갔다. 어쩌면 이것이 선위 파동을 일으킨 결정적 이유인지도 모른다. 눈앞의 나비가 날갯짓을 하면 공기가 움직여 지구 반대편에 태풍을 일으킬 수도 있다는 나비효과가 떠오른다. 권력을 둘러싼 인간사의 영향 관계란 이처럼 복잡하고도 미묘한 것이다.

龍虎相搏

용호상박 龍虎相搏

용과 범이 싸운다는 뜻으로 강한 사람이나 국
가가 맞상대 하여 힘을 겨룬다는 말로 쓰이
며, 『삼국지』에서는 조조와 마초를 용과 범에
비유한다. 조선시대 외국 사신들의 금강산 유
람 요청은 순수하게 유람만을 위한 것이라기
보다는 조선 지형, 민심을 염탐하기 위한 의
도가 강했으므로 조선에서는 이를 엄격하게
통제해 간혹 팽팽한 신경전이 펼쳐졌다.

적국이 우리의 땅을
알아서는 안 된다

조선 조정과 외국 사신들의 신경전

명나라 사신 황엄(黃儼)은 조선을 처음 방문한 태종 3년(1403년) 4월, 사신으로서 임무를 마친 후 금강산을 둘러보게 해달라고 조정에 청한다. 그러자 조정에서는 조거임을 사신단에 보내 왜 굳이 금강산을 보려는지 물었다. 정탐하려는 것인지 확인하기 위해서였다. 이에 황엄은 "금강산은 모양이 불상(佛像)을 닮았다고 하니 보고자 하는 것이오"라고 답한다. 열흘 후, 황엄 일행은 금강산 유람에 나선다. 실은 6개월 전인 태종 2년(1402년) 10월에도 사신 온전(溫全)이 금강산을 유람하고 온 적이 있었다. 이때만 해도 명나라와의 외교 관계를 튼튼히 하는 게 급선무여서 사신들의 금강산 유람을 완전히 막지는 못했던 것으로 보인다. 태종 3년에 유람하면서 금강산에 매료된 황엄은 5년 후인 태종 8년(1408년) 4월에도 조선을 방문했다가 2차 금강산 유람에 나선다. 황엄은 금강산 마니아였던 셈이다.

금강산과 관련된 모든 문서를 감추라

창성(昌盛)은 세종 때 조선을 찾은 대표적인 명나라 사신이다. 이미 명나라 조정에서도 금강산은 명산으로 소문이 자자해서, 창성 역시 세종 9년(1427년) 4월에 조선을 방문했을 때 금강산을 방문하고 싶다는 뜻을 원접사에게 밝힌다. 원접사(遠接使)란 명나라에서 사신이 오면 의주까지 나가 맞아들이는 조선의 사신으로, 접대 담당 사신이라는 뜻이다. 이들은 명나라 사신들의 일거수일투족을 조선 조정에 매일 보고하는 임무도 맡고 있었다.

4월 8일, 원접사 이맹균이 조정에 급보를 올렸다. 창성을 비롯한 명나라 사신들이 금강산을 보고 싶다며 통사(通詞, 동시통역사) 최치운에게 한양에서 금강산까지 며칠이나 걸리냐고 묻자 대엿새 걸린다고 답했다는 이야기를 듣고서 최치운을 나무랐다는 것이었다. 그리고 최치운에게 사신들이 다시 묻거든 "길이 험난하여 여름에는 유람하기가 힘들다고 답하라"고 당부했다는 보고였다. 조선 조정에서는 명나라 사신들의 금강산행을 내심 탐탁지 않아 했던 것이다. 그런데도 창성은 이때 한양을 찾은 후 금강산을 유람했고, 5년 후인 세종 14년(1432년) 8월에도 귀국하는 길에 금강산을 유람했다.

세조 14년(1468년) 4월에는 명나라 사신 강옥(姜玉)이 금강산 유람에 나선다. 세조는 유람을 막지는 못했지만 사신단이 방문할 예정인 사찰 등에 미리 사람을 보내 중요한 유물 등은 모두 은밀한 곳에 숨길 것을 명했다. 심지어 이런 내용도 포함돼 있다.

"이들이 경유하는 여러 고을의 모든 문서는 선악을 논하지 말고 모두 감추도록 하며, 창벽(窓壁)에 바르는 것은 모두 글자가 없는 종이를 쓰고, 현판과 누제(樓題)도 아울러 철거하라."

〈금강전도〉, 정선, 호암미술관 소장.

모든 글씨를 전부 숨기라는 명이었다. 4월 말에 금강산 유람을 떠난 강옥 일행은 5월 중순경에 한양으로 돌아왔다.

한번 길을 트면 막을 수 없다

성종 때는 중국 사신이 직접 금강산에 가지 않고 사신단을 따라온 일행 몇 명이 대신 금강산을 찾는다. 성종 1년(1470년)의 일이다. 대체적으로 불교를 믿었던 사신들은 금강산을 보고 싶어 했고, 그렇지 않은 사신들은 굳이 금강산을 보려 하지 않았다. 그런데 성종 16년(1485년) 10월, 대마도에서 온 사신 앙지(仰止)가 금강산 유람을 청하자 성종이 이를 허락하는 바람에 조정에서 논란이 벌어진다. 앙지는 스님이기도 했다. 대사헌 이경동이 앙지의 금강산행을 가장 적극적으로 반대했다.

"이번에 앙지에게 금강산 유람을 허락한다면 뒷날에 구경하려는 자들이 잇달아 나올 것이므로 끝내는 지공(支供, 음식물 등을 제공하는 일)할 수 없을 것입니다. 그러니 지금 단서(端緒)를 열 수 없습니다."

또 앙지가 험한 강원도 길에 나쁜 일이라도 당하면 왜인들을 자극할 우려가 있다는 점도 덧붙여 강조했다. 그러나 성종도 처음에는 물러서지 않았다.

"앙지가 비록 해를 당한다 하더라도 어찌 잘못이 우리에게 있겠는가? 지난번에 평무속(平茂續)이 후추(胡椒) 값을 삭감해서 억지로 사들였다 하여 분을 품고 돌아갔다. 평무속은 우리 조정에서 벼슬을 얻어 겸사복(兼司僕, 무관직)이 되었으므로 우리나라의 허실(虛實)을 알며, 성질 또한 음험하다. 지금 앙지의 요청을 들어주지 않는다면 틀림없이 분을 품을 것이니, 유감을 품은 두 사람이 공모하여 난을 선동하고 일을 낼 것 같다."

부끄럽지만 이때부터 조선은 대마도조차 두려워했다. 이에 이경동도 물러서지 않았다.

『신묘년 풍악도첩』중 〈옹천도〉, 정선, 국립중앙박물관 소장. 해안 절벽을 따라 난 길이 매우 위태해 보인다. 조선 조정은 금강산행이 매우 위험한 길이라는 점을 들어 외부인의 접근을 차단하려 했다.

　"중국은 우리를 가까이 대하면서도 험한 요로는 결코 접근할 수 없게 합니다. 그러니 우리의 산과 계곡을 적국 사람들이 알게 해서는 안 됩니다."

　성종은 한발 물러서서 "눈이 많이 내리고 길이 험하니 금강산 유람을 재고해 보라고 앙지에게 전하라"고 명한다. 결국 앙지의 금강산 유람은 좌절됐다.

　연산군 9년(1503년) 4월, 조선을 찾은 명나라 사신이 금강산을 찾았고, 중종 때도 사신의 금강산 유람과 관련하여 짧은 기록이 남아 있다. 이후로 조선이 전란에 휩싸이고 중국의 패권도 청나라로 넘어가면서 사신들의 금강산 유람은 한물간 유행이 되고 만다.

權宜之計

권의지계 權宜之計

때와 장소에 맞는 계책이라는 뜻으로, 『삼국지』에서 왕윤이 여포와 함께 동탁을 몰아냈으나 이후 별다른 대책을 세우지 않아 동탁의 부하들에게 죽임을 당한 데서 비롯하였다. 이현로는 뛰어난 지략가로서 수양대군에 맞서는 듯했으나 결국 비참한 최후를 맞고 말았다. 재능은 특출났으나 상대의 수를 읽는 데서는 수양대군의 책략가였던 한명회보다 한 수 아래였던 듯하다.

수양대군과
정면대결하다

안평대군의 책사, 이현로

흔히 역사는 승자의 기록이라고 한다. 특히 『조선왕조실록』(이하 『실록』으로 통일함)은 승자의 일방적인 기록이라 할 수 있다. 『실록』을 읽을 때는 이런 점을 염두에 두지 않으면 안 된다. 더욱이 정변(政變)이 일어났을 때 승자와 패자의 길은 말 그대로 하늘과 땅 차이다.

승자 수양대군에게 한명회가 있었다면, 패자 안평대군에게는 이현로(李賢老)라는 책사(策士)가 있었다. 한명회는 소설, 드라마 등을 통해 수없이 재조명됐지만 이현로는 거의 알려져 있지 않다. 여러 이유가 있겠지만 결정적으로는 그가 패자였기 때문이다. 이현로는 문과 급제자 출신으로, 세종 때는 촉망 받는 문신이기도 했다.

왕실의 풍수 자문관

세종 29년(1447년) 2월 16일자에 그의 이름이 처음 등장하는데, 이때 그의 관직은 집현전 부교리로 종5품에 해당하는 관직이다. 당시 성삼문이 정6품 수찬으로 그의 바로 아래였다.

곧 이현로는 정5품 병조정랑으로 승진한다. 그러나 이 자리에 있으면서 뇌물을 받았다가 세종의 노여움을 사 전라도 순창, 경상도 사천 등지로 유배를 떠나게 된다. 그가 받은 뇌물의 규모는 대단히 컸던 것 같다. 그는 뇌물을 탐하는 관리라는 뜻의 '장리(贓吏)'라는 처벌을 받았는데, 이는 조선 시대 때 40관 이상의 뇌물을 받았을 때 내리는 벌로 원래는 참형에 처해지게 돼 있었다. 뇌물에 관한 형벌로는 최고형이었는데, 그만큼 죄질이 나빴다. 그러나 세종은 이현로가 공신의 후손이라는 이유로 사형은 면해주었다. 이후로 이현로는 세종이 재위하는 동안에는 관직에 오를 수 없었다.

이현로는 당대의 대표적인 풍수지리 전문가이기도 했다. 세종도 막내아들인 영응대군의 집을 마련할 때 개인적으로 이현로를 불러서 터를 보게 할 정도였다. 세종이 죽고 문종이 즉위하면서 이현로에게 다시 기회가 찾아왔다. 문종이 세자의 책봉일을 정하면서 은밀하게 이현로를 부른 것이다. 이현로가 다시 관직에 복귀하는 길을 열어준 인물은 다름 아닌 김종서였다.

문종 1년(1451년) 1월 13일, 평안도 도체찰사로 떠나게 된 김종서는 "군에서는 부대의 출동 여부를 결정하는 데 방위의 점을 아는 것이 매우 중요한데, 이현로가 그런 재주가 있으니 고신(告身, 직첩)을 돌려주고 관직에 복귀시키는 것이 좋겠다"고 문종에게 건의했고 문종이 이를 받아들였다. 그전부터 이현로는 세종의 아들 안평대군과 깊은 친분이 있었고, 안평대군은 김종서를 통해 이현로의 직첩 회복을 도와

주었을 것이다.

이현로는 술학(術學)뿐 아니라 시문(詩文)에도 능했다. 그래서 예술을 좋아하던 안평대군 이용의 눈에 들어 일찍부터 안평의 사람으로 분류되었다. 『실록』에는 안평과 이현로가 서로 시로 묻고 답하는 장면이 여러 차례 나온다. 당시 부사로 관직에 복귀한 이현로가 맡은 임무는 왕실에 보관 중인 풍수 관련 지리서를 열람하고 공부하는 일이었다. 문종 때 한 일도 왕실의 풍수에 대한 자문이었다. 문종 1년 9월에는 새로운 길을 뚫는 문제로 조정에서 논란이 벌어지자 이현로가 의견을 내서 문종의 지지를 얻기도 했다.

병약한 문종이 세상을 떠나고 어린 단종이 즉위하자 김종서와 안평이 세력을 형성하고 수양에 대항했다. 김종서와 안평의 연결 고리가 다름 아닌 이현로였다. 단종 1년(1453년) 6월 6일, 동생 안평대군의 집을 방문한 수양대군은 이런저런 이야기를 하다가 이현로와 가까이하지 말 것을 권유하며 "장차 이현로와 얽혀들게 될지 모르니 내 말을 절대 잊지 말라"고 경고하기도 했다.

그러나 김종서와 안평대군을 등에 업은 이현로의 앞길을 가로막을 사람은 아무도 없어 보였다. 이 무렵 이현로는 조선 왕실의 아킬레스건과도 같은 왕위 계승 문제를 풍수의 입장에서 주장하고 있었다.

"궁을 백악산 뒤에 짓지 않으면 정룡(正龍)이 쇠하고 반드시 방룡(傍龍)이 일어날 것이다."

이 풍수설은 김보명이란 사람이 처음 제기한 것으로, 경복궁이 들어앉은 자리 때문에 적장자가 아닌 자식이 연이어 왕위를 맡게 되리라는 암시였다. 보기에 따라서는 풍수의 힘을 빌려 수양의 '큰 뜻'을 꺾으려 한 것일 수도 있다.

수양대군과의 정면대결

이는 이론에 그치지 않았다. 이현로는 수양대군과 정면대결을 벌이기 시작했다. 과연 안평대군이 수양대군처럼 단종을 내몰고 왕위를 찬탈하려 했는지는 알 길이 없다. 당시의 상황은 단종을 둘러싼 김종서와 안평에게 유리했고 수양은 궁지에 몰린 지경이었다. 이 무렵 수양 쪽에서 권람과 한명회가 나섰다. 한명회는 일찍부터 친구 이현로로부터 안평 쪽에 줄을 서라는 권유를 받았다. 그만큼 이현로는 한명회의 잠재력을 일찍부터 알아보았던 것이다. 그러나 한명회는 막강한 힘을 갖고 있던 김종서와 안평 쪽을 버리고 수양에게 '올인'한다. 친구인 권람을 찾아가 수양대군과 만남을 주선할 것을 청했고, 결국 거사를 위한 책사 역할을 맡게 된다.

당시 명나라에서 단종의 즉위 승인을 받아오는 고명사은사로 누가 갈 것인지를 놓고 수양대군과 안평대군이 치열하게 신경전을 벌이고 있었다. 이 시점에 사행(使行)이 지닌 중요성을 누구보다 명확하게 간파한 이현로는 은밀히 안평을 찾아가 이렇게 말한다.

"공의 용모와 수염과 시문과 서화(書畵)에다 우리들이 배종(陪從)하고 북경에 가면 가히 해내(海內)에 명예를 날릴 것이며, 널리 인망을 거두어 후일의 기반이 될 것입니다."

처음에는 대수롭지 않게 생각했던 안평도 이현로의 이야기를 듣고 그 중요성을 깨달아 무진 애를 썼지만 좌절했다. 쿠데타를 꿈꾸던 수양으로서는 명나라에 자신을 알리는 것이 절실했다. 그 점을 이현로도 알았지만 결국 그 일을 막지 못하면서 자신의 운명도 위태로워졌다.

이현로 구타 사건

치밀함 면에서 수양과 한명회 쪽이 앞섰다. 북경행을 앞둔 수양대군은 자신이 없는 동안 무슨 짓을 할지 모르는 이현로의 기를 꺾어둘 필요가 있었다. 여기서 그 유명한 이현로 구타 사건이 발생한다. 겉으로 보면 왕실 인사가 조정의

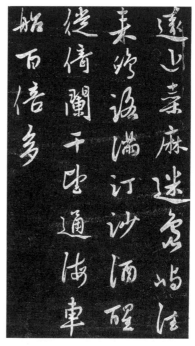

안평대군이 쓴 칠언절구, 1452년, 개인소장. 안평대군은 이현로를 내세워 한명회를 내세운 수양대군과 맞섰으나 결국 지고 말았다.

문신을 구타한 것이니 큰 문제가 아닐 수 없었다. 김종서 쪽에서는 그 같은 논리로 수양을 몰아세웠다. 그러나 수양은 "이현로는 조신(朝臣)이 아니라 안평의 가노(家奴)일 뿐"이라고 맞받아쳤다. 사헌부와 사간원에서도 "이현로가 분명 맞을 짓을 했기 때문일 것"이라며 오히려 이현로를 국문해야 한다고 나섰다. 이현로의 행동을 평소 좋지 않게 보았던 양사(兩司)에서 수양 편을 들었던 것이다.

구타는 효과 만점이었다. 김종서가 "이현로는 정직한 사람"이라며 편들었지만 결국 관직에서 내쫓겼다. 이듬해 4월, 이현로는 북경에서 돌아온 수양대군을 찾아갔다. 그러나 수양은 "당장 포박하여 사헌부에

보내리라"고 협박해 쫓아버렸다. 자신의 동태를 살피기 위해 찾아온 것임을 꿰뚫어보고 있었기 때문이다.

세종과 문종에게 인정받을 만큼 풍수와 지리에 뛰어났지만 자신의 명운은 보지 못한 것일까? 그해 10월 10일, 수양대군이 선수를 쳤고 안평대군과 김종서 일파는 죽임을 당했다. 이현로도 반역죄로 효수당했다. 역사는 이현로에게 가혹했다. 『실록』은 그의 동료였던 강희안의 이름을 빌려 그를 매도하고 있다. 강희안은 자식들에게 이현로를 거론하며 이렇게 경계시켰다고 한다.

"이 녀석을 가까이하지 말라. 종국에 가서는 자기 집에서 죽을 자가 못 된다. 내가 일찍이 이 녀석의 두상을 보니 피에 얼룩진 형상이다."

정말 그랬던 것인지, 아니면 뛰어난 재예를 갖추었지만 패자가 되어 매도당한 것인지는 알 길이 없다. 수양대군은 정란 직후 이현로의 집에 있는 모든 책과 글을 태워버리라고 명했다. "신비하고 괴상한 글이 많기 때문"이라고 했다. 당시에는 구하기 힘든 풍수 책들이 많아서 그런 것은 아닐까?

이후 왕위에 오른 수양은 계유정난과 사육신 사건에 관련된 자의 아내, 첩, 딸을 공신에게 하사하는 '비인륜적인' 조치를 취한다. 이때 이현로의 아내 소사는 우의정 이사철의 몫이 되었고, 첩의 딸 이생은 좌의정 한확이 차지했다.

안평이나 김종서, 이현로는 역사 속에 등장하는 전형적인 패자다. 한때는 승자의 입장에서 '묘사'되었고, 한때는 패자 다시 보기의 입장에서 조명을 받기도 했다. 그러나 역사의 패자가 도덕적 패자는 아니듯 도덕적 승자도 아니다. 후대의 입장에서는 한쪽을 편들기보다는 수양을 안평과, 김종서를 정인지나 신숙주와, 한명회를 이현로와 대비시켜 역사가 우리에게 알려주려는 메시지를 살피는 일이 더 중요하지 않을까?

특출난 재능이 있었는데 결국 권력을 잡지 못한 이현로의 한계는 무엇이었을까? 모든 것이 유리한 상황에서 왜 이현로는 최후의 권력을 쥐는 데 실패한 것일까? 친구 한명회를 자기편으로 끌어들였다면 이후 역사는 어떻게 진행되었을까? 이현로는 들여다볼수록 새로운 의문을 불러일으키는 인물이다. 그와 같은 인물은 21세기에도 모습을 드러내곤 한다. 이것이 이현로를 깊이 살펴봐야 하는 이유이기도 하다.

物極則反

물극즉반 物極則反

만물은 정점에 달하면 되돌아간다는 뜻으로 출세가도를 달리는 이도 언젠가는 기우는 때가 온다는 말이다. 권람은 한명회를 수양대군에게 추천하여 그와 함께 승승장구한 인물이다. 하지만 어느 날 그는 관직을 버리고 물러나 대신 부를 택한다. 이후 역사는 그의 부정적인 면모에도 비교적 관대한 평가를 내렸다. 스스로 놓을 줄 아는 자에 대한 역사의 호의인가. 권람은 권세란 언제든 사라질 수 있는 것임을 알았던 것일까.

권력을 버린 자에게는 관대하다

권람과 한명회를 둘러싼 역사의 평가

권람(權擥, 1416~1465년)은 50생(生)을 살다 갔지만 정말 불꽃처럼, 원없이 불타오른 조선의 인물 중 하나라고 할 수 있다. 적어도 조선 초 세종 때부터 세조 때까지의 역사를 이해하는 데 있어 권람을 빼고는 제대로 이야기할 수 없을 정도다. 그런데도 친구 한명회에 관한 이야기나 드라마는 많지만 권람을 주인공으로 한 이야기는 좀처럼 찾기 어렵다. 그 대신 한명회를 욕하는 경우는 많아도 권람을 욕하는 이야기도 별로 없다. 이쯤 되면 그 인물이 궁금하지 않을 수 없다.

명문가 내력

권람은 조선 초 최고의 명문가 중 하나였던 안동 권씨 집안에서 태어났다. 우선 할아버지 권근(權近, 1352~1409년)은 여말선초를 대표하는 학자이자 정치가였다. 일반적으로 학자 권근은 높은 평가를 받는 반면 정치가 권근은 비판의 대상이 되곤 한다. 새로운 왕조가 개창되는 과정에서 입장을 분명히 하지 않다가 조선이 들어선 후 뒤늦게 태조의 부름을 받고서야 새 왕조의 창업을 칭송하는 노래를 짓고 이성계의 비문을 짓는 등 뜻 있는 식자들 눈에는 곡필(曲筆)로 보일 법하게 처신했기 때문이다.

아버지 권제(權踶, 1387~1445년)의 이력 또한 만만치 않다. 태종 14년 문과에 장원급제했고 세종 때 예조판서, 대사헌 등을 거쳐 이조판서에 오른다. 권제는 아버지만큼은 아니어도 장원급제가 증명하듯 뛰어난 학식을 갖췄고 정치력은 아버지를 능가했다. 정인지와 더불어 「용비어천가(龍飛御天歌)」를 지었고, 세종이 가장 심혈을 기울인 『고려사(高麗史)』 편찬 작업에도 주도적으로 참여했다. 그러나 그가 세상을 떠난 4년 후인 세종 31년(1449년) 2월 22일, 세종은 권제, 안지 등이 주도한 『고려사』 편찬이 공정성을 잃었다는 이유로 크게 진노해 다음과 같은 처벌을 명한다.

"기존의 『고려사』가 너무 소략하여 권제 등에게 개찬(改撰)하기를 명하였더니, 이제 완성된 그 글을 보니 권제가 뜻대로 삭감하여서, 혹은 남의 청탁을 듣고, 혹은 자기에게 관계되는 긴요한 절목(節目)은 모두 그 사실을 빠뜨렸다. 안지도 권제와 마음을 같이 하여 도왔으니, 참람함이 막심하니 권제의 고신과 시호(諡號)를 추탈(追奪)하고, 또한 안지의 고신을 빼앗아 영영 서용(敍用)하지 말라."

고신을 빼앗는다는 것은 관리가 될 수 있는 자격을 박탈하는 것이다. 일개 서인(庶人)으로 전락했다는 뜻이다. 학식은 뛰어났지만 행실에 문제가 있다는 점에서 아버지 권근이나 아들 권제는 공통점이 있었다고 할 수 있다.

한명회와의 운명적 만남

1416년, 권람이 태어났을 때 아버지 권제는 2년 전 문과에서 장원급제한 신진관리로서 엘리트 코스를 밟고 있었다. 『실록』에 따르면 젊은 권람은 호방한 인물이었다.

> "도량이 너그럽고 크며 마음이 활달하여 작은 일에 구애됨이 없었고, 무리 중에서 뛰어났으며 말이 적었다."

권람은 일찍부터 학문 연마에 힘쓰면서도 과거에는 별로 뜻이 없었다. 정확한 시점은 알 수 없지만 20대 때 한 살 위인 한명회(韓明澮, 1415~1487년)를 만나 망형교(忘形交)를 맺는다. 망형교란 말 그대로 자기 자신을 잊어버릴 정도로 친밀한 사이를 뜻한다. 두 사람은 관중(管仲)과 포숙(鮑叔)을 자처하며 세상사를 논했다. 배짱이 딱 맞은 셈이다. 두 사람이 수시로 나누었다는 이야기가 『실록』에 전한다.

> "사나이(男兒)는 모름지기 창을 드날리고 말을 달려서 변경에 나아가 공을 세우고 마땅히 1만 권의 책을 읽어 불후의 이름을 세워야 한다."

특이한 것은 두 사람이 세상과 거리를 두게 된 시대가 다름 아닌 세종의 치세 때였다는 점이다. 아마도 시대 자체보다는 두 사람의 특이한 포부와 성품 때문이었을 것이다. 게다가 권람은 아버지와의 갈등이 심했고 한명회는 여러 차례 과거에 도전했으나 뜻대로 되지 않아 불만이 많았다. 한명회 또한 조선 개국 초 명나라에 가서 조선(朝鮮)이라는 국호를 받아온 예문관 대학사 한상질(韓尙質)의 손자였으니 만만찮은 집안 출신이었다. 그러나 조선에서는 과거를 통과하지 않는 한 포부가 아무리 크다 한들 일장춘몽(一場春夢)일 뿐이었다.

두 사람이 20대 때 천하를 주유한 일은 이미 유명한 일화다. 그런데 그 동기가 다소 엉뚱하다. 한창 권세를 누리던 아버지 권제가 첩에게 빠져 어머니인 적처(嫡妻)를 소홀히 하자 권람이 눈물로 호소했다. 그러나 오히려 권제가 자신을 때리려 하자 마침내 가출을 결심하고 한명회와 함께 명산과 경승지를 떠돌았다. 유람이라고는 하지만 세상 돌아가는 이치를 깨닫는 시간이기도 했을 것이다.

조선 역사의 중심에 서다

1450년, 세종 시대가 끝나고 문종 시대가 열린 첫해에 마침내 권람은 오랜 방황과 방랑을 끝내고 문과에 도전해 장원으로 급제한다. 부자(父子) 장원이었다. 이때 권람의 나이 벌써 35세였다. 원래 권람은 장원이 아니라 4등으로 뽑혔다. 그런데 문종이 권람의 답안지를 보고서 직접 장원으로 바꿨다. 그것이 훗날 아들인 단종의 명을 재촉하게 되는 결정이라고는 생각지도 못했을 것이다. 이듬해 1451년에는 권람의 인생을 완전히 바꿔놓는 일이 생긴다. 집현전 교리(校理)로 있으면서 『역대병요(歷代兵要)』라는 군사 전문서를 편찬하는 데 참여하면서 그 작업을 지휘하던 수양대군과 깊은 교분을 맺게 된 것이다.

한편 한명회는 과거를 포기하고 1452년에 할아버지의 음덕으로 경덕궁직(敬德宮直)이라는 미관말직을 맡아 관리의 길에 들어선다. 세상을 뒤덮고도 남을 기개를 지닌 한명회로서는 참으로 초라하기 그지없는 자리였다. 소위 '능참봉'이었기 때문이다.

『실록』에 따르면 일의 발단은 한명회로부터 시작됐다. 경덕궁직이 되던 그해 7월 23일, 한명회는 친구 권람을 찾아가 당시의 정국(政局)을 조망한 다음, 수양대군이 거사할 의지만 있다면 얼마든지 성공할 수 있는 상황임을 조목조목 밝혔다. 그리고 이런 내용을 수양에게 전해줄 것을 당부했다. 이날 이미 역사는 이뤄지고 있었다. 1452년 7월 23일은 조선 역사의 흐름이 바뀌는 결정적인 하루였다고 해도 과언이 아니다.

곧바로 수양을 찾아간 권람은 한명회의 말을 은밀하게 전하며 거사(擧事)의 필요성을 역설했다. 사실 안평대군은 이미 김종서, 황보인 등 조정 권력의 지원을 얻고 있었기 때문에 수양은 수세일 수밖에 없었다. 최측근이라 할 만한 권람이 기껏해야 관직 생활 2년밖에 안 된 신출내기였으니. 권람의 이야기를 듣던 수양은 마침내 결심한다.

"죽고 사는 것은 명(命)에 있으니 내가 마땅히 그 바른 것을 순순히 따를 뿐이다."

닷새 후인 7월 28일에 다시 수양을 찾은 권람은 만약의 변고에 대비해 장사(壯士) 몇 명을 곁에 둘 것을 권했다. 수양이 누가 그런 장사들을 구해줄 수 있느냐고 묻자 권람은 한명회를 천거하며 한명회가 어떤 인물인지에 대해 약간의 설명을 덧붙였다. 수양이 한명회가 능참봉이라는 것을 알고 물리쳤다면 조선의 역사는 다르게 흘러갔을 것이다. 그러나 수양은 달랐다.

"예로부터 영웅은 또한 둔건(屯蹇, 세상이 험악하여 처세하기 어려움)함이 많으니 지위가 낮은들 무엇이 해롭겠느냐? 내가 그 얼굴을 보지는 못하였으나, 논하는 바를 들으니 참으로 국사(國士)로다. 내가 대면하여 상의하겠다."

이후 상황은 익히 아는 대로다. 이듬해(1453년) 초 수양과 한명회의 첫 대면이 이뤄졌고, 이후 안평대군 및 김종서 진영과 신경전 및 정보전을 펼친 끝에 거사를 단행해 성공한다. 그리고 닷새 후 발표된 정난(靖難) 공신 명단에 권람은 한명회, 정인지 등과 함께 당당히 1등에 책록된다. 집현전 교리(정5품)에 불과했던 권람은 하루아침에 승지(정3품 당상관)로 뛰어올랐다.

이때부터 수양은 권람, 한명회 등 최측근을 승정원에 배치해 조카인 단종을 포위하다시피 했고, 결국 1455년에는 단종을 내몰고 왕권을 차지한다. 이 과정에서 공을 세운 인물들에게 좌익(佐翼) 공신을 하사했는데 이때도 권람은 한명회, 신숙주 등과 함께 1등에 책록됐다. 흥미로운 것은 정난 1등이었던 정인지는 2등이 되고 대신 신숙주가 1등에 오른 사실이다.

세조 즉위와 함께 이조참판(종2품)이 된 권람은 이듬해 이조판서(정2품)에 오른다. 이후 해마다 승진을 거듭해 마침내 세조 8년(1462년) 국왕 다음가는 권력을 가진 좌의정에 제수된다. 그러나 이듬해 권람은 병을 이유로 관직에서 물러난다. 대신 그가 택한 것은 부(富)였다. 『실록』은 이러한 부정적인 면에 대해서도 신랄하게 기록하고 있다.

"권람이 산업을 경영함에 자못 부지런히 하여 일찍이 남산 아래에 집을 지었는데 그 규모가 지나치게 사치스러웠다. 또 호사스러운 종이

방종하여 양반의 신분을 능가하니 참찬 이승손이 이를 꾸짖었으나 권람은 종을 벌하지 않아 사람들이 권람을 비웃었다."

이런데도 한명회와 달리 권람이 그다지 비판의 대상이 되지 않은 이유는 무엇일까? 한명회는 성종에게 두 딸을 시집보내며 계속 권력을 지켰고 그 권력을 바탕으로 권세를 누렸지만 권람은 스스로 권력을 버렸기 때문이 아닐까? 이렇듯 역사는 놓으려 하지 않는 자에 대해서는 가혹하고 놓을 줄 아는 사람에게 관대하다.

사건을 꿰뚫는 촌철살인

一刀兩斷

일도양단 一刀兩斷

한 칼로 쳐서 두 동강이를 낸다는 뜻. 어떤 일
을 할 때 머뭇거리지 않고 결정한다는 말로,
『주자어류』에 있다. 조선 시대에 금강산은 불
교적 공간이자 이단의 세계로 취급되어 유교
국가의 수장들은 금강산 유람을 감행하지 못
했다. 하지만 세조는 남다른 불심과 결단력으
로 유일하게 재임중에 금강산행이라는 정치
적 모험을 감행하였다.

금강산 유람도
맘대로 못하는가

정치적 모험을 감행한 세조

조선 국왕 27명 중에서 숭불(崇佛)했거나 숭불한다는 이유로 유학을 신봉하는 신하들에게 비판의 대상이 됐던 임금은 태조, 세종, 세조, 명종이었다. 특히 세조의 불교 신앙은 유난스러웠다. 흥미롭게도 이들 네 명의 국왕은 모두 금강산과 밀접한 연관이 있다. 금강산이 아름답기도 하지만 조선 시대의 금강산은 그 자체가 불교의 세계였기 때문이다. 풍악산이니 개골산이니 하는 것은 산세나 외관을 염두에 둔 이름이지만, 금강산은 말 그대로 금강(金剛)의 산이다.

금강이란 불교에서 불변의 진리를 뜻한다. 다이아몬드처럼 견고한 부처의 가르침이라는 말이다. 특히 금강산은 『화엄경』에서 이야기하는 '담무갈보살(曇無竭菩薩)이 1만 2천여 무리를 거느리고 사는 이상향'에서 나온 이름이다. 1만 2천 봉도 실제 봉우리가 1만 2천 개여서가 아니라 이 말에서 나온 것이다. 한마디로 금강산은 불국토(佛國土)다.

꽉 짜인 성리학으로부터의 도피처

그래서일까? 성리학의 나라 조선에서 금강산은 이단(異端)의 세계였다. 율곡 이이는 젊은 시절에 금강산에 머물렀던 이력 때문에 이단에 물들었다는 비난을 들어야 했다. 어쩌면 금강은 꽉 짜인 성리학 체계에서 벗어나게 해주는 사상적 도피처였는지도 모른다.

조선 국왕 27명 중에 금강산을 가장 많이 찾은 이는 태조 이성계일 것이다. 재위 당시 금강산을 찾았다는 기록은 없지만 여러 차례에 걸쳐 금강산과 오대산의 절에 쌀 600석 등을 시주했다. 이후 이성계는 아들 이방원에게 왕위를 빼앗기고는 인생의 허무함을 달래기 위해 여러 차례 금강산을 찾았다. 세종도 불심이 깊었지만 금강산을 찾은 적은 없다. 명종의 경우에는 그의 어머니 문정왕후가 독실한 불교 신자였다. 문정왕후 곁에는 보우라는 중이 있었는데, 금강산에서 나온 인물이다.

이런 점에서 세조는 독보적이다. 독실한 불교 신앙을 바탕으로 임금 자리에 있으면서도 금강산 순행(巡行)을 감행한 유일한 임금이기 때문이다. 사실 유학자들이 가득한 조선 조정에서 임금이 금강산을 둘러본다는 것은 엄청난 정치적 모험이었다. 그러나 세조는 신하들의 불만을 일거에 제압하고 금강산 유람에 나선다. 직접 『능엄경(楞嚴經)』을 번역하고 간경도감을 설치해 각종 불경 간행 사업을 진두지휘했던 세조다. 이미 권력을 확실하게 장악했기 때문에 조정에서는 세조의 금강산 유람에 앞서 이렇다 할 논쟁이나 상소 한 번 없었다.

고삐 풀린 환관들

집권 12년을 맞아 정권이 어느 정도 안정된 1466년 3월 16일, 세조는 강원도 고성의 온천에 가기 위해 길을 나선다. 부인인 정희왕후 윤씨와 세자인 둘째아들(훗날의 예종)을 비롯해 친동생인 영응대군 이염과 이복형제인 밀성군 이침 등 종친뿐 아니라 영의정 신숙주, 좌의정 구치관 등 핵심 관리까지 모두 수행했다. 조선의 조정이 사실상 유람을 떠난 것이다. 이날 한양 도성을 떠난 대가(大駕)가 양주에 이르니 경기도 관찰사 윤자와 절도사 김겸광이 마중을 나와 있었다. 세조는 이날 포천에서 하룻밤을 머문다.

『능엄경』, 동국대 중앙도서관 소장. 세조는 간경도감을 설치하여 불경 간행 사업을 적극 추진하였고, 『능엄경』도 직접 번역할 정도로 열렬한 불교 신자였다.

다음 날 대가는 철원으로 향한다. 이어 사흘째인 3월 18일, 세조 일행은 김화의 소리천에 도착했다. 그런데 그 며칠 사이에 환관들의 횡포가 두드러졌다. 궁궐에 있을 때는 드러나지 않던 그들의 무소불위(無所不爲)한 권력이 대가 행차 때 적나라하게 표출되었기 때문으로 보인다. 환관의 권한이 컸다는 것은 세조의 권력이 그만큼 강했다는 뜻이기도 하다.

김화에 도착하던 날, 송중을 비롯한 일고여덟 명의 환관이 시녀들이 늘어선 곳에 난잡하게 출입하다가 세조의 명으로 의금부에서 국문을 받는다. 다음 날인 3월 19일, 대가는 금성의 궁천이란 곳에 머물게 되는데 이날도 세조는 의금부에 명하여 왕명을 전하는 내시인 승전환관 안중경에게 태(笞) 30대의 형을 내렸다. 또 같은 날에는 환관 이득수가 세조의 말고삐를 담당한 견마배를 마음대로 매질하다가 의금부에서 국문을 당한다. 음지에만 있던 환관들이 세조의 권세만 믿고 설치다가 연일 곤욕을 치른 것이다.

부처를 섬기면 안 된다고 당당하게 말하라

한양을 떠난 지 나흘 만인 3월 20일, 대가는 금강산 초입(말휘리)에 도착했다. 세조의 금강산 유람을 살펴보자.

먼저 장안사에서 하루를 묵은 세조 일행은 3월 21일에 정양사를 구경하고 표훈사로 갔다. 불교 신자답게 세조는 표훈사에 도착해 간경도감(刊經都監)으로 하여금 각종 잡귀를 공양하는 법회인 수륙재를 베풀도록 명하고 금강산의 주요 사찰에 시주하도록 호조에 명했다.

내금강 일부를 돌아본 세조는 다음 날 금강산에서 나와 서북 방향인 회양군 화천리로 향했다. 시계방향으로 돌아서 고성의 온정(지금의 온정리)에 가기 위해서였다. 대가는 3월 24일에 통천을 거쳐 다음 날 마침내 목적지인 고성 온정의 행궁에 도착했다. 이날 의금부에 구금돼 있던 환관 이득수의 석방을 명한다.

"임금이 욕실에 나아갔다."

3월 26일 『실록』의 기록이다. 정확히 열흘 만에 세조는 온천에 몸을 담글 수 있었다. 세조의 온정 체류가 길어지고 있었다. 열흘 후인 윤3월 6일에는 비가 내리는 가운데 유점사를 찾았다. 다음 날 세조는 정효상, 어효첨, 유진 3인을 불러 『능엄경』을 논할 것을 명했다. 유학자

『신묘년풍악도첩』 중 〈장안사도〉, 국립중앙박물관 소장. 금강산 유람을 떠난 세조
는 장안사, 정양사를 거쳐 표훈사에 이르렀으며, 표훈사에서 수륙재를 베풀었다.

에게 불경이라니. 정효상은 제대로 외우고 있어 무사히 넘어간 반면 어
효첨과 유진은 어물거리다가 장 30대를 맞았다. 두 사람은 "업무로 바
빠서"라고 변명했지만 세조는 의금부에 장 30대를 더 치도록 명했다.

세조는 신하들을 깔보고 있었다. 유학자라서 불경은 공부할 수 없
다고 이야기하면 될 것을 당당하지 못하게 둘러댄다고 생각한 것이
다. 그래서 다음 날 두 사람을 석방하는 동시에 파직시켰다.

"부처를 섬기는 것이 잘못이라고 생각한다면 마땅히 '임금의 잘못된
마음을 바로잡지 않을 수 없다'고 간하여 내가 고쳐 깨닫기를 바라는

것이 너희들의 직책이다. 그런데 어찌하여 겉으로는 복종하면서 마음으로는 그르게 여기느냐!"

불교 성지 순례에 더해진 민심 탐방 순행

윤3월 11일, 세조 일행은 동해를 따라 남쪽으로 내려가 간성의 명파역에 머물렀다. 갈 때와는 다른 길을 택한 것이다. 이틀 후 대가는 속초 아래 낙산사에 이른다. 요즘 식으로 말하면 불교 성지 순례를 하고 있었던 것이다. 다음 날 세조 일행은 강릉에 도착한다.

강릉에서 하루를 머문 대가는 윤3월 16일에 대관령을 넘어 오대산 입구에 이르렀다. 다음 날 세조는 자신의 눈으로 확인한 강원도의 험준함과 백성의 어려움을 지적하면서 "장차 강원도의 인구를 늘리고 백성을 윤택하게 할 수 있는 방안을 내놓도록 하라"고 신하들에게 명한다. 이번 거둥(擧動)은 불교 성지 순례이자 민심 탐방 순행인 셈이었다. 같은 날 세조 일행은 상원사를 찾았다.

윤3월 17일에 거화를 거쳐 윤3월 18일, 대가는 횡성의 실미원에 도착했다. 요즘에야 고속도로가 있지만 당시에는 험준한 산길이었다. 다음 날에는 원주의 사기막동에 이른다. 길을 떠난 지 정확히 한 달이 지났다. 한양에서 사람을 보내 문안 인사를 올렸다. 한양이 점점 가까워지고 있었다. 다음 날에는 강원도 관찰사 이윤인이 하직 인사를 올렸다.

윤3월 22일, 대가가 지금의 양평인 양근군에 들어섰다. 세조는 수종했던 강순 등을 먼저 한양으로 보내 아차산에서 자신을 마중하는 행사를 준비하도록 명했다. 다음 날 묘적산에서 사냥 구경을 하고 평구역에서 묵었다. 묘적산이나 평구역 모두 지금의 양주 팔당 근처다.

윤3월 24일, 마침내 40일 가까운 세조의 '동순(東巡)'이 끝났다. 아차산에서 성대한 행사를 마친 대가는 충량포(현재의 중랑천)를 거쳐 흥인문(현재의 동대문)에 들어섰다. 조선 왕조 500년을 통틀어 단 한 차례뿐인 재위 국왕의 금강산 순행은 이렇게 끝났다.

세조의 금강산 순행을 가능하게 한 데는 여러 요인이 있었다. 세조의 강한 불심과 권력 장악, 그리고 아직은 유교가 경직되지 않은 것도 긍정적으로 작용했다. 그렇더라도 강한 왕권을 내세운 세조의 결단이 없었다면 왕이 한 달 이상 한양을 비우는 금강산 유람은 불가능했을 것이다.

사건을 꿰뚫는 촌철살인

明哲保身

명철보신 明哲保身

분별력이 있어 적절한 행동으로 자기 자신을
잘 보전한다는 뜻으로, 『시경』에 있다. 조선
시대 명재상 중 한 명으로 일컬어지는 상진은
논란이 많은 인물이다. 보는 시각에 따라 권
력과 타협했다는 점에서 기회주의자라는 평
가를 받기도 하나 면면을 살펴보면 그는 사리
분별이 명확하고 자신의 소신이 뚜렷한 당당
한 현실주의자였음을 알 수 있다.

바른말만 하다가
귀양만 다니면 무슨 재미인가

타협 앞에 당당한 재상, 상진

　고려를 세운 왕건과 조선을 세운 이성계는 두말할 것도 없이 우리 민족 중에 최고로 꼽을 수 있는 명장(名將)이다. 둘 다 무인이었다는 사실 말고도 왕건과 이성계에게는 많은 공통점이 있다. 두 사람 모두 독실한 불교 신자였다. 왕건에게는 도선이라는 큰스님이 있었고 이성계에게는 무학이 있었다. 도선과 무학 모두 풍수에 밝았다.

　무인과 불교, 풍수는 성격상 서로 어울릴 수밖에 없는 것이었는지도 모른다. 특히 난세의 무인은 하루에도 몇 번씩 생사를 넘나들어야 한다. 그러므로 사생관(死生觀)을 세우는 데 유교나 유학보다는 불교가 훨씬 피부에 와 닿았을 것이다. 또 당시 전쟁에서는 천문과 지리, 인심이 3대 핵심 요건이었다. 그중에서 지리를 아는 데는 풍수만 한 것이 없었다. 당시 왕건이나 이성계에게 풍수는 군사 지리학이었던 것이다.

흥미롭게도 무인, 불교, 풍수는 조선과 같은 유학 중심 사회에서는 모두 배척당했다. 문인 중심의 숭유억불(崇儒抑佛) 나라 조선에서 풍수는 공식적인 자리에서 이야기되어서는 안 되는 주제였다. 한편 풍수의 대가들은 고려 때도, 조선 때도 불교의 고승 중에 많았다. 무인과 불교, 풍수는 이래저래 얽혀 있었다.

고려와 조선 최고 명장의 포용력 지수는?

두 사람이 지닌 또 하나의 공통점은 적조차 감싸 안는 포용력이었다. 아들 이방원에 의해 처참한 말로를 맞긴 했지만 이성계는 마지막 순간까지 고려를 지키려 했던 정몽주를 끌어안기 위해 부단히 노력했다. 그런 이성계였지만 조선을 세운 후에도 끝까지 자신을 따르려 하지 않았던 개경의 올곧은 선비들을 미워하여 "100년 동안 개경의 선비는 과거를 보지 못하도록 하라"는 명을 내렸다고 한다. 『택리지』를 쓴 이중환에 따르면 그 바람에 개경 사람은 선비로서 학업을 닦지 않고 장사를 생업으로 삼아 사대부라는 말까지 사라졌다고 한다.

포용력만 놓고 보자면 왕건이 이성계보다는 훨씬 윗길이었다. 군사적인 우위를 확보하고도 후백제나 신라가 투항할 때까지 기다렸다. 결국 후백제는 내분으로 붕괴되었고, 신라의 경순왕은 머리를 숙이고 들어왔다. 그래야 후백제나 신라의 백성이 새 나라의 통치를 받아들이리라 생각한 것이다.

그런 왕건도 도저히 용서 못할 사람들이 있었다. 후백제의 충청도 목천 사람이었다. 조선 성종 때 양성지, 노사신, 강희맹, 서거정 등이 편찬한 지리서 『동국여지승람』에 따르면, 목천 사람들이 끝까지 투항하지 않고 버티자 돈(豚), 상(象), 우(牛), 장(獐) 등과 같은 희귀한 성

(姓)을 붙였다고 한다. 말 그대로 돼지, 코끼리, 소, 사슴 등 동물 이름을 내린 것이다. 그만큼 끝까지 항거한 목천 사람들에 대한 왕건의 노여움이 컸다는 뜻이다. 물론 그 후에 豚은 頓(돈)으로, 象은 尙(상)으로, 牛는 于(우)로, 獐은 張(장)으로 바뀐다. 이들 네 성은 모두 목천을 본관으로 한다. 그 밖에 목천을 본관으로 하는 마(馬)씨가 있다. 아동문학가로 유명한 마해송 역시 목천 마씨다. 그러나 마씨는 그전부터 있던 성이었다.

멸문지화를 면한 유일한 목천 사람

목천을 본관으로 하는 이 네 성은 멸문지화(滅門之禍)에 가까운 고초를 겪은 탓인지 고려 때는 말할 것도 없고 조선 시대에도 이렇다 할 인물을 찾기가 힘들다. 유일한 예외가 명종 때 영의정에까지 오르는 상진(尙震, 1493~1564년)이다.

상진은 현대적 맥락에서 재조명할 필요가 있는 인물이다. 하나의 틀로 담아낼 수 없는 그의 자유분방함 때문이나. 그러면서도 대립된 의견을 능수능란하게 조화시키는 보기 드문 정치력을 보여주었다. 의리(義理) 일변도의 성리학적 잣대로 보자면 높은 점수를 받기 어려울 수도 있다. 그동안 상진과 같은 인물이 학계에서 거의 주목 받지 못한 것도 지금까지 우리 학계에 남아 있는 성리학적 사고의 잔재 때문인지 모른다.

이수광은 『지봉유설』에서 '상진의 인품과 도량'이라는 별도의 항목을 정해 이렇게 말한다.

"정승 상진은 인품과 도량이 넓고 커서 일찍이 남의 장단점을 말하는 일이 없었다."

당시 육조판서를 두루 지낸 오상(吳祥, 1512~1573년)은 이런 시를 지었다.

> 복희씨의 음악과 풍속 쓸어낸 듯 없어져버렸고 　　義皇樂俗今如掃
> 봄바람 부는 술자리에만 남아 있구나 　　　　　　只在春風杯酒間

이 시를 본 상진은 "어찌 말을 그렇게 야박하게 하는가"라며 첫 구의 마지막 두 자와 둘째 구의 앞부분 두 자를 고쳐 이렇게 읊었다.

> 복희씨의 음악과 풍속 지금도 남아 있어 　　　義皇樂俗今猶在
> 봄바람 부는 술자리에서 찾아볼 수 있네! 　　看取春風杯酒間

세상을 보는 시각은 말할 것도 없고 도량이 남달랐던 것이다. 이수광이 이 일화를 골라 상진의 '도량'을 보여준 것도 그 때문일 것이다. 한마디로 상진은 그릇이 큰 인물이었다.

자유분방한 행정 실무가

상진은 이익이 『성호사설』에서 밝힌 대로 "벼슬길에 오른 사람이 하나도 없는 한미한 가문"에서 태어났다. 아버지 상보(尙甫)가 역참을 돌보던 종 6품 찰방에 오른 것이 전부였다. 집안의 한미함을 누구보다 잘 알고 있었던 상진은 어려서부터 글 읽기는 내팽개치고 말 타고 활 쏘는 데만 열중했다. 무인이 되려 했던 모양이었다. 그러나 스무 살이다 되어서야 친구들이 자신을 업신여기는 것을 알고 공부를 시작해 다섯 달 만에 글 뜻에 익숙해지고 열 달 만에 문리(文理)가 통했다고 한다. 스물다섯 살 무렵에는 문과에 급제해 관리의 길로 들어설 수 있었다.

이후 상진은 중종의 극진한 총애를 받아 여러 차례 특진을 했다. 그 바람에 견제도 많이 받았다. 무엇보다 상진은 이재(吏才)가 뛰어났다. 오늘날로 말하면 행정 능력이 특출했다는 말이다. 조선 시대 인물의 관직 경력을 볼 때 중앙직보다 관찰사와 같은 외직을 두루 거치는 인물들은 일반적으로 이재가 뛰어나다는 평을 받았다. 관찰사는 사실상 그 도의 독립적인 통치자나 다름없기 때문에 학재보다는 이재가 뛰어난 인물들이 맡았다.

그는 중앙의 요직을 거쳐 대사헌에 올랐다가 중종 34년(1539년)에 중종의 특명으로 평안도 관찰사로 나갔다. 2년 후에는 특진하여 서울 시장에 해당하는 한성판윤에 오른다. 그에게는 한발 물러서서 시국을 살펴보는 여유가 있었다. 훈구보다는 사림에 가까우면서도 기묘사화 (1519년)나 을사사화(1545년)를 비켜 갈 수 있었던 것은 그 때문이었는지 모른다.

기묘사화가 터지기 전, 그가 사마시에 급제해 성균관에서 공부할 때였다. 선비들이 유난히 티를 내며 몸가짐을 삼가는 척하자 상진은 못마땅하게 생각했다. 자유인인 상진의 기질이 유감없이 발휘된 순간이었다. 『실록』은 “상진은 성균관에서 공부할 때 일부러 관(冠)을 쓰지 않고 다리도 뻗고 앉아서 동료들을 조롱하고 업신여기었다”고 적고 있다. 얼마 후 문과에 급제하여 당대의 명상 정광필을 찾아가 인사를 올리자 정광필은 주변 사람에게 “게으른 정승이 나왔다”고 칭찬했다고 한다.

당당한 현실주의자

한성판윤을 거쳐 중종 때 공조, 형조, 병조 등의 판서를 두루 거친 상진에게도 명종 즉위와 더불어 시작된 문정왕후와 윤원형의 시대는 만만치 않았다. 그러나 상진은 권력과 타협했다. 덕분에 명종 즉위와 함께 병조판서에 임명됐다. 이후 이조판서를 거쳐 명종 6년(1551년)에는 좌의정에 오른다. 그 때문에 상진이 문정왕후와 윤원형에게 '아부했다'는 비판을 받기도 한다. 그러나 자신의 영달을 위해서가 아니라 백성을 위해 정치를 펼치려는 원려심모(遠慮深謀)임을 당대의 뜻 있는 식자들은 알고 있었으므로 직접적으로 비판하지는 않았다. 오히려 "세종 때의 황희와 허조를 잇는 명상(名相)"이라는 찬사가 많았다.

권력과 타협했지만 그에게 '권간(權奸)'이라는 비난이 쏟아지지 않은 또 하나의 이유는 청렴함이었다. 이를 보여주는 일화가 있다. 하루는 창고가 허물어지려 하자 종들이 수리하려 했다. 상진은 그만두라면서 이렇게 말했다.

"너희들이 고쳐 세운들 그것을 무엇으로 채우려 하는고?"

창고는 무너져버렸다. 그랬기 때문인지 상진은 세상의 굴곡을 수용하는 자신의 처신을 조금도 부끄럽게 생각하지 않았다. 동갑내기 친구이자 중종 때 잘나갔던 사림 계열의 송순이 윤원형 세력과 충돌하면서 힘든 세월을 보내고 있을 때였다. 「면앙정가」로 친숙한 시조 시인 송순이다. 하루는 상진이 송순에게 물었다.

"자네는 어찌 이리 침체되고 불우한가?"

이에 송순은 "내가 자네처럼 목을 움츠리고 바른말을 하지 않았으면 벌써 정승의 지위를 얻었을 것이네"라며 반박했다. 이에 상진은 "자네가 바른말 하지 않는 나를 비난하는 것은 참으로 옳다. 그러나 불평스러운 말을 많이 하여 이리저리 귀양 다니는 것은 무슨 재미인가?"라며 웃었다.

상진은 죽음을 맞으며 자식들에게 당부했다.

"묘비는 세우지 말고 짤막한 갈(碣)을 세워 '공은 늦게 거문고를 배워 일찍이 「감군은(感君恩)」 한 곡조를 연주하였다'고만 쓰면 족하다."

그는 세상을 바로잡겠다며 오히려 더 큰 혼란을 불러온 위선과 가식의 식자들을 조롱하며 살다 간 인물이었다. 새삼 상진에 주목하게 된 것도 그 때문이다. 소장 강경파와 노장 온건파의 대립은 비단 조선시대뿐 아니라 21세기 대한민국에서도 그대로 반복되는 듯하다. 서로가 자신과 다른 세대, 파당으로부터 배우려는 자세가 없기 때문에 생기는 일이다. 자기만이 옳다는 독선은 대립을 더욱 부추긴다. 이럴 때일수록 상진과 같은 유연한 태도가 절실해진다.

臨機應變

임기응변 臨機應變

어떤 일을 당하여 적절하게 반응하고 변통한
다는 뜻. 그때그때의 형편에 맞게 처신한다는
말로, 『진서(晉書)』에 있다. 광해군 시절 인목
대비를 제거하기 위한 시나리오에 따라 사건
이 조작되고 이 일로 인목대비를 모시던 상궁
에게까지 화가 미쳤다. 이때 그 상궁은 뜻밖
의 대응으로 좌중을 놀라게 하며 위기를 넘
기는 듯했으나 이미 결론이 정해진 상황에서
그녀의 임기응변은 빛을 바랬다.

나는
승은을 입은 몸이다

광해군에 맞선 상궁, 응희

광해군 5년(1613년) 5월, 한양에는 피비린내가 진동하고 있었다. 사건은 너무나도 시시한 데서 시작됐다. 4월 25일, 문경새재를 넘던 은(銀) 상인이 살해당하고 은 수백 냥을 밀취당한 사실을 포도대장 한희길이 광해군에게 보고한다. 이런 정도의 일이면 죄수를 잡은 후 수사 기록을 형조에 넘기면 되는 것이었다. 그런데 임금에게 직접 보고했다는 것은 누군가 개입해 이 사건을 키우려 했다는 것이 실록 사관들의 판단이다. 은 탈취 사건은 한 달여 전에 일어난 일이었다. 그사이에 뭔가가 있었던 것이다.

의문스러운 은 탈취 사건

궁금한 것은 과연 누가 무슨 목적으로 은 수백 냥을 도적질했냐는 것이었다. 단순 강도나 산적이었다면 임금에게 비밀스레 보고되는 일은 없었을 것이다. 주동자들이 아주 흥미로웠다. 박응서, 서양갑, 심우영, 허홍민, 박치의 등이 그들이다. 이들을 묶어주는 공통점이 하나 있었다. 모두 명문 집안의 서자들이라는 점이다.

박응서의 경우 정승을 지낸 박순의 첩의 아들이었고, 서양갑의 아버지 서익은 오늘날 시장에 해당하는 목사를 지냈으며, 심우영의 아버지 심전은 관찰사를 역임했다. 서양갑과 심우영도 첩의 아들이었다.

이들은 하나같이 글을 잘하고 놀기를 좋아했다. 어차피 과거길은 막혀 있었기 때문에 세상을 즐기기로 합의한 이들은 경기도 여주 근방에 거처를 마련하고 공동 생활을 시작했다. 『실록』은 "그들의 생활은 남들이 볼 때 이상스러울 정도로 사치스러웠다"고 적고 있다. 각자 집에서 돈을 들고 오기는 했지만 한순간에 탕진했다. 때로는 장사를 해서 돈을 벌기도 했지만 그들이 누리던 향락의 규모에 비하면 턱없이 부족했다. 그래서 이들이 택한 방법이 도적질이었다. 실상은 이게 전부였다. 요즘 식으로 말하자면 오렌지족 노상강도 사건인 셈이다.

인목대비 제거 시나리오

가장 먼저 체포된 이는 박응서였다. 문제는 여기서부터 꼬이기 시작했다. 예조판서를 지낸 광창부원군 이이첨은 정인홍과 함께 광해군 때 최고 권력을 장악한 대북파를 이끄는 양대 실세 중 한 명이었다. 대북파는 북인이 다시 대북과 소북으로 나뉜 것으로, 대북은 광해군을, 소북은 영창대군을 선조의 후사로 지지했다. 결국 광해군이 집권에 성공하면서 정권은 이이첨, 정인홍, 이경전, 유희분 등으로 이뤄진 대북이 장악했다. 광해군에게 큰 신임을 얻었던 이이첨은 이번 기회

인목대비 김씨의 글씨, 1712년, 강릉시 오죽헌시립
박물관 소장. 광해군 시절 벌어진 의문스런 은 탈
취 사건은 인목대비를 제거하기 위해 조작된 사건
이었다.

에 큰 건을 올려 광해군의 절대적인 신임을 얻기 위해 모략을 꾸민다. 광해군 집권 이후에도 대북파와 광해군에게 눈엣가시 같은 존재였던 선조의 계비 인목대비와 적자인 영창대군을 제거할 만한 기회를 노린 것이다.

이이첨은 포도대장 한희길, 제자 김개 등과 함께 시나리오를 짰다. 이번 절도 사건을 단순 강도가 아닌 거대한 역모로 몰아가기로 한 것이다. 이들은 박응서를 설득했다. 김개는 가짜 격문까지 써서 박응서로 하여금 달달 외우게 한 뒤에 광해군에게 상소를 올리도록 했다. 어차피 사형이 불가피했던 터라 혹시라도 목숨을 건질까 하여 박응서도 그들의 시나리오에 동의했다.

"우리는 천한 도적들이 아니다. 은화를 모아 무사들과 결탁한 다음 반역하려 했다."

그러나 이는 자기 명을 재촉하는 어리석은 짓이었다. 조정에서는 곧바로 박응서의 동료들을 체포하는 데 돌입했고, 얼마 안 돼 모두 붙잡혔다. 박응서는 여기서 그치지 않고 전혀 무관한 친구들의 이름까지 마구 털어놓았다. 사건은 일파만파로 확대되었다. 문제는 박응서와 나머지 사람들을 대질시킨 결과 박응서 외에는 어느 누구도 이번 일이 역모와는 무관하다고 주장했다는 점이다. 무릎을 으스러뜨리는 압슬형을 가해도, 벌건 인두로 살점을 지지는 낙형을 가해도 이들은 역모에 대해서는 모른다고 했다. 사실이었다. 서양갑의 경우에는 어머니와 누이까지 붙잡혀 모진 고문을 당했지만 역모를 인정하지 않았다. 아니, 인정할 것이 없었다.

그런데 서양갑의 어머니와 형이 고문당한 끝에 사망했다. 이 사실을 전해 들은 서양갑은 "내가 앞으로 온 나라를 뒤흔들어 어머니와 형의 원수를 갚겠다"고 결심했다. 말 그대로 복수의 화신이 되기로 결심한 것이다. 이런 결심은 사실과는 관계없이 영창대군의 이름을 실토하는 데로 나아갔다. 이후 불똥은 곧바로 인목대비와 그의 아버지 김제남에게로 튀었다.

서양갑의 복수심은 이이첨에게 놀아나 엉뚱하게 일을 키운 박응서에게로 향했다. 박응서가 친하게 지냈던 인물들을 가리지 않고 불어버린 것이다. 서양갑은 철물거리에서 환형(轘刑, 죄인의 다리를 두 대의 수레에 한쪽씩 묶어서 몸을 두 갈래로 찢어 죽이던 형벌)을 당했다. 5월 6일의 일이다. 그리고 이날 역모 시 군사 지휘권을 맡으려 했다는 모함을 받은 김제남도 붙잡혀 조사를 받기 시작했다.

박응서와 서양갑이 마구잡이로 이름을 털어놓자 광해군은 극도의 불안감에 휩싸였다. 누가 아군이고 적군인지 가릴 수 없는 지경에 이르렀다. 다음 날 광해군이 영창대군을 보호하라는 선조의 명을 받은 일곱 신하를 처벌하라는 명을 내린 데서도 그의 불안감을 읽을 수 있다. 사실 그것은 아버지를 부정하는 행위였다. 또 이번 일은 일곱 신하와는 아무런 관련도 없었다. 이때부터 박응서와 서양갑의 입에서 나온 인물들이 하나 둘씩 저잣거리에서 사형을 당해 내걸렸다.

승은의 힘

이제 칼끝은 인목대비를 향하고 있었다. 그 신호탄은 한때 선조를 모셨고 대비를 가까이에서 모시던 대비전 상궁 응희(應希)의 체포였다. 5월 18일, 응희는 의금부에서 자신을 체포하러 온다는 소식을 듣고 소주를 마신 다음 후원에서 목을 매려다가 내시에게 발각되어 결국 투옥되었다. 응희는 단순한 상궁이 아니라 승은(承恩)을 입은 상궁이었다. 승은을 입은 것만으로는 상궁의 신분이 바뀌지 않지만, 승은을 입게 될 경우 자식을 낳을 가능성이 있기 때문에 '승은상궁'으로 구별해서 불렀다. 그러나 별도의 보직은 아니었으며, 일단 자식을 낳게 되면 후궁의 반열에 오르게 된다. 옥 안에서 응희는 고래고래 소리를 질렀다.

"나는 그동안 선왕을 모셔온 몸이다. 임진년 난리 때 김빈(金嬪) 등 여섯 명과 함께 늘 대가 앞에서 시중을 들었다. 당시의 대신 윤두수(尹斗壽), 유성룡(柳成龍), 이항복(李恒福), 이산보(李山甫) 등은 지금 어디에 있느냐! 지금 임금의 녹만 먹고 선왕의 녹은 받아먹지 않았느냐? 그런데 어찌 나를 이렇게 속박하여 모욕을 줄 수 있단 말이냐?"

승은의 힘은 이렇게 컸다. 어찌나 민망했던지 이 소리를 들은 사람은 너나없이 귀를 막았다고 한다. 광해군의 입장에서도 고민스럽지 않을 수 없었다. 어쨌거나 선조의 승은을 입었다면 자신에게는 '잠재적인' 어머니였다. 그렇다고 응희가 주장하는 대로 정말 선조의 승은을 입었는지 가려낼 방법도 없었다. 응희를 잡아들인 지 6일이 지난 5월 24일, 광해군이 내린 전교에는 그 같은 고민이 고스란히 담겨 있다.

"참으로 총애를 받은 일정 수의 후궁에 대해서는 내가 어찌 모르겠는가만은, 그래도 혹 한두 번 총애를 받았는지에 대해서는 역시 단정하기가 어려운데, 그럴 경우 그대로 국문한다면 의리에 손상됨이 어찌 없겠는가."

고심한 끝에 응희에게 내린 죄목은 선조의 첫 번째 정부인이던 의인왕후 박씨의 능에 저주했다는 혐의였다. 물론 그것은 조작이었다. 결국 이날 응희는 사약을 받고 불귀의 객이 되고 말았다. 응희의 죽음을 신호탄으로 대비를 모시던 궁인과 내시도 모두 잡혀 죽거나 모진 고문을 당했고, 뒤이어 영창대군을 모시던 궁인과 내시도 비슷한 고초를 겪어야 했다. 이후 서인(庶人)으로 강등되어 강화도로 유배된 영창대군은 여덟 살의 어린 나이에 비극적인 최후를 맞았고, 인목대비도 서궁으로 유폐되어 인조반정이 일어날 때까지 암울한 세월을 보낸 것은 역사책에 기록된 대로다.

응희의 경우 일개 상궁이지만 조정의 음모에 정면으로 맞서는 기개를 보여준 당찬 여인이었다는 점에서 주목할 만한 인물이다. 사실 광해군의 살기에 내로라하던 정승판서들도 숨죽이지 않을 수 없었던 잔인한 5월이었으므로 더욱 그렇다. 아버지의 승은을 입은 상궁까지 무참하게 죽일 만큼 광해군의 권력 기반이 대단히 취약했던 것인지도 모른다. 결국 그는 권력을 잃었다.

무심운집 無心雲集

마음을 비우면 저절로 구름이 모인다는 뜻으로, 욕심 없이 일에 임하면 일은 자연스럽게 성사될 뿐 아니라 사람 또한 절로 모인다는 말이다. 조선 오백 년 역사는 끊임없는 왕위쟁탈의 역사로 사회 곳곳에 상처가 깊었으나 어느 왕도 폭넓게 그 상처를 치유하지 못했다. 하지만 숙종은 절대적인 권위를 확립한 후 정적까지도 끌어안는 포용력을 보임으로써 자신의 가치를 상승시켰으며 사회적인 안정도 일구었다.

승자는 정적에게도
관대할 수 있다

역사의 상처를 치유하는 절대 군주, 숙종

1674년에 숙종이 19대 임금으로 즉위했을 때 조선은 건국 300년을 바라보고 있었다. 돌이켜보면 영욕(榮辱)으로 점철된 시간이었다. 왕실의 입장에서 보자면 더욱 그랬다. 왕실 내부의 갈등에서 생겨난 상처도 있었고 신하들과의 충돌로 인해 생겨난 것도 있었다. 시도는 있었어도 제대로 그 상처를 치유해 본 적이 없었다. 오히려 상처를 치유하려던 시도가 더 큰 상처를 내고 끝난 경우가 더 많았다.

왕위 쟁탈의 역사가 남긴 상처

역사가 승자의 기록이라고 할 때 전제군주국가의 공식적인 역사는 특히 그러하다. 조선이라고 예외일 수 없었다. 조선의 탄생 자체가 500년 고려에 말할 수 없는 생채기를 만들어냈다. 이런 상처의 치유는 태종과 세종을 거치면서 진행됐다. 고려의 부흥을 명분으로 한 반란이 없었던 데는 태종과 세종의 노력이 결정적이었다고 할 수 있다.

그러나 태종 스스로가 쿠데타를 일으키면서 정도전을 비롯한 신하들은 말할 것도 없고 그에게 희생당한, 태조와 신덕왕후 강씨 사이에서 난 이방번과 폐세자 이방석은 300년이 지나도록 역사에 잊혀졌다. 그들을 복권시키는 것은 태종의 거사 '제1차 왕자의 난'을 원천적으로 부정하는 처사였다.

태종에 의해 허수아비 임금으로 2년 2개월간 재위했던 태종의 형 영안대군 이방과도 제대로 된 칭호는 얻지 못했다. 이런 상황은 숙종 때까지 이어졌다. 이때까지만 해도 건국 초기의 혼란기였으므로 도덕적 비난은 그때뿐이었다.

그러나 수양대군의 왕위 찬탈은 사정이 달랐다. 삼촌이 조카의 왕위를 빼앗고 세종이 길러낸 수많은 신하들이 목숨을 잃는 비극적인 상황이 발생한 것이다. 게다가 폐위된 조카의 목숨까지 앗아버렸다. 초야의 뜻 있는 인사들은 말을 잃고 숨어들었다. 사림이니 산림이니 하는 재야 세력의 뿌리가 세조의 왕위 찬탈에 있는 것은 어쩌면 자연스러운 일이다.

그러다 보니 역사가 억지스러워졌다. 세조를 부정할 수도 없고, 그렇다고 사육신을 충신이라고 추켜세울 수만도 없었다. 적어도 정치에 참여한 인사들로서는 그랬다. 연산군이나 광해군은 후대의 임금과 신하들의 의견이 일치했기 때문에 굳이 복권의 필요성이 제기되지 않았다.

그런데 연산군 때부터는 사화로 인해 수많은 신하들이 말할 수 없는 고초를 겪어야 했다. 다행히 사화로 인한 피해자들은 대부분 선조에 의해 재평가됐고 복권됐다. 그러나 인조가 소현세자를 '죽임'으로

써 왕실 내부에 상처가 생겼고, 그 고통은 숙종 때까지 고스란히 이어졌다. 예송 논쟁은 달리 보면 결국 소현세자의 정통성에 대한 논란이라고 할 수 있다. 송시열을 비롯한 서인들은 소현세자의 복권을 눈에 보이지 않는 정치적 명분으로 삼을 정도였기 때문이다.

비명에 간 이방번, 이방석의 한을 풀어 주다

신덕왕후 강씨는 태조 이성계의 두 번째 부인이다. 개국 초에 세자를 정할 때 공신들의 마음이 이방원에게 가 있는 것을 알고 이성계에게 눈물로 호소해 자기 몸에서 난 방석이 세자에 오를 수 있게 했던 장본인이다. 강씨는 세자 방석이 왕위에 오르는 것을 보지 못한 채 일찍 세상을 떠나 정릉(貞陵)에 묻혔다.

게다가 몇 년 후 이방원이 왕자의 난을 일으켜 자신이 낳은 이방번과 이방석은 죽음의 길을 떠나야 했다. 이후 조선의 왕통이 태종으로 이어졌기 때문에 신덕왕후 강씨나 이방번 형제, 그리고 이들을 도왔던 정도전을 긍정적으로 입에 올리는 것은 금기처럼 돼버렸다.

이런 가운데 현종 10년(1669년) 1월, 중추부판사이던 송시열이 글을 올려 신덕왕후 강씨가 묻혀 있는 정릉을 보수하고 아울러 강씨를 종묘의 태묘(太廟)에 배향해야 한다는 의견을 올렸다. 오랫동안의 논란 끝에 마침내 그해 10월 1일 신덕왕후 강씨가 태묘에 배향된다. 전적으로 송시열의 공이었다.

그러나 이방번이나 이방석은 여전히 비의 몸에서 난 대군인데도 숙종 즉위 때까지도 관심 밖에 있었다. 물론 두 사람을 죽인 장본인인 태종은 태종 6년에 이방석을 소도군(昭悼君)으로 추시한 바 있다. 그 후 이방번은 무안군, 이방석은 소도군으로 불리면서 숙종 때까지 이어졌다.

신덕왕후를 정비로 인정해 태묘에 배향한 이상, 이방번과 이방석을 대군으로 불러야 하는 것은 정해진 순서였다. 그렇지만 애초에 송시열과 적대적이었던 남인들이 집권했던 초기에는 그런 조치가 취해질 수 없었다. 남인들은 신덕왕후에게 제사 지내는 것조차 부정적으로 생각했기 때문이다.

결국 남인을 몰아내고 서인들이 집권한 숙종 6년(1680년) 7월 27일이 돼서야 춘추관영사를 맡고 있던 김수항 등이 숙종에게 두 사람을 대군으로 추증해야 한다고 건의했고, 숙종이 이를 받아들여 마침내 이방번과 이방석의 300년에 걸친 한은 비로소 풀리게 된다. 이후 이방번은 무안대군(撫安大君), 이방석은 의안대군(宜安大君)으로 추증되고 국가에서 올리는 제사를 받게 된다. 역사의 패자에 대한 때늦은 관용이었다.

'태정태세문단세~'의 시작

태종 이방원에 의해 잠시 허수아비 임금으로 지낸 공정(恭靖)대왕에게는 숙종 때까지도 묘호, 즉 조(祖)나 종(宗)이라고 하는 호칭이 없었다. 숙종 7년(1681년) 5월 18일, 왕실 족보인 『선원계보(璿源系譜)』를 편찬하는 교정청에서 글을 올려 이 문제를 제기했다.

"공정대왕의 묘호가 빠져 있습니다. 해평 부원군 윤근수(尹根壽)의 집에 소장하고 있는 글에 이르기를, '지난해에 내가 은대(銀臺, 승정원)에 있으면서 마침 양도대왕조(襄悼大王朝, 예종)의 『승정원일기』를 상고해 보니 예종께서 전교하기를, 공정대왕은 종사(宗社)에 죄를 지은 것도 아닌데 묘호가 없으니 이제 묘호를 올림이 마땅하다 하시고, 마침내 묘호를 안종(安宗)이라고 하고, 물론 이에 대해서는 마땅히 전고(典故)에 달통한 자를 기다려 엄밀하게 논의한 다음 분명하게 정하도록 해야 한다고 하는 말이 있다'고 하였습니다. 다만 윤근수 개인이 사사롭게 기록한 글을 바탕으로 수백 년 동안 빠졌던 묘호를 갑자기 청하기는 어렵습니다. 청컨대 대신들로 하여금 『실록』을 상고하여 처리하게 하소서."

『선원계보기략』, 장서각 소장. 숙종조 이후 기존의 『선원록』『종친록』『유부록』을 합해 작성한 왕실 족보다.

이렇게 해서 공정대왕의 묘호를 정하는 문제는 국정의 이슈로 떠오른다. 사실 조선 역사에서 태종이나 세조의 문제는 여간 부담스러운 게 아니었다. 자칫하면 충역(忠逆)이 헷갈리고 조선 왕실의 정통성에 대한 논쟁이 제기될 수 있기 때문이다. 당시의 의논을 보면 정도전을 철저하게 '역도(逆徒)', '간역(奸逆)'이라고 부르면서 조심스럽게 이 문제에 접근하고 있다. 오래됐다고는 하지만 태종을 부정하는 조치를 쉽게 취할 수 없었기 때문이다. 오히려 이방석의 문제는 태종이 어느 정도 풀어놓았기 때문에 쉬웠다. 그런데 어찌 된 이유에서인지 태종은 신의왕후에 대해서처럼 공정대왕에게도 묘호를 올리지 않았다.

한 달쯤 지난 후, 춘추관 지사를 맡고 있던 조사석이 이와 관련된 『실록』을 샅샅이 조사한 다음 보고서를 올렸다.

"예종 원년(1469년), 예종께서 특명을 내려 공정대왕의 종호(宗號)를 추상(追上)할 것을 의논케 하였는데, 정인지가 대답하기를, '애초에 종(宗)으로 일컫지 않은 것은 반드시 뜻이 있었을 것입니다'고 하자, 일이 마침내 정지되었습니다. 성종조(成宗朝)에 다시 왕손인 운수군(雲水君) 이효성(李孝誠) 등의 상소로 인해 영돈녕(領敦寧, 돈녕부 영사) 이상과 예관(禮官)에게 의논하도록 명하니 예조판서 이파가 대답하기를, '태종(太宗)의 깊으신 뜻은 다른 사람이 감히 억측하여 의논할 것이 아닙니다. 세종조(世宗朝)에는 예악(禮樂)이 명백하게 갖추어졌는데 그사이에 한 번도 의논한 적이 없었으니, 어찌 태종의 본뜻을 깊이 안 때문이 아니겠습니까?' 하였습니다. 중종조(中宗朝)에 종친인 창화수(昌化守) 이장손(李長孫) 등이 다시 상소하기를, '양도대왕조에 일찍이 공정대왕께 묘호를 더하는 일을 조정에 내려 의논하게 하니, 곧 희종(熙宗)이라고 묘호를 정하였는데 예종께서 급서하시는 바람에 오늘에 이르렀다고 하니, 승정원에 명하여 일기를 상고하여 아뢰게 하소서'라고 하니 중종께서 하교하기를, '일기를 상고해 보니 예종조(睿宗朝)에서 하고자 하였다가 도로 정지하였고, 세종·세조·성종조에는 모두 할 만한 시기였는데도 결국 거행하지 아니하였으니, 지금 어떻게 할 수 있겠는가?'라고 답하고, 마침내 그 상소를 받아들이지 않았습니다. 그러니 윤근수의 기록에 묘호를 안종(安宗)이라고 하였다는 말은 『실록』에 나오지 않습니다."

결국 공은 숙종의 손으로 넘어왔다. 숙종은 대신에게 이 문제를 논의하도록 명했다. 그러나 두 달이 넘도록 별다른 결론이 나지 않은 채 갑론을박만 이어지자 사관을 보내 송시열의 의견을 물어보도록 한다. 이때 송시열은 중추부영사로 주요 현안에 대해 숙종에게 자문할 때였다. 송시열은 당연히 시호를 올려야 한다고 답했다. 9월 14일, 숙종은 단안을 내린다.

나흘 후인 9월 18일, 공정대왕에게는 시법에 따라 '백성을 편안하게 하고 크게 염려하였다'는 뜻을 담아 '정종(定宗)'이라고 붙였다. 이렇게 해서 숙종 7년 12월 7일에 공정대왕은 공식적으로 정종으로 불리게 된다. 우리가 흔히 '태정태세문단세'라고 외우는 조선의 왕계(王系)는 이때서야 비로소 확립된 것이다. 역사에 대한 따뜻하고 열린 시각 없이는 불가능한 조치였다.

노산군에서 단종으로

숙종은 어린 나이에 즉위했지만 생각지도 못할 만큼 놀라운 자의식을 지니고 있었다. 그는 "날 때부터 임금으로 태어났다"는 자의식이 유난히 강했고, 그렇게 키워졌다. 집권하자마자 서인들을 내쳤을 때 서인들의 입장에서는 '제2의 연산군 등장'을 우려했을지도 모른다. 그러나 연산군과 숙종은 애당초 성장 과정이 달랐다. 연산군은 성종의 무관심과 홀대 속에서 성장했고, 숙종은 현종의 사랑을 듬뿍 받으며 자랐다. 그 때문인지 연산군은 스스로를 학대했고, 숙종은 자기애가 누구보다 강한 인물이었다.

경신환국으로 서인들이 정권을 잡았던 1680년 12월 22일, 강화유수 이선이 상소를 올려 사육신과 김종서, 황보인 등의 신원(伸冤)을 청했다. 이때만 해도 숙종은 다소 조심스러운 입장이었다.

"사육신에 대한 일은 모르는 바가 아니나 열성조에서도 죄를 용서한 적이 없다. 다만 사림에서 그들을 존모(尊慕)하는 일에 대해서는 군이 금지할 것이 없겠다."

이는 이전 사림들의 역사 인식을 그대로 이어받은 것이었다.

이 무렵부터 숙종은 조선의 역사를 깊이 있게 공부했던 것으로 보인다. 이듬해 7월 21일, 송시열, 박세채, 윤증 등 당대의 석학들이 참석한 경연에서 숙종은 이렇게 말한다.

"정비(正妃)가 낳았을 경우 모두 대군(大君), 공주(公主)라고 일컬으니, 노산군도 당연히 대군으로 일컬어야 한다. 이 문제를 대신에게 의논하도록 하라."

사실 노산군(魯山君)을 노산대군으로 부를 경우 연산군이나 광해군도 연산대군이나 광해대군으로 불러야 하는 것 아니냐는 반박이 나올수도 있었다. 그런데 숙종은 '정비로부터 탄생했을 경우'라는 근거를제시했다. 이렇게 될 경우 폐비 소생인 연산군이나 후궁 소생인 광해군은 자연스럽게 배제할 수 있었다. 게다가 이 문제는 신하들이 먼저발의한 것이 아니라 숙종이 대신들에게 의논하게 했다는 점에서 의의가 크다.

엿새 후인 7월 27일, 춘추관영사를 겸하고 있던 영의정 김수항은 태조와 신덕왕후 강씨 사이에서 난 방번과 방석도 마땅히 대군의 작위를 내려줘야 한다고 건의했다. 그래서 두 사람은 각각 무안대군과 의안대군으로 추증됐고, 숙종은 이들을 위한 제사를 지내게 했다.

그러나 노산대군에게 왕호를 추복하는 일은 좀 더 많은 시간이 필요했다. 노산군을 노산대군으로 높여 부르기로 한 지 17년이 지난 숙종 24년(1698년) 9월 30일, 현감을 지낸 신규가 노산대군의 억울함을 호소하며 왕호를 되찾아줘야 한다는 상소를 올렸다. 예전 같았으면 역모에 해당하는 중죄를 받았을 내용이었다. 그러나 이미 사육신의 명예를 회복시켜준 숙종이었다. 그렇지만 간단한 사안이 아니었다. 숙종은 일단 대신들에게 자유롭게 의논해 볼 것을 명한다.

논란은 계속됐다. 10월 23일, 사안의 중대성을 감안해 숙종은 종친과 문무백관을 모두 대정(大庭)에 모이도록 했다. 대토론회를 열기로 한 것이다. 갑론을박이 이어졌다. 이날 분위기에 대해 『실록』은 이렇게 적고 있다.

"회의에 참석한 백관이 무릇 491인이었는데, 그 의논에 있어서는 혹은 시행해야 한다고 하고 혹은 시행할 수 없다고 하였는데, 시행할 수 없다고 한 자도 일이 선조(先朝)에 관계된 것이므로 감히 경솔하게 논의할 수 없다고 하는 데 지나지 아니하였다."

즉, 숙종만 결심하면 반대는 하지 않는 분위기였다.
각자의 의견을 충분히 들어본 숙종은 의미심장하게 말한다.

"이 일은 이미 마음속으로 말없이 계획했던 바이나 문무백관들의 의견을 듣고 싶었을 뿐이다."

다음 날 숙종은 빈청에 자신의 뜻을 담은 비망기를 내린다. 노산대군을 왕으로 추복하라는 내용이었다.

"내가 생각하기로는 세조께서 선위(禪位)를 받으신 초기에는 노산대군(魯山大君)을 존봉(尊奉)하여 태상왕(太上王)으로 삼았고, 또 한 달에 세 번씩이나 문안하는 예를 시행하였다. 불행하게도 마지막에 내린 처분은 세조의 본뜻이 아닌 듯하며, 그 근원을 추구해 보면 사육신에게서 말미암은 것이다. …… 이제 추복하게 되면 이는 세조의 성덕(盛德)에도 더욱 빛이 있을 것으로 여긴다. 지난날 신규(申奎)의 상소를 반도 읽기 전에 슬픈 감회가 저절로 마음속에 간절해져, 일찍이 중대한 일을 경솔하게 거론했다는 것에 대해 털끝만큼도 불평이 없었으니, 이것이 바로 경연에서 먼저 묻게 된 까닭이었다. 이는 천 년에 한 번 있는 일이라고 할 수 있는 것인데, 그 일을 끝내 시행하지 않는다면 또다시 어느때를 기다리겠는가? 천자(天子)나 왕가(王家)의 처사는 필부(匹夫)와는 같지 않다. 그러므로 혹 판단에 의해 결정하고 논의에 구애 받지 않는경우도 예부터 있었으니, 진실로 시행할 수 있는 일이라면 어찌 반드시의심할 필요가 있겠는가? 예관(禮官)으로 하여금 속히 성대한 의식을시행하도록 하라."

남은 것은 절차뿐이었다. 11월 16일, 대신과 육경, 당상관들이 모두모인 가운데 노산대군의 시호와 묘호를 정했다. 묘호는 단종(端宗)으로 정해졌다. 그 이유로 "예를 지키고 의를 견지함을 단(端)이라고 한다"고 밝혔다. 능호는 장릉(莊陵)으로 정해졌다. 누구 하나 제대로 찾지 않던 노산군의 묘가 이제는 당당히 왕릉이 되어 제자리를 찾게 된것이다. 6년 후인 숙종 30년(1704년) 8월 5일에는 『노산군일기』의 표지만이라도 『단종대왕실록』으로 개명할 것을 명한다. 이로써 단종의명예는 온전하게 회복되었다. 오늘날 우리가 노산군이라고 하지 않고단종이라고 부르게 된 것은 숙종의 결단이 있었기 때문이다.

사육신의 복관

선조 9년(1576년), 선조는 경연관이 추천한 남효온의 『육신전(六臣傳)』을 읽고 큰 충격을 받아 3정승을 급히 불렀다. 선조의 반응은 역대 조선 왕들의 노산군과 사육신에 대한 인식을 고스란히 보여준다는 점에서 면밀히 살펴볼 필요가 있다.

"이른바 『육신전』을 보니 매우 놀랍다. 내가 처음에는 이와 같을 줄은 생각지도 못하고 아랫사람이 잘못한 것이려니 여겼는데, 직접 그 글을 보니 춥지 않은데도 떨린다.

지난날 우리 광묘(光廟, 세조)께서 천명을 받아 중흥하신 것은 진실로 사람 힘으로 할 수 있는 것이 아니었는데, 저 남효온이란 자는 어떤 자이길래 감히 문묵(文墨)을 희롱하여 국가의 일을 드러내어 기록하였단 말인가? 그 왜곡되고 허탄함은 진실로 믿을 만한 가치가 없는 것이지만, 가슴 아픈 것은 뒷사람들이 어떻게 그 일의 전말을 자세히 알 수 있겠는가 하는 점이다. 한번 그 글을 보고 구실로 삼는다면, 이 글은 사람들의 심술(心術)을 해치기에 적당한 것이 될 것이다.

또 한 가지 논할 것이 있다. 육신이 충신인가? 충신이라면 어째서 수선(受禪, 단종이 세조에게 왕위를 넘겨줌)하는 날 쾌히 죽지 않았으며, 어째서 (백이, 숙제처럼) 신발을 신고 떠나가서 서산(西山)에서 고사리를 캐먹지 않았단 말인가? 이미 몸을 맡겨 (세조를) 임금으로 섬기고서 시해하려 했으니 이는 두 마음을 품은 것이다. ……

진실로 공을 이루는 것만을 귀히 여기고 몸을 맡긴 것을 부끄럽게 여기지 않는다면 백이, 숙제와 삼인(三仁, 은나라 말기의 3충신으로 미자는 멀리 떠났고 기자는 노예가 되었고 비간은 간하다가 죽었다)도 반드시 서로 모의하여 머리를 굽히고 주나라를 섬기면서 흥복(興復)을 도모했을 것이다. 이로 보건대 육신들은 자기 임금에게 충성을 바치지 않았을 뿐아니라 후세에도 모범이 될 수 없는 것이다. 그래서 내가 드러내 아울러 논하는 것이다. 더구나 사람은 각기 군주를 위하는 것인데, 이들은 아조의 불공대천의 역적이니 오늘날 신하로서는 차마 볼 것이 아니다. 내가 이 글을 모두 거두어 불태우고 누구든 이에 대해 이야기하는 자가 있으면 그도 중하게 죄를 다스리려 하는데, 어떠한가?"

지금의 관점에서 보면 선조의 이런 말이 이상하게 들릴지 모르지만, 당시로서는 지극히 정상적인 판단이었다. 그렇기 때문에 숙종의 결단이 더욱 빛나는 것이다. 선조가 읽고서 분서(焚書)의 충동까지 느낀 문제의 책 『육신전』을 쓴 남효온은 김시습, 원호, 이맹전, 조려, 성담수 등과 함께 생육신의 한 사람이다. 남효온(南孝溫, 1454~1492년)은 사림의 원조인 김종직의 문하로 김굉필, 정여창, 김시습 등과 가까웠고, 성종 9년(1478년)에 단종의 생모 현덕왕후의 능인 소릉(昭陵)의 복위를 상소하였으나 훈구파인 도승지 임사홍, 영의정 정창손 등에 의해 저지당하자 실의에 빠져 유랑 생활로 생을 마쳤다. 연산군 10년(1504년) 갑자사화가 일어나자 김종직의 문인이었고 소릉 복위를 상소했다는 이유로 부관참시를 당한다. 『육신전』은 말년에 쓴 것으로 숙종 때에야 정식으로 간행되며, 중종 8년(1513년)에 소릉이 추복될 때 그도 신원되어 좌승지에 추증되었다.

사육신의 복권 문제가 숙종 때 처음 제기된 것은 1680년 12월, 강화유수 이선의 상소에 의해서였다. 숙종 17년(1691년)에 숙종이 열무(閱武)를 위해 노량진을 지나다가 길가에 있는 사육신의 묘를 보게 되었다. 숙종은 그 자리에서 사육신의 복관(復官)과 사당의 제사를 명한다. 사육신이 죽은 후 조선의 임금 입에서 처음으로 나온 명예 회복 조치였다. 그러나 승지들이 거세게 반대해 일단 사육신의 복관과 제사는 유보했다.

그래도 숙종은 사육신을 이미 용서하고 있었다. 12월 6일, 숙종은 예조에 명을 내려 사육신의 복작(復爵)을 명하고 관원을 보내 제사를 지내도록 했다. 사당에는 '민절(愍節)'이라는 편액을 내려주었다. 이후 조선 사람이라면 누구나 사육신의 충절을 드러내놓고 존경하게 됐다.

그러나 김종서와 황보인의 경우에는 안평대군을 끼고 수양대군에게 맞섰다는 점에서 사육신과는 다르다는 것이 숙종의 판단이었다. 그래서 이들의 복관은 이뤄지지 않았고, 그 대신 후손들의 관직 진출 길은 열어주었다. 일종의 타협책인 셈이었다. 결국 김종서와 황보인도 숙종의 아들인 영조에 의해 1746년(영조 22년)에 복관된다.

소현세자빈 강씨의 원한을 풀어 주다

집권 초기만 해도 숙종은 인조에 의해 사사된 소현세자빈 강씨 문제를 언급할 때 '강옥(姜獄)'이라고 불렀다. 인조의 후궁인 조씨에 의해 억울하게 죽었지만 공식적으로는 인조가 내린 조치였기 때문에 효종 때는 강씨의 신원을 청하는 것만으로도 역률로 다스렸다.

사실 강씨 문제는 소현세자 문제다. 그것은 할아버지대의 사안이기 때문에 숙종도 민감하지 않을 수 없었다. 그러나 말년의 숙종은 관용의 여유를 가질 수 있었다. 병중이어서 더 감상적이었는지도 모른다. 숙종 44년(1718년) 3월 25일, 숙종은 강빈의 문제를 생각할수록 "너무나 측은한 마음이 든다"며 신원 문제를 거론한다.

그러면서 숙종은 그 이유를 구체적으로 설명한다. 우선 강빈이 억울하게 죽었고, 아버지 강석기도 이명한이란 사람이 쓴 문집을 읽어

보니 대단히 현명한 재상이었다는 사실을 뒤늦게 알았다는 것이다. 또『주역(周易)』의 곤괘(坤卦)에 나오는 '선을 쌓는 집안은 반드시 남는 경사가 있고, 불선을 쌓는 집안은 반드시 남는 재앙이 있다'는 구절을 언급하면서, 소현세자의 후손인 임창군(臨昌君)의 자손이 번창하는 것도 이 곤괘를 입증해 준다고 말한다. 소현세자에게는 석철, 석린, 석견이라는 세 아들이 있었다. 훗날 셋은 경선군, 경완군, 경안군으로 책봉되는데, 경안군의 장남이 바로 임창군 이혼이다. 숙종의 이 말은 아버지 현종과 자신에게 아들이 많지 않음을 염두에 둔 것인지도 모른다.

이날 숙종은 자신의 마음을 재차 확인시켜 주기 위해 며칠 전 소현세자의 사당을 바라보며 지은 어제시(御製詩) 한 수를 공개했다.

"혼령 모신 사당 돌아보니 더욱 처연하구나.
세월은 흘러 70여 년인데,
궁주를 어찌하여 아울러 받들지 못하는고?
그 누가 마음으로 항상 가련하게 여기는 줄 알리오."

마침내 4월 4일, 강빈의 위패와 시호를 회복시키도록 명한다. 이때 숙종이 내린 하교는 그의 심중을 정확하게 담고 있다.

"내가 강빈의 옥사를 슬퍼한 지가 오래되었다. 작년에 조목별로 열거하여 하교하였던 것은 그 단서를 열기 위해서였다. 금일에 이르러 경연에서 하교하여 자세히 말하였고, 친히 지은 절구(絶句)를 내보여 조정 신하들에게 나의 뜻을 알게 하였으니 또한 남은 회포가 없다. …… 원통함을 알고서도 그 억울함을 씻어주지 않는다면 이것이 옳은 일이겠는

가? 나의 뜻이 먼저 정해지자 공의(公議)도 이와 대동하니, 신원하는 은
전과 응당 행하여야 할 일을 유사(有司)로 하여금 거행하도록 하라."

강빈의 신원을 주도한 장본인은 바로 숙종 자신이었다. 타고난 정
통성에 확고하게 장악한 권력에서 나오는 자신감이 없었다면 역사를
따뜻한 시각으로 끌어안지 못했을 것이다.

조선에서
정승이 되는 조건

일인지하 만인지상의 자리

조선과 같은 군주제 국가에서 임금이야 타고나는 것이니 별개로 하고, 일반 백성들의 경우 타고난 재능과 노력, 천운이 한데 어우러져 가장 높이 올라갈 수 있는 벼슬은 영의정이었다. 소위 말하는 '일인지하 만인지상(一人之下 萬人之上)'의 자리다. 그다음이 좌의정, 우의정 순이었다. 이들 셋을 일러 3정승(三政丞)이라 불렀다.

조선 시대 때 정승이라는 말은 곧 부귀영화와 동의어였다고 해도 과언이 아니다. 당시 사람들이 '정승'이라는 말이나 자리에 대해 어떻게 느꼈는지 알아보려면 속담을 살펴보면 된다.

지금도 흔히 쓰는 속담 중에 "개같이 벌어서 정승같이 쓴다"라는 말이 있다. 이때의 정승이라는 말에는 멋진 품격이라는 뜻이 있다. 묘하게도 정승은 개와 연결된 속담들이 많다. "정승 날 때 강아지 난다"라는 말은 세상에는 귀한 사람만 있는 게 아니라 평범한 사람도 함께 섞여 살아간다는 통찰이다. 어쨌든 여기에서도 정승은 귀한 사람을 뜻한다. "굶어 죽기는 정승 하기보다 어렵다"며 그만큼 정승 하기가 어렵다는 것을 역설적으로 보여주는 속담도 있고, "정승 집 개 죽은 데는 문상 가도 정승 죽은 데는 안 간다"고 해서 염량세태를 적나라하게 풍자하기도 한다.

부귀영화도 내 손에 있는 작은 것만 못하다는 안분지족의 지혜가

명정승 황희의 초상. 덴리대학 소장.

담긴 "3정승 사귀지 말고 내 한 몸 조심하라"라든가 "죽은 정승보다는 산 개가 낫다"는 속담도 있다. 후자의 속담은 "개똥밭에 굴러도 이승이 낫다"는 속담과 통한다.

　조선 시대에는 출세의 정점이 바로 정승이었다. 그런데 조선 시대의 정객(政客)들은 일찍부터 정승감을 이야기하는 습관이 있었다. 여기서는 그들이 어떤 기준으로 정승감을 골랐는지 살펴보려 한다.

명정승의 조건 1 유연하되, 시대를 읽어야 한다

　먼저 세종 때 황희와 김종서의 일화를 보자. 공조판서 김종서가 정승 황희를 접대하면서 공조의 물건을 사용한 적이 있었다. 당시에는 예빈시(禮賓寺)라고 해서 의정부 건물 바로 옆에 정승들의 접대를 전담하는 기구가 있었다. 황희는 "예빈시에서 가져오면 될 것을 어찌 공조의 물건을 사사로이 쓸 수 있는가?"라며 민망할 정도로 호통을 쳤다. 정승과 판서는 이처럼 엄격한 상하관계였다.

이후에도 사람 좋다는 평을 들은 황희지만 김종서에 대해서만은 아무리 사소한 잘못도 그냥 지나치지 않았다. 보다 못한 맹사성이 황희에게 "종서는 당대의 명판서이거늘 어찌 그리 허물을 잡으십니까?"라고 물었다. 그러자 황희는 "종서는 성격이 굳세고 기운이 날래어 일을 과감하게 하기 때문에 뒷날 정승이 되면 신중함을 잃어 일을 허물어뜨릴까 염려해 미리 그의 기운을 꺾고 경계하려는 것이지, 결코 그가 미워서 그러는 것이 아니오"라고 답했다.

실제로 김종서는 훗날 정승에 오르지만 수양대군에게 희생된다.

황희는 유연한 정치력을 강조했던 것이다. 그러나 세종 때라 그렇지 사화가 빈발했던 중종 때부터 명종 때까지 우의정, 좌의정을 거쳐 영의정에 오른 홍언필에 대한 『실록』 사관의 평을 보면 유연한 정치력이 전부가 아님을 알 수 있다. 홍언필에 대해 "인품이 겸손하고 청렴하여 일상생활이 검소하였다"고 칭찬하면서도 "마음속으로 화를 입을까 두려워하여 다른 정승의 말을 좇을 뿐, 자리 보존에만 급급하니 어디에다 쓰겠는가?"라며 혹평하고 있다. 직언을 너무 아껴서는 뛰어난 재상이 되기 어려웠던 시절이다.

그에 앞서 기묘사화 때 조광조와 함께 희생된 김정이라는 인물에 대해 『실록』 사관은 "정승의 자질이 있다"고 평하면서도 "너무 강직한 나머지 남의 과실을 지적하기 좋아하고 편협하여 큰일을 담당할 수 없는 사람"이라고 지적한다.

반면 자타가 공인하는 최고의 명영의정 정광필에 대한 사관의 평을 들어보면 이상적인 정승상(像)을 엿볼 수 있다.

"정광필은 그릇이 원대하여 아름답고 너그러운 마음으로 포용하는 것이 날카로운 예봉을 드러내지 않는 것 같지만, 나라의 큰일을 당할 때에는 의젓한 기절이 있었다. 두 번이나 영의정으로 있을 때 국정을 바로잡아 임금을 보필한 공이 많았으니 조야가 의지하고 존경하였다."

정광필이 간신 김안로의 탄압을 받아 어려운 시절을 보내다가 김안로가 축출되자마자 조정으로 돌아왔을 때, 한양 저잣거리의 아이들과 말을 모는 졸병들까지 기뻐 춤추지 않는 사람이 없었으며 눈물을 흘리는 사람까지 있었다고 『실록』은 적고 있다.

명정승의 조건 2 위엄이 있어야 한다

명종 시대의 문정왕후와 윤원형의 폭정 속에서도 사림을 지켜내며 마침내 선조를 즉위시켜 난세를 끝내고 치세를 위한 기초를 다진 또한 명의 명영의정 이준경은 위엄 면에서 두드러졌다. 이준경은 어릴 때 남명 조식과 친구 사이였다. 훗날 이준경이 정승이 되었을 때 초야에 있던 조식이 임금의 부름을 받고 한양에 온 일이 있었다.

이때 이준경은 개인적인 사신(私信)만 보내고 조식을 찾아가지 않았다. 결국 귀향을 앞두고 조식이 이준경을 찾아왔다.

"공은 어찌 정승 자리를 가지고 스스로 높이려 하는가?"

잘난 척하지 말라는 뜻이었을 게다. 이에 이준경은 단호하게 대답했다.

"조정의 체모를 내가 감히 폄하할 수 없어서다."

명정승 이덕형의 초상. 덴리대학 소장.

공과 사를 명확히 구분할 줄 알았던 이준경이었기에 가능했던 대답
이다.

명정승의 조건 3 외유내강이 핵심이다

이미 38세에 정승의 반열에 오른 이덕형도 정광필이나 이준경에 못
지않은 명영의정으로 꼽힌다. 그에 관한 사관의 평이다.

"사람됨이 간솔하고 까다롭지 않으며 부드러우면서도 능히 곧았다."

눈 밝은 독자들은 이미 명정승의 기본 요건을 알아차렸을 것이다. 즉, 외유내강(外柔內剛)이 핵심이었다.

정조 16년(1792년)에 정조가 김이소에게 우의정을 제수하자 김이소는 과분하다며 사직 상소를 올렸다. 이에 대한 정조의 대답이 흥미롭다.

"옛말에 산둥에서 정승 난다고 했다. 정승 집안에서 정승을 구하는 것은 당연하다. 하물며 경의 가문은 4대에 걸쳐 다섯 명의 정승을 배출했다."

선조 때 인물인 이수광의 『지봉유설』에는 아버지와 아들이 정승이 된 사례로 황희와 황수신, 이인손과 이극배, 정창손과 정괄, 홍언필과 홍섬, 정유길과 정창연을 들고 있다. 정유길은 앞서 언급한 정광필의 손자였으므로 한 대 걸러 3대에 걸쳐 정승을 했던 것이다.

명정승의 조건 4 후진을 키워야 한다

정승의 중요한 덕목 중 하나는 자신의 뒤를 이을 후진을 키우는 일이다. 조선 시대 때는 "벼슬이 3품에 이르면 관상서를 읽지 않아도 귀인(貴人)을 알아본다"고 했다. 영화 〈왕의 남자〉에도 등장했던 성희안은 박원종, 유순정과 함께 연산군을 축출시킨 반정(反正) 트리오의 한 사람으로, 정승으로 있으면서 정광필을 추천했다. 또 정광필은 젊은 시절 이준경을 아끼고 보호했으며, 바른 소리 한 마디 하지 않는 것으로 유명했던 넉넉한 마음씨의 정승 상진은 이준경을 천거해 정승의 자리에 올렸다.

살아남으려면 권력을 거머쥐라

◈ 권력의 실체 ◈

대의멸친 大義滅親

큰 뜻을 위해서는 친족도 죽인다는 뜻. 일을
이루기 위해 사사로운 정 따위는 끊어야 한다
는 말로, 『춘추좌씨전』에 있다. 조선시대 왕
위 계승은 원칙적으로 장자상속이었지만 장
자이자 세자 지위를 가지고 왕위에 오른 인물
은 몇 되지 않는다. 오히려 지위 때문에 비극
적 운명을 맞은 이가 많았고, 대부분 그들을
친 인물들은 가장 가까운 친족이었다.

장자라고 모두 왕이 된다더냐

왕좌를 빼앗긴 왕자들

조선 왕실에는 태조에서부터 순종까지 모두 27명의 국왕이 있었다. 그런데 이들 중 세자로 책봉된 뒤 정상적으로 왕위에 오른 국왕은 문종, 단종, 연산군, 인종, 숙종, 경종, 순종 등 일곱 명뿐이다. 나머지 20명은 왕위에 오를 수 없었던 지위였는데 왕위에 올랐다. 여기서 주목하게 되는 것은 거꾸로 왕위에 오르게 돼 있다가 오르지 못한 인물의 비극이다. 이들의 이름을 떠올리는 것만으로도 역사의 비정함에 몸서리치게 된다.

조선 건국을 반대한 진안대군 이방우

역사에서 '만약에'라는 가정은 무의미하지만 만약에 이성계의 장남 이방우(李芳雨)가 오래 살았고 아버지의 건국 노선을 도와 '이방원처럼' 적극적인 역할을 했다면 조선 초의 역사는 어떻게 됐을까? 의외로 우리는 이성계의 장남 이방우에 대해 무관심하다.

이성계는 무신이었기 때문에 성리학적 세계관에 따른 장자상속론에 그다지 긍정적이진 않았지만, 그래도 이방우가 조선 건국 후에도 오래 살아 정치적 영향력을 갖고 있었다면 2대 조선 왕은 이방우가 됐을 가능성이 크다. 그렇다면 도대체 무슨 일이 있었던 것일까?

이방우는 이성계와 훗날 신의왕후로 추존된 한씨와의 사이에서 난 6남 2녀 가운데 장남이다. 1354년(공민왕 3년)에 태어나 일찍부터 벼슬에 올라 예의판서(禮儀判書, 조선의 예조판서)를 지냈다. 고려의 신하라는 자의식이 뚜렷한 인물이었다. 그래서 아버지가 위화도 회군에 이어 우왕을 축출하고 창왕을 세운 후 다시 창왕을 축출하고 공양왕을 세우자 강원도 철원으로 숨어버렸다. 그리고 1392년 7월, 마침내 아버지 이성계가 역성혁명을 통해 조선을 건국하자 고향인 함흥으로 내려가 숨어 지냈다.

조선 조정은 건국한 지 한 달도 안 된 8월 7일에 이방우를 진안군(鎭安君)으로 책봉했으나, 이듬해 12월 13일에 이방우는 세상을 떠났다. 『실록』에서는 날마다 술을 마시다가 술병으로 세상을 떠났다고 전한다. 이성계나 개국공신들은 장남이 개국 노선을 반대했던 것이 못내 부담스러웠을 것이다. 그래서 싸잡아 매도하지는 못하고 술병으로 세상을 떠났다는 정도로 그의 삶을 정리하려 했는지도 모른다. 이때부터 조선의 왕통은 장남으로 이어지기 힘든 운명이 아니었을까?

비극적인 폐세자의 전통

먼저 태조의 뒤를 이어 왕위에 오르게 돼 있던 인물은 이성계와 신덕왕후 강씨 사이에서 난 둘째아들 의안대군 이방석이었다. 이성계는 신의왕후 한씨와의 사이에서 난 이방원을 제치고 이방석을 세자로 책봉했다. 그러나 이방석은 '제1차 왕자의 난' 때 이방원의 정변 세력에 의해 경복궁 서문인 영추문 앞에서 비참한 최후를 맞아야 했다. 이때 이방석의 나이 열일곱 살이었다.

태종의 장남은 그 유명한 양녕대군이다. 태종이 즉위한 직후 세자로 책봉됐지만 계속되는 음탕한 짓과 아버지에 대한 반발로 결국 동생 충녕에게 세자 자리를 내주고 만다. 이후 양녕은 세종의 극진한 배려 속에 야인으로 살았고, 세조가 정변을 일으켰을 때는 적극적으로 지지하기도 했다. 그나마 천수를 누린 양녕은 행복한 축에 속한다.

세조에게는 두 명의 아들이 있었다. 의경세자와 해양대군이다. 그런데 의경세자가 어린 나이에 죽는 바람에 자연스럽게 해양대군이 세자 자리를 이어받아 왕위에 올랐다. 그가 예종이다. 그러나 예종이 재위한 지 1년 2개월 만에 급서하는 바람에 왕위 계승 문제가 복잡해진다. 의경세자에게는 월산대군과 잘산대군이 있었고, 예종에게는 제안대군이 있었다. 서열만 놓고 본다면 원자인 제안대군이 계승 영순위였다. 월산대군과 잘산대군은 실은 대군(大君)이 아니라 군(君)이었다. 임금의 아들이 아니었기 때문이다. 그러나 당시 세조의 비였던 정희왕후와 잘산군의 장인인 한명회의 절묘한 결탁으로 왕위는 잘산대군에게 돌아갔다. 그가 성종이다.

결국 제안대군과 월산대군은 권력의 중심에서 떨어져 남은 삶을 살아야 했다. 다행스럽게도 성종 또한 세종 못지않게 제안대군과 월산대군을 깍듯이 대했다. 왕실의 중요 행사가 있을 때마다 두 대군을 모셨고, 두 대군도 본분을 넘어서는 행동은 전혀 하지 않았다. 왕위가 어긋났을 때 왕좌에 오른 사람과 그렇지 못한 사람이 어떻게 지내야 하는지 모범을 보였다고 할 수 있다.

그러나 제안대군이나 월산대군 모두 삶 자체는 평탄치 못했다. 제안대군의 경우 장차 야심을 품을 경우 왕실을 위협하는 화근이 될 수도 있었다. 그래서 정희왕후와 훈구 세력은 제안대군을 세종의 일곱째아들인 평원대군 이림의 양자로 입적시켰다. 적통(嫡統)의 명분마저 앗아버린 것이다. 게다가 제안대군은 어머니 안순왕후(예종 비)에 의해 첫 번째 부인 김씨와 강제로 이혼하는 어려움마저 겪어야 했다. 김씨가 자식을 낳지 못했기 때문이었다. 성종 10년(1479년) 때의 일이다. 그로부터 2년 후 한명회의 심복인 박중선의 딸과 강제로 결혼하지만 행복할 수 없었다. 왕위를 빼앗긴 제안대군은 부인마저 권력의 암투로 빼앗길 수는 없었고, 박중선의 딸과는 불화가 심했다. 결국 성종 16년, 성종은 제안대군과 김씨의 재결합을 허락했다.

월산대군의 경우 동생 성종이 즉위하면서 궐 밖으로 나와야 했다. 그의 집은 현재의 덕수궁 자리에 있었다. 훗날 임진왜란이 일어나 궁궐이 다 불타는 바람에 의주에서 돌아온 선조는 월산대군의 집에서 생활하게 된다. 이때 덕수궁이라는 이름이 붙었다. 월산대군은 시에 기대어 인생의 시름을 삭였다.

추강(秋江)에 밤이 드니 물결이 차노매라
낚시 드리워도 고기 아니 무노매라
무심한 달빛만 싣고 빈 배 저어 오노라

무욕(無慾)의 경지를 너무도 담담하게 노래해 더 서러운 시다.

연산군과 폐비 신씨 사이에는 원래 5남 1녀가 있었는데 아들 셋은 일찍 죽고 폐세자된 이황과 창녕대군이 있었다. 연산군 12년(1506년)

에 중종반정을 일으킨 반정 세력은 장차 반란의 씨앗이 될 수 있는 폐세자 이황과 창녕대군을 사사해 버렸다. 이때 이황의 나이는 열 살쯤 되었던 것으로 보인다.

1567년에 명종이 죽자 사실상 왕실의 대가 끊어졌다. 명종의 외아들 순회세자도 어려서 죽었고, 그에 앞서 인종에게는 후사가 없었다. 결국 중종의 후궁 자식 중에서 새로운 임금을 고를 수밖에 없는 상황이었다. 그때 선정된 인물이 중종과 후궁 창빈 안씨 사이에서 난 덕흥군의 아들 하성군으로, 그가 바로 선조다.

선조와 의인왕후 박씨 사이에 자식이 없자 공빈 김씨의 둘째아들 광해군이 세자로 책봉됐다. 먼 훗날 계비인 인목왕후 김씨가 적통인 영창대군을 낳았지만, 세자 교체는 불가능했다. 그 결과 영창대군이 제거되었고, 광해군도 인조반정에 의해 쫓겨나게 된다. 광해군과 폐비 유씨 사이에는 3남이 있었는데, 첫째와 막내는 태어나자마자 죽었고 둘째 이질이 세자로 책봉됐다. 인조반정이 일어났을 때 세자의 나이 스물일곱이었다. 아버지 광해군과 함께 강화도에 유폐되자 이질은 탈출을 시도하다가 발각되어 자살로 생을 마감했다.

소현세자와 강빈의 저주는 진실일까?

인조에게는 소현세자가 있었다. 그러나 자신을 대신해 청나라에 인질로 갔던 아들이 청나라를 등에 업고 자신의 자리를 위협할지도 모른다는 두려움에 사로잡힌 인조의 묵인 속에 소현세자는 의문의 죽음을 당한다. 인조의 왕위는 소현세자의 동생인 봉림대군에게로 이어진다. 이후 현종이나 숙종은 외아들이었기 때문에 왕위 계승을 둘러싼 잡음은 생겨나지 않았다.

그러나 숙종이 생전에 우려한 대로 억울하게 죽어간 소현세자의 '저주' 때문이었을까? 이후 정비의 몸에서 아들은커녕 딸도 나지 않는 기현상이 조선 왕실을 짓눌렀다. 숙종의 경우 세 명의 정비를 맞아들였지만 아들을 낳지 못했다. 경종도 정비 둘을 맞았지만 자식이 없었고, 영조도 정성왕후 서씨와 정순왕후 김씨 사이에서는 자식을 낳지 못했다.

결국 영조와 정빈 이씨 사이에서 난 아들을 세자로 책봉했지만 일찍 죽었고, 다시 영빈 이씨와의 사이에서 난 아들을 세자로 책봉했다. 그가 사도세자다. 그러나 잘 알려진 대로 영조의 분노를 산 사도세자는 1762년에 뒤주 속에서 한 많은 생을 마감했다.

정조도 '저주'에서 자유롭지 못했다. 효의왕후 김씨와의 사이에서는 자식을 보지 못했고, 의빈 성씨와의 사이에서 난 아들을 세자로 책봉했지만 어려서 죽었다. 결국 왕위는 수빈 박씨에게서 난 아들에게로 돌아갔다. 그가 순조다.

순조는 34년 4개월 동안 재위하면서 두 아들을 두었지만 둘째는 어려서 죽었다. 장남 효명세자도 대리청정을 하면서 백성의 기대를 모았으나 스물두 살 때 의문의 죽음을 당하고 만다. 다행히 그에게 아들이 있어 순조에서 끊어진 왕위를 이으니 그가 헌종이다.

조선 임금 중에서 가장 어린 여덟 살의 나이에 왕위에 오른 헌종은 스물세 살 때 사망하는데, 효현왕후 김씨와 효정왕후 홍씨 사이에 자식이 없었고 후궁 중에도 아들이 없었다. 왕통을 이으려면 다시 사도세자까지 거슬러 올라가야 했다.

사도세자의 후궁 숙빈 임씨에게서 난 은언군의 손자 덕완군이 25대 왕위에 오르니 철종이다. 그러나 철종은 낳는 아들마다 일찍 죽어 왕위는 다시 은언군의 동생 은신군의 손자인 흥선대원군의 아들 익성군으로 이어지게 된다. 그가 고종이다. 그나마 고종 때에 와서 명성왕후 민씨에게서 난 둘째아들이 왕위를 이어 숙종 이후 근 200년 만에 정상적으로 왕위 계승이 이뤄졌지만, 나라가 망해버렸다.

여기서 여러 가지 의미를 추출해 낼 수 있다. 그러나 무엇보다 적통이냐 방계승통이냐의 문제는 오늘날 정치에서 말하는 정통성 문제와 직결된다는 점에서 쉽게 흘려보내서는 안 된다. 정통성이 결여된 통치 체제는 예나 지금이나 국가와 국민에게 말할 수 없는 고통을 안겨주기 때문이다. 왕권이 강했던 조선 초기와 신권이 강했던 조선 후기를 비교해볼 때 왕실의 계승 문제 또한 반드시 고려하지 않으면 안 되는 요인 중 하나임은 분명하다.

雪上加霜

설상가상 雪上加霜

눈 위에 서리가 덮인 격이라는 뜻으로 안 좋
은 일이 연달아 일어남을 비유한 말이다. 조
선 시대에 명나라에 처녀들을 진헌하는 문제
는 어떤 왕도 피해갈 수 없는 일이었다. 진헌
녀가 되면 그녀의 가족에게는 물질적, 사회적
보상이 이루어졌으나 그녀 자신에게는 결코
환영할 수 없는 비극이었다. 이들 중에는 이
동 중에 비명횡사하거나 명 조정의 정치적 싸
움에 휘말려 독살 당하는 경우까지 있어 안타
까움을 더했다.

남의 나라에 팔려 온 것도
서러운데 독살이라니

영락제의 총비가 된 진헌녀

태종 8년(1408년) 4월 16일, 한양에 도착한 명나라 사신 황엄은 황제의 명을 태종에게 전한다.

"조선국에 가서 국왕에게 말하여 잘생긴 여자가 있으면 몇 명을 간택해 오라."

건국 초에 늘 갈등과 불화를 빚던 명나라와의 관계를 겨우 정상화시켜 놓으니 여자를 내놓으라? 그러나 태종은 명 황제인 영락제를 누구보다 잘 알고 있었다. 여차하면 조선쯤은 단숨에 정복해 버릴 만한 성품의 소유자였다.

"어찌 감히 마음을 다해 명령을 받들지 않겠습니까?"

신생국 조선은 이렇게 해서 진헌녀(進獻女)들을 명나라에 보내야 했다. 당시 태종이 명 황제의 명을 얼마나 엄중하게 생각했는지는 바로 그날 처녀 간택을 담당하게 될 임시 기구인 진헌색(進獻色)이 발족된 데서도 알 수 있다.

전국적으로 13세 이상 25세 이하의 양갓집 처녀가 선발 대상이었다. 노비나 서얼 출신은 제외되었다. 물론 온 나라가 발칵 뒤집어졌다. 6월 3일, 두 달여의 탐문 끝에 전국에서 뽑힌 처녀들이 한양에 집결했다. 경상도에서 6인, 전라도에서 4인, 충청도에서 3인, 개성에서 12인, 경기도에서 4인, 황해도에서 1인 등 모두 30명이었다.

의정부에서는 일단 이중에서 일곱 명을 추려냈다. 처녀 간택을 국가 중대사를 의논하는 의정부에서 맡은 것이다. 이들 중에서 권집중의 딸이 가장 돋보였다. 권씨의 미모는 다음 사건에서도 드러난다. 처녀 간택 작업이 한창이던 8월 28일, 평주(지금의 황해도 평산)지사 권문의가 순금사에 투옥되었다. 의정부에서 절색으로 유명한 그의 딸을 데리고 가려 했는데 끝까지 거부했다는 죄목이었다. 당시 명나라 사신 황엄이 "권문의의 딸이 권집중의 딸 못지않은 자색(姿色)을 갖추고 있다"는 비밀 보고를 받고서 권문의의 딸을 선발하려 했으나 권문의가 딸이 아프다는 등 이유를 대며 끝까지 보내지 않았다.

이 일은 권문의 개인 문제로 끝날 수 없었다. 황엄이 "미관말직 신하도 제대로 다루지 못하는데, 이번에 선발된 여성들이 제대로 된 집안의 딸들이라고 어떻게 믿을 수 있는가?"라며 태종을 압박했다. 결국 태종은 권문의를 투옥하라고 명하지 않을 수 없었다. 그래도 권문의는 딸을 내놓지 않았다. 결국 기존의 일곱 명 중에서 다섯 명을 태종과 황엄이 함께 고르기로 한 직후인 10월 6일, 태종은 권문의의 석방을 명한다.

10월 11일, 경복궁에서 태종과 황엄이 직접 고른 5인의 여성은 공조판서를 지낸 권집중의 딸, 판서를 지낸 임첨년의 딸, 영주지사를 지낸 이문명의 딸, 사직(司直) 여귀진의 딸, 수원기관(記官) 최득비의 딸 등이었다. 미모의 순서도 이대로였던 것 같은데, 평점은 황엄이 독단적으로 결정했던 것 같다. 이날 태종은 간택을 끝낸 후 집무실로 돌아와 승정원 대언들에게 이렇게 말했다.

"2등을 한 임씨는 관음보살의 상과 같아서 애교가 없고 여씨는 입술이 넓고 이마가 좁으니 그게 무슨 인물이냐?"

황엄의 사람 보는 눈을 은근히 비판한 것이다. 하지만 태종도 1등을 한 권집중의 딸에 대해서는 시비를 걸 생각이 없었던 것 같다.

한 달 후인 11월 12일, 황엄은 진헌녀 다섯 명을 데리고 명나라로 돌아갔다. 이때 조정에서는 예문관 대제학 이문화를 진헌사(進獻使)로 임명해 황엄과 함께 보냈다. 그런데 이문화가 간 명목은 처녀 진헌이 아니고 명 황제가 요구한 두꺼운 순백지 6,000장의 진헌이었다. 자존심 강한 태종으로서는 역사상 '조선 최초로 진헌녀를 명에 보낸 국왕'으로 남는 게 너무나도 싫었던 것이다. 다섯 명의 처녀 중에는 이문화의 조카도 있었다. 이문화는 이문명의 형이었다. 그들이 떠나던 날 "그 부모 친척의 울음소리가 길에 끝없이 이어졌다"고 『실록』은 적고 있다. 이때 권집중의 딸 18세, 임첨년의 딸 17세, 이문명의 딸 17세, 여귀진의 딸 16세, 최득비의 딸 14세였다.

진헌녀들의 비명횡사

이때 명나라로 간 처녀 일행은 이듬해인 1409년 2월 9일에 북경으로 거둥한 황제와 직접 알현하게 된다. 당시 명나라의 수도는 여전히 남경이었다. 그 자리에서 권씨에게 마음이 빼앗긴 영락제는 권씨를 현인비(顯仁妃)에 봉하고 권씨를 수행했던 오빠 권영균은 광록시(光祿寺) 경에 임명하였다. 3품의 벼슬이었다. 권영균은 훗날 광록시 대경으로 승진한다. 광록시는 외빈 접대를 맡는 기관으로 조선의 사빈시(司賓寺)와 유사한 시관이다.

이때부터 현인비 권씨와 광록시 경 권영균이 누리게 되는 권력은 조선 국왕이 두 사람의 눈치를 보아야 할 정도로 컸다. 현인비에 대한 영락제의 총애는 남달랐다. 현인비는 고려 말 원나라 황후가 되었던 공녀 출신 기황후와는 달리 현명한 처신으로 크게 신망을 얻었다. 반면 오빠 권영균은 조선에서 아무도 건드릴 사람이 없게 되자 안하무인격으로 행동했던 것 같다. 세종 6년(1424년), 권영균이 세상을 떠났을 때 『실록』은 "갑자기 귀하고 부하게 되어 우리나라의 권력자와 교제하여 자못 교만하였으며 주색(酒色)을 좋아하여 일찍 죽었다"고 비판하고 있다.

하지만 현인비가 누린 권세는 너무나 짧았다. 현인비에 봉해진 지 2년도 채 안 된 1410년 10월 24일, 병으로 사망했다는 소식을 권영균이 이듬해 3월 명나라를 방문하고 돌아와 조선 조정에 전했다. 병사가 아니라 독살이었다. 황후에 준하는 예로 현인비를 대했던 영락제는 조사에 착수했고, 황엄을 비롯한 측근 인사들은 여씨가 현인비를 질투하여 독살한 것처럼 사건을 조작했다. 여씨란 태종이 "입술이 넓고 이마가 좁으니 그게 무슨 인물이야"라고 했던 여귀진의 딸이다. 태종 14년 9월 19일, 명나라에서 돌아온 통사 원민생이 그 같은 사실을 보고하자마자 태종은 여씨의 어머니와 친족들을 모두 의금부에 가두도록 명하기도 했다. 여씨는 명나라 조정에서 한 달여에 걸쳐 낙형(烙刑, 불로 지지는 형벌)을 당한 끝에 숨을 거두었다. 이어 임첨년의 딸도 불려가 목을 매 자살했고, 이문명의 딸은 모진 국문 끝에 참형을 당했다. 결국 최득비의 딸을 제외한 4인의 진헌녀는 모두 불행하게 삶을 마감했다. 현인비 독살 사건을 조사하는 과정에서 죽어나간 사람만 3,000명에 이르렀다. 그중에는 조선에서 간 환관이나 몸종들도 포함돼 있었다. 태종 10년(1410년) 10월, 2차 진헌녀로 뽑혀갔던 정윤후의 딸도 임첨년의 딸처럼 자살했고, 3차 진헌녀 둘 중 하나인 황하신의 딸도 참형을 당했다. 이를 중국인 궁녀 어씨와 여씨가 황엄과 손잡고 벌인 무고 사건이라 하여 '어여의 난'이라고 한다. 이때의 여씨는 조선인 여씨가 아니라 중국 상인의 딸 여씨다.

3차 진헌녀 두 사람 중 또 한 명은 한영정의 딸이자 한확의 누이다. 당시 한영정의 딸도 죽을 뻔했으나 겨우 목숨을 구했다. 그러나 결국 10여 년 후인 1424년, 영락제가 세상을 떠나자 30여 명의 궁인과 함께 순장을 당했다. 3차에 걸친 진헌녀 여덟 명 중 최씨의 딸을 제외한 일곱 명이 억울한 죽음을 당하고 말았다.

세종이라고 해서 진헌녀 문제를 피할 수 없었다. 세종 10년(1428년), 이번에는 광록시 경 한확의 막내 여동생이 진헌녀로 뽑혀 갔다. 권영균과 달리 늘 조심하고 처신이 뛰어났던 한확은 세종과 세조를 거치며 좌의정에까지 오르고 그의 딸은 세조의 큰며느리가 된다. 곧 성종의 어머니인 인수대비였다. 이로써 한확은 명나라 황실과 조선 왕실을 동시에 사돈으로 두게 되었다.

奇貨可居

기화가거 奇貨可居

진기한 물건이나 사람이 당장은 쓸 일이 없다
하여도 훗날을 위하여 집에 두라는 뜻으로 좋
은 기회를 놓치지 말라는 말이며, 『삼국지』
에 있다. 한확은 누이들이 공녀로 뽑혀 명나
라로 가는 불행을 맞았으나 누이들이 모두 귀
한 신분이 되면서 그 또한 일약 권력자의 반
열에 들어서게 된다. 벼락출세 앞에 자칫 무
너질 수도 있었으나 분수를 지킬 줄 알았던
한확은 딸마저 왕후로 들이면서 집안을 조선
최고의 명문가 중 하나로 끌어올린다.

내가 벌줄 수 없는
사람이다

태종 17년(1417년) 8월 6일, 황씨와 한씨가 진헌녀로 선발돼 명나라로 갔다. 이들을 데리고 간 명나라 사신은 황엄과 해수였다. 그중 한씨는 곧바로 명 황제 영락제의 눈에 들어 후궁이 되었다. 그가 바로 고려의 비라는 뜻을 가진 여비(麗妃)였다. 명을 세운 주원장의 아들이자 세 번째 황제였던 영락제의 어머니도 공교롭게 고려 공녀 출신인 석비(石妃)였다.

벼락출세 앞에 분수를 생각하다

누이가 공녀로 뽑혀 명나라에 들어가자 남동생 한확(韓確, 1403~1456년)은 15세의 나이로 진헌부사가 되어 동행했다. 그리고 이듬해 명나라로부터 봉의대부 광록시 소경이라는 관직을 제수 받았다. 동생

명나라 황제 영락제.

한진은 조선에서 의영고승이라는 7품 관직을 특별히 하사 받았다. 그들의 아버지 한영정은 순창 군수를 지낸 것이 벼슬의 전부였으니, 벼락출세였다.

1418년은 태종이 첫째아들 양녕을 세자에서 폐하고 셋째 충녕에게 왕위를 물려준 해였다. 이것이 명나라로서는 석연치 않은 대목이었다. 그러므로 조선의 입장에서는 이를 설득하는 것이 중대한 외교 사안이었다. 영락제는 태종의 요청을 받아들여 세종의 즉위를 허락하게 되는데, 그때 책봉을 알리는 사신으로 한확을 조선에 보냈다. 군수의 아들이 하루아침에 명나라의 사신이 되어 세종의 즉위를 승인하는 외교 업무를 떠맡은 것이다. 그때가 세종 1년(1419년) 1월이다.

그러나 한확은 명나라 신하이기에 앞서 조선의 백성이었다. 1월 19일에 열린 연회를 앞두고 의례 절차를 둘러싼 실랑이는 한확이 처했던 곤란한 입장과 그의 사려 깊은 처신을 보여준다.

"상왕(태종)은 태평관에 와서 사신과 인사를 나누고 수강궁으로 돌아갔다. 임금은 사례를 행하고 나와서 악차에 들러, 여러 신하와 예를 행하였다. 예식이 끝나니, 한확은 악차 앞에 와 네 번 절하는 예식을 거행하였다. 임금은 잔치를 베풀어 사신을 위로하고 안장 갖춘 말과 의복을 선사하였다. 임금이 사신과 더불어 행례할 적에 한확은 '감히 그럴 수 없다'며 사양하는데, 임금이 강권하여 자리에 앉게 되었다. 그러나 잔치에는 나오지 아니하였다. 한확은 조선 사람인데, 그 누이가 황제의 후궁으로 뽑혀 들어가서 총애를 받고 있었다. 그 까닭으로 황제는 영화를 보여주기 위해 북경으로 불러들여 고명을 주어 돌려보낸 것이었다."

영락제의 배려는 이것으로 그치지 않았다. 노모가 고국에 있다는 이유로 한확이 사양하기는 했지만 아들(영락제를 잇게 되는 인종)의 딸과 결혼시키려 했다. 그렇게 됐다면 한확은 명나라 황제의 사위가 될 뻔했다. 그러나 한확은 분수를 아는 인물이었다.

누이와 맞바꾼 벼슬길

세종 7년(1425년) 9월 28일, 사헌부에서 장군절제사라는 국내의 벼슬을 맡고 있던 한확이 시녀와 간통했다는 이유로 탄핵당했다. 그러나 세종은 "이 사람은 내가 벌줄 수 없는 사람이다"라며 처벌을 윤허하지 않았다.

세종 9년 5월에는 한영정의 막내딸, 즉 한확의 막내 여동생이 명사신 창성과 윤봉의 추천에 의해 명나라 선종의 후궁이 된다. 인물이 뛰어난 집안이었던 것이다. 『실록』은 한확의 외모에 대해서도 "풍채와 용모가 출중하고 반듯했다"고 기록하고 있다. 한확의 여동생이 한양을 떠나던 세종 10년 10월 4일, 그의 행차를 지켜보던 한양 사람들은 "언니 한씨가 영락의 궁인이 되었다가 순장을 당한 것만 해도 애석한 일인데, 이번에는 동생까지 가게 되는구나"라며 안타까워했다고 한다. 실제로 언니 여비는 1424년에 영락제가 사망했을 때 순장을 당했다.

한확이 세종에 의해 정 2품 중추원부사라는 조선의 관직을 받게 된 것은 세종 17년(1435년) 7월 20일이다. 물론 명나라 황친(皇親)이라는 배경이 작용한 것이다. 『실록』은 이날 막내누이의 문제와 관련해 다음과 같이 비평한다.

"손아래 누이는 벌써 시집갈 시기가 지났고, 한확은 재산이 넉넉하면서도 누이를 시집보내지 않고 북경에 데리고 갔으므로 사람들은 한확을 천하게 여기고 그 손아래 누이를 슬피 여겼는데, 이때에 와서 특별히 이 관직에 임명되었다."

그리고 한 달 후 중추원지사로 승진한다. 황친의 초고속 출세에 장애물은 없었다. 중추원이란 무임소 장관 비슷한 것으로, 한확은 주로 명나라에 사신으로 가거나 명나라 사신이 오면 접대를 담당했다. 또 한확은 이조판서를 지낸 홍여방의 딸과 결혼해 3남 6녀를 두었다. 2년 후인 세종 19년(1437년) 12월에는 그의 딸 하나가 계양군 이증과 결혼하면서 조선의 왕실과도 혼맥을 형성한다. 이증은 세종과 신빈 김씨 사이에서 난 아들이다.

세종 21년(1439년) 4월 25일, 세종은 한확을 서울시장격인 한성부판사로 임명한다. 처음으로 실직(實職)을 맡게 된 것이다. 얼마 후 경기도 관찰사를 거쳐 세종 22년(1440년) 8월 12일에 병조판서로 임명된다. 병권을 거머쥔 것이다. 황친이라는 이유보다는 세종의 신임을 얻었기 때문이었다. 이때부터 한확은 탄탄대로였다. 잠시 함길도 순찰사로 나갔다가 다시 한성부판사를 지냈고, 세종 27년(1445년)에는

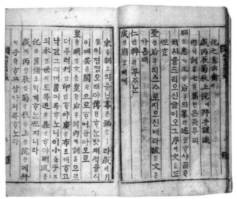

『내훈』의 표지와 본문, 규장각 소장. 한확의 딸 소혜왕후 한씨가 지었다.

이조판서를 거쳐 다시 오랫동안 병조판서를 지냈다. 세종 말기에는
평양부윤 겸 평안도 관찰사로 있다가 중추원판사에 오른다.

진헌녀의 남동생, 조선 최고 명문가로 떠오르다

단종 즉위년(1452년) 12월 10일, 한확은 좌찬성에 오른다. 좌찬성이
란 의정부 종1품직으로, 우의정 바로 아래의 정무직이었다. 그가 좌찬
성이 되었다는 것은 중앙 정치의 핵심 인물로 떠올랐다는 뜻이다. 그
러나 그의 전공 분야는 역시 대명 외교였다. 명나라에서 사신들이 방
문하면 반드시 그가 영접을 맡았다. 장차 대권을 꿈꾸는 수양대군으
로서는 '쿠데타 정당화'를 위해 명의 지원을 얻는 일이 필수적이었고,
이 일을 성사시키는 데 한확만큼 긴요한 인물도 없었을 것이다.

이때를 전후해 한확의 딸 하나가 아직 왕위에 오르지 않은 수양대
군의 장남인 도원군 이숭(1438~1457년)과 결혼한다. 세조가 즉위한
1455년에 한확의 딸 한씨는 세자빈에 오른다. 이제 중궁의 아버지가

한확의 신도비.

되는 것은 시간문제였다. 그 딸이 바로 소혜왕후 한씨(1437~1504년)로 아들 둘을 두었는데, 그중 작은아들이 예종의 뒤를 이어 왕위에 오르는 성종이다. 이숭은 훗날 덕종으로 추존된다.

그러나 세조 2년(1456년), 의경세자가 사망하고 해양대군이 세자를 이었다. 게다가 한확도 같은 해 사망하는 바람에 국왕이 되는 성종의 외할아버지라는 영예는 누리지 못했지만, 소혜왕후 한씨는 남편의 요절로 잃은 꿈을 아들을 통해 이루게 된다. 성종 즉위 때 인수대비가 된 한씨는 사서삼경에 통달했고 불교에도 조예가 깊었으며 엄격한 여성 윤리를 강조한 『내훈(內訓)』이라는 책을 지은 것으로 유명하다. 그러나 며느리 윤씨의 폐비 및 사사(賜死)에 깊이 관여했다가 훗날 친손자인 연산군으로부터 봉변을 당하고 비참한 종말을 맞게 된다.

단종 1년 10월 11일, 김종서와 황보인을 제거한 쿠데타 '계유정난' 다음 날, 사실상의 국왕인 수양대군이 한확에게 우의정 자리를 주겠다고 하자 정중하게 사양한다. 수양대군이 영의정인데, 사돈인 자신이 우의정을 맡으면 세론이 좋을 수 없다는 게 이유였다. 그러나 나흘 후인 10월 15일, 한확은 세조, 정인지에 이어 세 번째로 정난공신 1등에 책록되어 우의정에 오른다. 좌의정은 정인지였다. 한확 집안은 명나라 황제와의 인연을 바탕으로 조선 최고의 명문가로 떠오른다.

强幹弱枝

강간약지 强幹弱枝

뿌리와 줄기를 강하게 하고 가지를 쳐낸다는 뜻으로, 『자치통감』에 의하면 뿌리와 줄기는 중앙정부·왕권을, 가지는 지방정부·신권 등을 상징하기도 한다. 세종조에 우리 역사 최초로 포병 부대가 탄생해 국방력이 탄탄해지는 듯했으나 쿠데타로 집권한 세조는 점점 커지는 총통위에 두려움을 느껴 이를 혁파해 버렸다. 결과적으로 국가 안보보다 정권 안보를 선택한 셈인데, 이런 결정은 조선의 국방력을 크게 약화시켰다.

국가 안보보다는
정권 안보가 우선이다

최초의 최정예 포병부대

세종은 문치(文治)뿐 아니라 국방력 강화 면에서도 첫손 꼽히는 조선의 국왕이다. 세종 시대의 국방력이 조선 시대를 통틀어 가장 강력했다고 해도 과장이 아니다. 특히 세종은 신무기 개발에 혼신의 노력을 다했던 지도자였다. 당시의 첨단 신무기라면 화포(火砲), 즉 총통을 일컫는다.

태종은 세종에게 국왕 수업을 시키면서 "화포는 군국(軍國)의 중대사"임을 역설했다. 태종이 대마도 정벌에 나서고 세종이 김종서를 통해 6진을 개척할 수 있었던 것도 두 임금이 개인적으로 용맹했다기보다는 성능이 뛰어난 화포를 갖추고 있었기 때문이다.

세종 27년(1445년) 7월 18일, 2,400명 규모의 최정예 포병 부대인 총통위(銃筒衛)가 설치된다. 마침내 우리 역사 최초로 포병 부대가 탄생한 것이다. 3년 후인 세종 30년 1월 28일, 총통위의 규모를 4,000명으로 확대했다. 세종 때나 문종 때는 총통위가 핵심 부대로 취급 받아 국왕 경호는 물론이고 북방 전투에도 투입될 정도였다.

그러나 유감스럽게도 쿠데타로 집권한 세조는 총통위가 통제하기 힘들 만큼 막강해지자 두려움을 느껴 총통위를 혁파해 버렸다. 요즘 식으로 말하면 국가 안보보다는 정권 안보를 위해 내린 오판(誤判)이었다. 이후 조선의 국방력은 쇠퇴할 수밖에 없었고 화포의 성능도 나아지지 않았다.

사찰의 종을 녹여서라도 총통을 만들라

중종 5년(1510년), 부산과 울산 등 소위 3포를 왜인 5,000여 명이 점령해 난동을 부린 3포왜란이 발생하자 조정에서는 화포 제작의 필요성이 제기되었다. 왜구들을 제압하는 데 화포만큼 위력적인 무기는 없었기 때문이다. 그래서 무기력했던 중종도 2년 후인 중종 7년(1512년) 6월에 공조에 명을 내려 흥천사와 흥덕사에 있는 큰 종을 녹여 총통을 만들 것을 지시하기도 했다.

그런데 6월 23일, 중종은 다시 "그 종은 이미 대비전에서 그릇을 만들기 위해 내수사에서 가져갔으니 없었던 일로 하라"고 명했다. 내수사란 왕실의 재산을 관리하던 기관이다. 대비의 결정으로 녹인 종은 무기가 아닌 그릇이 돼버렸다. 그릇으로 나라를 지킨 경우는 세계사 어디에서도 들어본 적이 없다.

명종 즉위년(1545년)은 문정왕후와 동생 윤원형이 정권을 장악한 바로 그해였다. 명종은 허수아비였고 모든 권력은 문정왕후와 윤원형의 손에 있었다. 같은 해 11월, 제주도에 다수의 중국 사람이 표류했는데, 그중에 총통을 만들 줄 아는 기술자가 포함돼 있었다.

현자 총통

황자 총통

천자 총통, 보물 제647호

지자 총통, 보물 제862호

그가 만들 줄 아는 총통은 쇠 화살을 쏘는 총통이 아니라 포탄(鐵丸)을 쏘는 신식 총통이었다. 조정에서는 표류된 중국인들을 세 차례에 나눠 돌려보내기로 하고, 총통 기술자는 마지막까지 잡아두고서 조선의 전문가들이 그로부터 기술을 전수 받도록 했다. 이 기술이 요즘 우리가 알고 있는 천자(千字) 총통이나 지자(地字) 총통의 모태가 되었다고 봐야 할 것이다. 세종 때와는 질적으로 다른 총통의 시대가 열린 것이다. 실제로 명종 9년(1554년), 북쪽 오랑캐와의 싸움에서는 '현자(玄字) 총통'이 배치되기도 했다.

당시 조선 반도를 둘러싼 국제 정세는 위협 그 자체였다. 그해 6월 8일, 제주목사 남치근과 전라우수사 김빈이 제주도와 전라도 해안에 왜적선의 출몰이 잦다며 서둘러 총통을 보내줄 것을 조정에 요청했다.

"총통은 적을 막는 데 가장 중요한데 절반 이상이 부족합니다. 각자(各字) 총통을 서둘러 보내주소서."

각자란 천(天)·지(地)·현(玄)·황(黃) 자 총통을 통칭한 것이다.

이런 와중에도 총통의 개량 작업은 지속적으로 이뤄졌는데, 흥미로운 것은 일본인이 이 일에 기여했다는 점이다. 특히 명종 10년(1555년) 5월 21일, 일본인 평장친(平長親)은 직접 총통을 들고 귀화를 요청했다. 그가 가져온 총통은 지극히 정교했고, 제조한 화약 또한 위력이 대단했다고 한다. 그래서 조정에서는 평장친에게 당상관의 벼슬을 내렸다.

제조 기술은 갖춰졌다. 남은 것은 양산(量産) 체제뿐이었다. 여기서 조선 왕실은 다시금 한계를 드러낸다. 평장친에게 벼슬을 내린 이후 열흘 동안 네 차례에 걸쳐 최고의 권력 기관이던 비변사를 비롯해 사간원, 승정원 등에서 사찰의 종을 녹여 총통을 만들 것을 건의했다. 그러나 명종은 한사코 대비인 문정왕후의 뜻이라며 받아들이지 않았다. 문정왕후의 불심(佛心)은 워낙 유명했다.

심지어 "동대문과 남대문에 뒹굴고 있는 큰 종 두 개라도 녹여서 총통을 만들어야 한다"고 신하들이 빌듯이 요청했으나 명종의 대답은 같았다. 원래 그 종은 정릉 원각사에 있었는데, 중종 당시 권신(權臣)이던 김안로가 중종을 설득해 두 대문에 갖다 두었던 것이다. 이후 김안로가 실각하자 방치되었다. 이처럼 방치된 종조차 총통 제작에 쓸 수 없을 정도로 문정왕후의 권세는 막강했다.

뿔 없는 양을 내놓으라지

재앙은 준비하지 않는 자를 정확히 가려 찾아온다. '종을 총통으로 만들어야 한다'는 주장을 둘러싼 논쟁이 한창이던 6월 14일, 전라도에서 대규모로 왜적이 침입했다는 급보가 조정에 날아들었다. 을묘왜변이 일어난 것이다. 사흘 후 전라좌도 방어사 남치근은 "전라좌도에 있는 사찰의 종을 녹여서 총통으로 만들 수 있도록 해달라"는 긴급 요청을 올렸다. 이에 대한 명종의 답변이 황당하다.

"오래된 물건은 신령스러우니 손대지 말라."

같은 날 3정승까지 나서 "사찰의 종은 총통을 만들어도 될 만큼 성분이 총통에 적합하기 때문에 즉각적인 조처를 내려야 한다"고 다시한 번 주청을 올렸지만 명종은 받아들이지 않았다. 대신 "서울의 민가에서 철과 동으로 된 것들을 사들여 총통을 만들어 내려 보내면 되지 않느냐?"고 반문한다. "이미 민간의 잡철(雜鐵)로 총통을 만들어보았으나 발사 순간 포신(砲身)이 파열되었다"고 반론을 펴는데도 명종은 막무가내였다. 이런 암군(暗君)에게 명종(明宗)이란 이름을 붙여준 이유는 무엇이었을까?

사태가 급박하게 돌아가자, 조정에서는 명망을 얻고 있던 호조판서 이준경을 도순찰사로 임명해 전라도로 내려보냈다. 현장에 내려간 이준경은 사태를 진압하면서 인근 사찰에 있는 종을 녹여 총통을 만들도록 지시했다. 두 날여 만에 왜적은 물러갔고 총통이 기여한 비도 컸다. 9월 12일, 제주목사 김수문이 올린 장계에는 "총통을 가지고 적선을 불사르니 적왜가 모두 타 죽고 빠져 죽었으므로 드디어 54급을 베었습니다"라고 적혀 있다.

이준경은 전라도 지역을 점령했던 왜적들을 퇴치하는 데 성공하고도, 이후 조정으로 돌아와 논공행상을 할 때 사찰의 종을 녹여 총통을 만든 문제 때문에 한동안 어려움을 겪어야 했다. 문정왕후의 뜻을 정면으로 거역한 것이나 마찬가지였기 때문이다. 그러나 이준경에 대한 명종의 신뢰가 워낙 컸기 때문에 무사히 넘어갈 수 있었다.

을묘왜변을 겪은 조정은 서둘러 총통의 대량 생산에 나선다. 사찰의 종은 손대지 못하게 하고 민간에 그 부담을 전가했기 때문에 백성의 고통이 여간 크지 않았다. 명종 11년(1556년) 10월 5일, 사헌부에서 올린 상소를 보면 총통 제작에 따른 민폐가 어느 정도였는지를 짐작할 수 있다.

"폐사(廢寺)의 종을 녹여 총통을 만들어 외방에 나누어주면 적을 막을 수 있는데도 신료들의 청은 다 거절하고 받아들이지 않으면서, 민간의 집기는 손톱만 한 것까지 모두 도감(都監)에 바치도록 하여 원망하고 울부짖는 소리가 끊이지 않은 지 이제 겨우 한 해가 지났습니다. 그런데 이제 또 총통이 부족하다 하여 민간의 동철을 징납하니, 민간에서 갖고 있는 것이라야 겨우 이 숫자뿐으로 작년에 이미 다 바쳤는데, 올해에 징납하는 숫자는 지난해보다 더 많으니 장차 어떻게 마련해내겠습니까? …… 이제 도감이 정한 면포 1필의 값으로 쇠 4근을 받고 있는데, 모든 물가는 때에 따라 달라지는 것으로 올해는 동철이 지난해보다 귀해서 시가로 말하면 면포 1필로는 절대 구리 4근과 바꿀 수 없습니다. 이처럼 시장에서는 바꿀 수 없는 것을 도감에서는 독촉해서 받아들이기 때문에 백성들이 한없는 원망을 품게 되는 것입니다."

계획하는 대로 총통을 만들려면 필요한 쇠가 모두 10만 근이다 보니 집안에 쇠붙이라고는 그릇 하나가 전부이다시피 했던 백성들로서는 죽을 노릇이었다. 보상도 미미했다. 오죽했으면 사헌부는 "이 같은 요구는 백성에게 뿔 없는 양을 내놓으라고 하는 것"이라며 명종을 정면으로 비판했다.

어쨌거나 명종 10년부터 몇 년 동안은 '총통 제작 정국'이라 부를 만했다. 그 때문일까? 보물 647호인 천자 총통은 명종 10년, 보물 862호,

863호인 지자총통 등은 명종 12년(1557년)에 제작되었다. 박물관에서 총통을 직접 보게 되거든 그 속에 녹아든 조선 백성의 피와 땀도 함께 읽어야 할 것이다.

감탄고토 甘呑苦吐

달면 삼키고 쓰면 뱉는다는 뜻으로, 자신의 이익에 부합하면 좋아하고 그렇지 않은 경우에는 미련 없이 버린다는 말이다. 진복창이라는 인물은 자신의 이익을 위해서라면 배신과 음해를 마다하지 않아 독사라는 별명이 붙을 정도로 명성이 자자했다. 장원급제자로 화려하게 권력 세계에 등장했으나 최소한의 의리와 명분마저 내던져버린 그의 말로는 더없이 쓸쓸했다.

힘없는 자에게는
미련을 두지 않는다

기회주의자의 전형, 진복창

조선 최고의 천재는 누구일까? 분야에 따라 다르겠지만 적어도 학문 분야에서만큼은 율곡 이이를 따라올 사람이 없을 것이다. 이이는 일곱 살 때인 1542년(중종 37년)에 이미 「진복창전(陳復昌傳)」이라는 짧은 전기를 썼다. 거기에서 이이는 진복창이라는 인물에 대해 이렇게 평하고 있다.

"내가 진복창이라는 사람됨을 보니, 속으로는 불평불만을 품었으면서도 겉으로는 태연한 척하려 한다. 그 사람이 만약 뜻을 얻게 된다면 나중에 닥칠 걱정이 어찌 끝이 있겠는가?"

도대체 진복창이 어떤 인물이기에 일곱 살짜리 소년이 그에 관한 약전(略傳)을 쓰고 그 인물됨을 이렇게 평한 것일까?

독사라고 불린 장원급제자

진복창에 관한 첫 번째 『실록』 기록은 중종 30년(1535년) 문과에서 장원급제를 해 성균관전적(정6품)에 제수되었다는 것이다. 훗날 이이도 문과에서 장원급제를 했듯이 진복창도 일찍부터 천재성을 드러냈다. 하지만 3년 후 사헌부장령(정4품)으로 승진한 진복창에 관한 인물평은 그의 재능과는 별도의 면모를 보여준다.

"사람됨이 경망스럽고 사독(邪毒)하다."

그 때문인지 중종 말년까지 진복창은 외직을 떠돌며 이렇다 할 중앙 관직을 얻지 못하고 어려운 시절을 보내야 했다. 이이가 「진복창전」을 썼던 것은 이 무렵의 일이다. 문과에 장원급제까지 했던 진복창이 경망스러운 사람됨으로 인해 배척당하게 되자 이이를 일깨우는 차원에서 어른들이 언급했던 것 같고, 이이는 군자의 길을 걷겠다고 다짐하는 차원에서 진복창에 관한 약전을 쓴 것으로 보인다.

명종이 즉위한 직후 명종의 어머니인 문정왕후가 대리청정을 하고 외삼촌 윤원형이 실권을 장악했다. 이들은 인종의 외삼촌인 윤임이 이끄는 대윤 세력을 제거하고 을사사화를 일으켜 잠재적인 반대 세력인 사림을 중앙 정계에서 대거 축출했다. 이때 진복창은 윤원형의 심복이 되어 신참 관리시절 자신을 곤경에 빠뜨렸던 사림 세력을 제거하는 데 크게 기여했다. 그래서 그가 죽었을 때 『실록』의 사관은 그를 '독사(毒蛇)'라고까지 불렀다.

실제로 명종 때 진복창이 보인 행적을 추적해 보면 '독사'라는 별명도 칭찬에 가까울 정도다. 을사사화 직후인 1545년에 진복창은 부평부사라는 외직에 있다가 다시 사헌부장령을 맡아 중앙 정계로 복귀했

이이의 초상. 강릉시 오죽헌시립박물관 소장.
일곱 살에 「진복창전」을 지었다.

다. 이후 그는 사헌부와 사간원의 요직을 오가며 정적을 무자비하게
탄핵하고 퇴출시켰다. 그의 뒤에는 윤원형이라는 당대 실세가 든든하
게 버티고 있었다.

이후에 홍문관응교와 부제학을 거친 진복창은 명종 3년(1548년) 2월
3일, 마침내 사간원의 최고위직인 대사간에 오른다. 진복창의 행적에
대한 『실록』 사관의 평이다.

"진복창이 권간(權奸, 이기(李芑)를 지칭함)의 심복이 되어 그들의 지
시에 따라 선한 사람을 마구 공격하였는데, 그를 언론의 최고 책임자로
두었으니 국사(國事)가 한심스럽다."

그해 4월 19일, 대사헌 구수담이 당대의 실력자인 좌의정 이기의 부정부패를 정면으로 탄핵하고 나섰다. 구수담은 사림으로 내외의 신망이 두터운 인물이었고 진복창도 구수담에게 학문을 배운 바 있다. 이때 대사간인 진복창도 구수담을 거들고 나섰다. 한때는 이기에게 빌붙어 영화를 누렸지만 이기가 윤원형의 견제를 받게 되자 미련 없이 배반한 것이다.

그칠 줄 모르는 권력욕

명종 4년(1549년) 5월, 진복창은 홍문관 부제학을 거쳐 마침내 대사헌에 오른다. 사람을 죽이고 살리는 자리를 맡은 것이다. 진복창은 대사간 때도 그랬지만 대사헌이 되어서도 적절한 때에 여러 차례 사의를 표명하며 강직함을 과시했다. 문정왕후는 말할 것도 없고 명종까지도 여차하면 미련 없이 사직서를 내던지는 진복창의 제스처에 감복하지 않을 수 없었다. 사심이 없는 신하라고 오판했던 것이다.

진복창이 이기를 배반한 것은 서곡에 불과했다. 원래 진복창이 맨처음 장령이 될 때 힘써 추천한 이는 훗날 을사사화에서 '공'을 세우게 되는 허자라는 인물이었다. 당시 을사사화를 일으킨 세력 중 네 명이 위사공신에 책록되었는데, 허자는 정순붕, 임백령과 함께 1등 공신이었고 윤원형은 2등 공신이었다. 그런데 대사헌에 올라 실세로 떠오른 진복창은 이조판서인 허자도 우습게 알았다. 결국 진복창은 허자를 제거하는 데 앞장선다.

진복창의 권력욕은 그칠 줄 몰랐다. 당시 병조판서 이준경은 윤원형도 함부로 못할 만큼 내외에서 큰 신망을 얻은 인물이었다. 마침 집도 가까워서 진복창은 이준경과 친해지려고 무진 애를 썼다. 한번은 이준경의 친척인 이사증이 잔치를 베풀었는데, 진복창이 이준경의 곁에 앉게 되었다. 이때 진복창은 술에 취해 이준경에게 다음과 같은 말을 했다고 한다.

"왜 구수담이 나를 저버렸는가?"

이준경과 구수담은 아주 가까운 사이였다. 그런데 이날 잔치에 구수담의 며느리집 여종이 일을 거들기 위해 왔다가 진복창이 하는 이야기를 엿듣고 구수담에게 전하였다. 이에 구수담은 "조만간 나에게 큰 화가 닥칠 것"이라고 걱정했고, 얼마 지나지 않아 구수담은 진복창의 모함에 걸려 목숨을 잃게 된다.

게다가 뒤늦게 구수담이 자신이 한 말을 알게 되었다는 것을 전해 들은 진복창은 이준경이 그 말을 흘린 것으로 단정하고 이준경까지 미워하게 되어 결국 이준경도 형 이윤경과 함께 일시적이나마 병조판서에서 쫓겨나 귀양살이를 해야 했다.

이 정도로 끝나지 않았다. 진복창이 대사헌이 되려고 실력자를 찾아다니며 로비하던 중 개성 유수로 있던 강직한 성품의 송순이 "진복창은 시시한 자로 조정을 시끄럽게 하니 미리 제거하지 않을 수 없다"며 먼저 대사헌이 된 적이 있다. 그것을 진복창이 모를 리 없었다. 결국 송순은 진복창에게 대사헌 자리를 내줘야 했다.

명종 5년(1550년) 5월 15일자 『실록』은 이 같은 배경을 모르고서는 그 의미를 알 수 없다.

"대사간 등이 구수담, 허자, 이윤경 등을 귀양 보내고 훈작을 삭탈할 것을 아뢰었다."

장원급제자의 비참한 말로

그러나 과유불급이라 했던가? 허자를 제외하고 사림의 존경을 받고 있던 네 사람이 진복창의 공작으로 화를 입게 되자 홍문관 직제학 홍담을 비롯한 뜻 있는 젊은 신료들이 들고일어났다.

이것이 계기가 되어 그동안 진복창의 손발 노릇을 하던 사헌부, 사간원까지도 돌아섰고, 조정 대신도 진복창을 멀리 내쳐야 한다는 의견을 계속해서 올렸다. 그러나 문정왕후의 통제하에 있던 명종은 한사코 "진복창은 강직하고 나라를 위하는 신하"라며 감싸려고 했다. 현실적인 정치가이기도 했던 윤원형은 진복창을 더 이상 보호하다가는 그 화가 자신과 누님인 문정왕후에게도 미칠 것을 예감하고 진복창을 삼수로 유배 보냈다. 삼수갑산에서 말하는 그 삼수다.

진복창의 화는 여기에서 그치지 않았다. 그로부터 10년이 지난 명종 16년(1561년), 그의 아들 진극당이 과거에 급제했다. 그때 사간원에서 진복창의 출신을 문제 삼았다. 진복창의 어머니가 '음녀(淫女)'라는 것이었다. 음녀라면 기녀이거나 노비 출신이었을 가능성이 높다. 만일 이것이 사실이라면 진복창은 말할 것도 없고 진극당도 과거에 응시할 수 있는 자격이 애당초 없었다. 어머니의 출신을 둘러싼 정확한 진실은 알 수 없지만 결국 진극당의 급제는 취소되었고 그의 과거를 허용해 준 관리들까지 처벌 받았다.

삼수로 유배 간 진복창은 조금도 기가 죽지 않았다. 백성의 땅을 빼앗고 공공연하게 뇌물을 요구했으며 집에 형틀까지 설치하여 자기 뜻에 맞지 않는 사람을 불러다가 곤장을 치곤 하였다. 졸개를 30여 명씩이나 거느리고 매사냥을 하기도 했으며, 사람을 때려죽이기까지 했다. 결국 조정에 보고가 올라가 진복창은 가중처벌에 해당하는 가죄(加罪)를 받아 위리안치(圍籬安置, 죄인이 귀양지에서 달아나지 못하도록 집 둘레에 가시로 울타리를 치고 그 안에 가두던 일)되었고, 얼마 후 세상을 떠났다. 문과 장원급제자로서는 너무나도 비참한 죽음이었다.

현대적인 시각에서 보자면 진복창에 대한 『실록』 사관들의 평가는 다소 가혹한 점이 있는 것 또한 사실이다. 인간이 권력을 추구하는 것 자체를 탓할 수는 없고 권력 투쟁도 넓게 보면 경쟁이기 때문이다. 그러나 진복창에 대한 사관들의 가혹한 서술과 평가를 감안하더라도 진복창은 당대 사림들의 신망을 잃었다고 볼 수 있다. 맹목적으로 사림을 높이 평가하는 데는 동의하지 않지만 고위공직을 추구하는 사람이라면 그 시대가 요구하는 최소한의 의리와 명분은 지켜야 한다고 볼 때 진복창은 좋은 점수를 주기 어려운 사람이다.

假道滅虢

가도멸괵 假道滅虢

길을 빌려 괵나라를 멸한다는 뜻. 눈앞의 이
익 때문에 앞날을 내다보지 못한 어리석음을
비유한 말로, 『천자문』에 있다. 귀영개는 청
나라인이었으나 권력다툼에서 밀려 조선으로
망명한 인물이었다. 광해군과 관련을 맺으며
조선에서 자식까지 낳고 생활했지만 인조는
그를 항복한 포로 정도로만 대우해 결국 그는
청으로 돌아간다. 조선이 혜안을 가졌더라면
청국의 왕자를 이용해 훗날을 기약할 수도 있
었을 것이다.

조선으로 망명한
청나라 왕자

조선의 망명객

17세기 초 여진족을 통일해 후금을 세운 누르하치가 욱일승천의 기세로 북방의 영토를 확대할 때 그의 곁에는 세 아들이 있었다. 장남 추잉(猪英)과 둘째 따이샨(代善) 그리고 여덟째 홍타이시가 그들이었다. 그런데 추잉은 부친의 노여움을 받아 살해되어 따이샨이 사실상 적장자였다. 그의 이름이 『실록』에는 귀영개(貴永介)라는 이름으로 등장한다. 광해군 때였다.

갈림길에 선 조선과 귀영개

1619년(광해군 11년) 12월 17일, 평안도 의주부윤이 조정에 보고서를 올렸다. 여진족에 포로가 됐다가 도망쳐 온 전 강서현령 황덕영 등이 전한 여진족의 내부 상황이었다. 보고의 핵심은 노추(老酋, 奴兒哈

귀영개의 아버지인 누르하치(위)와 귀영
개의 동생으로 왕권을 차지한 홍타이시
(오른쪽).

赤 · 老乙可赤 · 老羅赤 등도 모두 누르하치를 뜻하는 한자다)의 장남은 조선과 화친을 주장하고 여덟째아들은 아버지에게 조선을 치자고 강권하고 있다는 것이었다. 여기서 장남은 추잉이 아닌 따이샨, 즉 귀영개를 말하고 여덟째 아들은 훗날 조선을 침략하는 청 태종 홍타이시다.

이때 조선은 역사의 갈림길에 서 있었다. 망해가던 명나라는 그전해(1618년)에 누르하치의 공격을 받자 임진왜란 때 조선에 왔던 양호, 유정 등에게 토벌을 명하면서 조선에도 원군을 요청했다. 이에

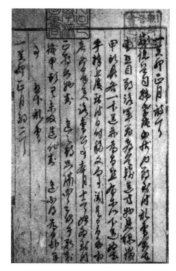

『향화인등록(向化人謄錄)』의 첫 장, 규장각 소장. 조선에 귀화해 살고 있는 여진족 동태를 기록한 책이다. 광해군은 누르하치의 위협이 높아지자 조선의 내부 정보 유출을 우려해 향화인들에 대한 관리를 더욱 엄격하게 하라고 지시했다.

광해군은 줄타기 외교를 하며 강홍립을 도원수, 김응서를 부원수로 삼아 부대를 파견하되, 강홍립에게는 별도의 특명을 내렸다. 싸우는 시늉만 하라는 것이었다. 전장에 이르렀을 때 강홍립은 이렇다 할 전투도 벌이지 않고 누르하치에게 항복했다.

그러나 김응서는 광해군과 강홍립의 밀약을 모른 채 열심히 싸우려하다가 포로가 되고 말았다. 이때 김응서를 사로잡은 것이 바로 귀영개의 부대였다. 김응서의 신도비(神道碑)에 당시 상황이 상세하게 묘사되어 있다. 귀영개가 의자에 앉아 김응서에게 항복할 것을 협박했다. 그러자 김응서는 "나에게는 죽음이 있을 뿐 어찌 너에게 항복할 것인가?"라며 맞섰다. 이에 귀영개는 김응서를 의롭게 여겨 김응서의

손을 잡으며 "그대야말로 진정한 충신이오"라며 다시 회유했지만 김 응서는 끝내 거절했다. 이후 줄곧 포로 생활을 하던 김응서는 1624년 (인조 2년), 여진족의 내부 상황을 일기 형식으로 상세하게 적어 조선 에 보내려 하다가 강홍립의 밀고로 발각되어 살해되고 만다.

이런 귀영개도 1626년에 아버지 누르하치가 세상을 떠나면서 위기 에 처한다. 이복동생인 홍타이시가 왕권을 노렸기 때문이다. 이때 귀 영개는 43세, 홍타이시는 34세였다. 이미 누르하치가 살아 있을 때도 홍타이시의 권력이 귀영개를 넘어서고 있었다. 광해군 13년(1621년) 여름, 두 사람의 힘겨루기는 절정기였던 것 같다. 그해 8월, 조선 조정 이 파악한 여진족의 실상은 귀영개와 홍타이시가 한치 앞도 내다보기 힘든 상황이라는 것이었다. 그런데 9월에 만포첨사 정충신을 사신 형 식으로 여진족에 보낸 결과, 정충신이 하는 이야기는 완전히 달랐다. 홍타이시가 병권을 장악했다는 것이다. 아우 홍타이시의 호방함을 두 려워한 귀영개가 한발 물러섰기 때문이었다.

이에 광해군은 "그렇다면 귀영개는 어디로 갔단 말인가? 살아 있는 데도 홍타이시가 병권을 장악할 수 있었단 말인가?"라며 조선과 가까 운 여진족에 저간의 사정을 정확히 알아올 것을 다시 명했다. 이처럼 광해군은 여진족의 동태가 심상치 않다는 것을 알고서 일거수일투족 을 파악하려고 노력했다. 그러나 2년 후 반정이 일어나 광해군은 왕위 에서 쫓겨나고 만다.

청나라 왕자의 조선 망명

그러면 광해군이 그렇게도 궁금해했던 귀영개는 어떻게 된 것일까? 유감스럽게도 『실록』에는 귀영개의 그 후 행방에 관해 이렇다 할 기록이 나오지 않는다. 광해군이 계속 집권했다면 북방에 대한 경계를 강화하면서 이런저런 정보를 수집했겠지만, 반정을 일으키고 집권한 인조는 애당초 오랑캐인 여진과 화친할 마음이 전혀 없었다. 다행히 영조 때의 문신이었던 성대중이라는 인물이 쓴 『청성잡기(靑城雜記)』란 책에 귀영개의 이야기가 상세하게 실려 있다. 동생에게 왕위를 빼앗기다시피 한 귀영개는 우울한 나날을 보내다가 뜻밖에도 처자를 거느리고 조선으로 망명했다. 그는 애당초 친조선파였다. 그런데 광해군 때였다면 크게 환영 받을 수도 있었겠지만 이미 숭명반청(崇明反淸)을 기치로 내건 인조가 집권하던 시절이었다.

조정에서는 그를 '항복한 포로' 정도로만 대우했다. 그의 처지는 비참했다. 당장 먹고살기도 힘들 정도였고 의지할 데도 마땅히 없었다. 혼인도 마음대로 할 형편이 안 되어 사랑하는 딸을 조선 무인 박륵에게 첩으로 줄 정도였다. 한때 북방을 호령하던 대장군으로서 왕위에도 오를 뻔한 귀영개에게는 치욕스러운 일이 아닐 수 없었다.

귀영개의 불우한 망명 생활은 동생인 청 태종이 직접 압록강을 건너 조선을 침략한 병자호란(인조 14년, 1636)까지 10여 년 이상이니 계속되었다. 귀영개는 경기도 화성군 남양 쪽에 살았던 것 같다.

병자호란이 일어나자 귀영개는 남양부사 윤계를 죽이고 다시 청나라에 항복했다. 윤계는 남한산성에 갇힌 인조를 구하기 위해 근왕병을 모집하던 중 귀영개에게 죽임을 당한 것이다. 윤계는 병자호란 당시 끝까지 항전을 주장하다가 청나라에 잡혀가 처형을 당한 삼학사(홍익한, 윤집, 오달제) 가운데 윤집의 형이었다. 청 태종은 조선으로 망명했던 형을 다시 받아주었고, 귀영개는 딸과 박륵 사이에서 태어난 두 아들까지 데리고 심양으로 돌아간다.

조선의 근시안

이 이야기를 전하면서 성대중은 조선 정부의 근시안을 가차 없이 질타하고 있다. 옛날부터 중국이 흉노와 같은 오랑캐를 회유할 때 그랬던 것처럼 귀화한 오랑캐를 진심으로 아끼고 재능을 활용했다면 사정은 얼마든지 달라질 수 있었지 않았겠냐는 것이다. 귀영개의 충심을 받아들여 병자호란 초기에 오히려 그에게 북쪽 지역의 군사를 내주고 곧바로 만주로 쳐들어가게 했다면 내분에 휩싸여 전 국토가 유린당하는 변은 미리 막을 수 있었지 않았겠냐는 가정에서다. 물론 가정일 뿐이지만 충분히 가능한 이야기다.

사실 귀영개의 조선 사랑은 각별해서 아들들에게도 이어졌던 것 같다. 그는 망명했지만 아들들은 청나라에서 병권을 가지고 왕자의 신분을 누리고 있었다. 홍타이시가 집권한 이듬해인 인조 5년(1627년)에 청나라는 평안도를 공격했다. 여기에 귀영개의 아들 요토(要土)도 장군으로 참전했는데, 요토는 더 이상 남진해서는 안 된다는 주장을 관철시켰다.

"조선은 우리와 원수가 아닌 만큼 이미 한 개 도를 쳐부순 것만으로도 우리의 뜻은 전달했다. 더 이상 진군할 필요는 없다."

아버지가 살고 있는 나라임을 의식했는지는 모르겠지만 분명 아버지의 온건론을 이어받고 있었던 것이다.

그러나 결국 인조 정권의 외교 미숙으로 10년 후 청 태종은 조선 정벌을 결심했고, 치욕스러운 삼전도 굴욕을 당하게 된다. 병자호란은 귀영개의 운명을 다시 바꿔놓았다. 홍타이시는 형을 따뜻하게 맞아주었고, 귀영개를 화석예친왕(和碩禮親王)으로 봉했다. 여기서 '화석(和

碩)'이란 말에는 약간의 설명이 필요하다. 청나라 황실에서는 적자의 작호에는 고륜(固倫), 서자에게는 화석(和碩)을 붙였다. 태종이 적통을 잇게 됨에 따라 귀영개는 서자가 된 셈이었기 때문에 화석왕에 봉해졌던 것이다. 그가 청나라에서 큰 영화를 누렸음은 두말할 나위도 없다. 대신 조선의 입장에서는 성대중의 말대로 "굴러 들어온 복을 걷어차버린 셈"이었다.

평지파란 平地波瀾

평평한 땅에 물결이 일어난다는 뜻. 평온한
중에 갑자기 분쟁이 일어난다는 말로, 『악부
시집(樂府詩集)에 있다. 숙종 때 뜬금없이 한
유생이 상소를 올려 일대 파란이 일어난다.
내용인즉 숙종의 할아버지인 효종이 뇌물로
왕위에 올랐다는 내용이 『실록』 중에 있다는
것이다. 한 유생의 도발은 무수한 의문을 남긴
채 일단락되지만, 당대 정치적 상황을 단적으
로 보여주는 중요한 단서이다.

뇌물로
왕위에 올랐다던데

안동 유생 상소 사건의 전말

숙종 15년(1689년)은 경신환국으로 집권했던 서인이 몰락하고 다시 남인이 권력을 장악하는 기사환국이 일어난 해다. 이때는 남인을 모질게 탄압했던 서인 인사에 대한 역탄압이 한창이었다. 서인들은 작은 꼬투리라도 잡히면 유배를 가야 했고, 혹시라도 중한 죄를 범한 것이 드러나면 목숨을 부지할 길이 없었다.

이런 가운데 10월 10일, 노이익이라는 안동 유생이 올린 상소가 조정을 얼어붙게 만들었다. 그 내용이 너무나도 충격적이라 그것이 사실이라면 얼마나 많은 사람이 죽어나가야 할지 모를 정도였다. 『효종실록』을 편찬하면서 사관이 "뇌물로서 저위(儲位)를 도모하였다"고 적었다는 것이었다. 저위란 세자 자리를 말한다. 따라서 인조가 소현세자를 내쫓아 죽인 다음 봉림대군(훗날의 효종)과 인평대군 중에서 후사를 정할 때 봉림대군이 대신들에게 뇌물을 써서 자신을 세자로 추

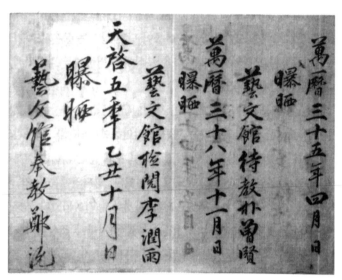

「실록포쇄제명기(實錄曝曬題名記)」, 규장각 소장. 태백산 사고의 『실록』을 포쇄한 연월과 담당 춘추관의 직책, 성명을 기록한 책으로 임진왜란 이후 자료로는 유일한 것이다.

천하도록 공작을 했다는 말이었다. 효종은 숙종의 할아버지다. 노이익의 상소 내용이 사실이라면 효종은 하루아침에 '뇌물로 왕위에 오른 임금'이 되고, 결과적으로 숙종에게도 씻을 수 없는 모욕이 아닐 수 없었다.

유생 노이익의 주장

안동 유생인 노이익은 남인이다. 그가 이런 충격적인 이야기를 전해 들은 것도 이미 남인들 사이에 그 이야기가 파다하게 퍼졌기 때문이었다. 노이익이 밝힌 경위는 이랬다. 숙종 초 사관으로 있던 윤휴의 아들 윤의제가 『효종실록』을 포쇄(曝曬, 고문서를 오래 보존하기 위해 봄과 가을 햇살에 책을 말리는 작업)하던 중 문제의 구절을 보게 됐고, 이를 당시 남인의 지도자 중 한 사람이던 아버지에게 말한 후 이어 가까운 사람들에게도 털어놓는 바람에 남인들 사이에서는 말 그대로 공공연한 비밀처럼 되었다는 것이었다.

윤의세의 아버지 윤휴는 숙종 6년 경신환국이 일어난 직후 모호한 이유로 서인들에 의해 죽었는데, 그 진짜 이유도 이와 관련돼 있었다는 것이 노이익의 주장이었다.

당시 3정승은 영의정 권대운, 좌의정 목래선, 우의정 김덕원으로 모두 남인이었다. 남인이라고 해서 모두 서인의 씨를 말려야 한다는 극단론자는 아니었다. 특히 이들 3인은 남인 중에서는 온건한 편에 속했다. 그렇다고 불같은 성격의 숙종이 이 사건을 알게 된 이상 그냥 덮어버릴 수도 없었다.

중용의 지혜를 갖고 있던 목래선이 나섰다. 일단 윤휴와 윤의제는 이 세상 사람이 아니니 윤의제의 동생 윤하제를 불러 전후 사정을 알아보는 것이 일을 풀어가는 순서라고 말했고, 숙종도 옳다고 여겼다.

조정은 극도로 긴장했다. 다음 날 장원(掌苑) 별검으로 일하고 있던 윤하제가 승정원에 불려 와 조사를 받았다. 윤하제의 말에 따르면 자신은 문제의 대목을 직접 들은 적은 없지만, 자신의 형이 살아 있을 때 "『실록』에 임금(효종)을 무고하는 말이 들어 있다"면서 늘 분개했다고 한다. 실은 그전에 이 문제를 임금에게 고할 생각도 했으나 망설이던 중에 경신환국으로 서인이 집권하면서 유배를 가는 바람에 실상을 전할 기회가 없었다는 말이었다.

『실록』을 확인하라

보고를 받은 숙종은 "『실록』에 임금을 무고하는 말이 있다는 것은 의심할 바가 없다"며 춘추관에 보관된『실록』에서 해당 대목을 확인하라고 명했다. 일이 곤란한 지경으로 접어들고 있다는 것을 직감한 영의정 권대운과 우의정 김덕원은 연명으로 상소를 올려 "『실록』을 함부로 볼 수 없으니『실록』을 확인하라는 명을 거둬달라"고 청했다. 그러나 좌의정 목래선의 의견은 달랐다.

> "『실록』을 살펴보아 문제의 대목이 없으면 모든 의심이 풀어지는 것이고, 노이익의 말대로 임금을 무고한 대목이 있다면 그대로 둘 수 없습니다."

그것은 숙종이 원하던 바였다.

그러나『실록』을 상고(祥考)하는 일은 6개월이 지난 4월 14일에야 이뤄진다. 그만큼 조정 대신들의 반론이 거셌기 때문이었다. 게다가 정국을 서인에서 남인으로 바꾼 첫해였기 때문에 일도 많았고 사람도 부족했다. 그런데 뜻밖에도 영의정 권대운과 춘추관 당상관들은 인조와 『효종실록』을 검토한 결과 윤의제가 분개했다는 문제의 대목은 없다고 숙종에게 보고했다. 권대운의 말을 믿을 수밖에 없었던 숙종은 윤의제의 관작을 추탈(追奪, 죽은 사람의 관직을 빼앗음)하고 노이익은 유배형에 처했다.

의문투성이의 사건 처리

뭔가 이상했다. 노이익의 상소가 정말로 거짓임이 드러났다면 사형을 당하고도 남을 만한 중범죄다. 그런데 유배만 보냈을 뿐이고 윤의제도 관작 추탈에 그쳤다. 사흘 후 성균관전적 박권이 상소를 올려 이점을 지적했다. 『실록』에 문제의 구절이 없다면 노이익과 윤의제에게 중벌을 내려야 하는데 얼렁뚱땅 넘어가는 이유는 무엇이며, 또 신하들은 숙종의 잘못된 판단에 문제를 제기해야 하는데 침묵했으니 신하의 본분을 다하지 못했다는 통박이었다. 숙종은 박권도 유배시키라고 명한다. 대신들을 모독했다는 것이다.

4월 23일, 권대운은 다소 충격적인 말을 털어놓는다. 실은 『인조실록』을 열람했을 때 "봉림대군이 돌아왔다"는 문장 뒤 두 줄이 칼로 베어져 있었다는 것이다. 단순한 교정 차원이 아니라 뭔가 중대한 일이 이뤄졌다는 뜻이다.

이에 숙종은 4월 26일, 한양 춘추관에 있는 『실록』뿐 아니라 전국 사고(史庫)에 있는 『실록』을 모두 비교하라고 명한다. 마침내 8월 6일, 춘추관지사 민암 등이 강화도 정족산 『실록』을 보고 와서 실상을 보고했다. 노이익이 말한 것처럼 무함하는 말은 없었고, 칼로 40자를 베어낸 자국이 있었다고 했다. 이후 다른 사고의 『실록』들과 비교한 결과 칼로 베어진 40자의 내용은 이랬다. 해당 대목은 『인조실록』(46권) 을유년(인조 3년, 1645) 33장이다.

"봉림대군이 돌아왔다. 이때 세자가 아직 정하여지지 않았는데, 대군이 평소에 좋은 명성이 있으므로 임금이 자못 생각을 두었다 한다. 그러므로 숙배할 때에 궐내 사람들이 서로 다투어 바라보았다. 간원에서 아뢰기를, 근래 ……."

8월 25일에는 오대산 『실록』을 상고하고 온 춘추관동지사 유명견도 민암과 같은 내용을 보고했다. 일단 『실록』 훼손 사건은 이것으로 마무리되는 듯했다.

그러나 정치적으로 이미 사망 선고를 당해 숨죽이고 있던 서인의 입장에서 보자면 노이익은 그냥 둘 수 없는 인물이었다. 숙종이 정밀한 조사를 명하지 않고 윤의제가 했다는 말을 무턱대고 받아들였다면 『인조실록』의 편찬에 참여했던 사관을 비롯해 얼마나 많은 서인이 죽어야 했을지 모르기 때문이었다.

숙종 20년(1694년)에 다시 갑술환국으로 서인의 세상이 됐다. 서인은 5년 전의 그 일을 결코 잊지 않았다. 그해 12월 24일, 의금부에서는 노이익과 윤하제, 윤융제 형제 등을 불러 대질심문했다. 노이익은 윤의제 형제에게 들었다고 둘러댔고, 윤하제는 노이익이 갑자기 찾아와 어디선가 형의 이야기를 들었다며 상소를 올리겠다고 해서 자신은 책임질 수 없다고 말했을 뿐이라고 밝혔다.

윤의제의 말이 사실일 수도 있고 노이익이 벼슬을 얻고 싶은 공명심에 상소를 올렸을 수도 있다. 현재 전하는 『실록』만으로는 어느 쪽이 진실인지 명확히 가릴 수 없다. 사실(事實)보다 중요한 것이 당론(黨論)이던 시대였다. 서인의 시대에 그들이 발붙일 곳은 이미 없었는지도 모른다. 결국 숙종 21년(1695년) 1월 17일, 노이익은 처형당했고 윤하제는 극변으로 유배를 가야 했으며 윤응제는 혐의가 없어 풀려났다. 『실록』훼손은 확인됐지만 왜곡 여부는 지금까지도 의문으로 남아 있다.

조선의
의견 수렴 과정

조선 왕의 성패를 판가름하는 기준 '의승보필'

고대 중국 전한(前漢) 시대 때 복생(伏生)이라는 사람이 저술했다고
하는 역사서 『상서대전(尙書大傳)』에는 '古者 天子必有四 前曰疑 後曰
丞 左曰輔 右曰弼(고자 천자필유사 전왈의 후왈승 좌왈보 우왈필)'이라는
구절이 있다.

풀자면 '옛날 황제에게는 네 가지 기능이 반드시 필요했다. 앞은 의
(疑), 뒤는 승(丞), 좌는 보(輔), 우는 필(弼)이다'라는 말이다. 고려 때
승상(丞相), 조선 초 정승(政丞)이라는 말에 승(丞)의 잔재가 남아 있
고 지금도 보(輔)와 필(弼)을 합쳐 보필(輔弼)이라는 말이 사용되고
있다. 여기서 의(疑)는 의심한다는 뜻보다는 이리저리 살피고 헤아려
본다는 뜻으로 봐야 할 것이다. 승(丞)은 원래 '돕다', '받들다'의 뜻이
있고, 보(輔)나 필(弼)도 돕는다는 뜻을 갖고 있다.

의승보필(疑丞輔弼)의 중요성을 강조한 조선의 학자이자 정치가가
퇴계 이황이다. 이황은 선조가 즉위한 직후 성리학적 제왕학을 익히
고 실천하기를 바라는 바람을 담아 『성학십도(聖學十道)』라는 책을 지
어 올렸다. 성리학의 기본 이념과 철학을 열 개의 그림으로 요약, 정
리하여 올린 책이다. 이황은 책을 지어 올리는 이유를 담은 서문에서
'前有疑 後有丞 左有輔 右有弼(전유의 후유승 좌유보 우유필)'을 새삼
강조하고 있다. 노학자가 17세 소년 국왕에게 바친 충정이었다.

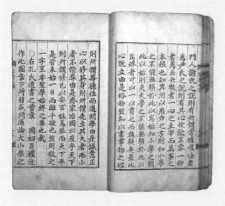
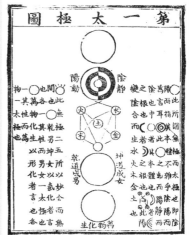

이황이 성리학적 제왕학의 이상을 담아 글과 그림으로 완성한 『성학십도』와 그중 제1도인 「태극도」, 장서각 소장.

의(疑)는 임금의 스승을 정하여 현실과 학문에 대한 의문을 던지며 세계와 인간에 관한 국왕의 이해를 넓히는 일을 담당했다. 일단 국왕이 자신의 방향을 정하고 나면 승(丞)은 뒤에서 최선을 다해 밀어줘야 했다. 오늘날의 총리나 부총리에 해당하는 승상이나 정승에 '승(丞)'자가 포함된 것도 그 때문인 것으로 보인다. 보(輔)나 필(弼)은 특히 간하는 임무를 맡은 사헌부나 사간원과 관련된 것으로 볼 수 있다.

결국 국가 지도자의 성패를 판가름할 때 우리 조상은 '의승보필'이 제대로 작동했는가를 기준으로 삼았다. 세상이 바뀌어 국민이 직접 대통령이나 총리를 뽑는 민주정 시대라고 하지만 '의승보필의 원칙'은 여전히 유효하다.

국정운영의 3단계 대안 제시법

그런 점에서 보필의 올바른 방법과 관련해 우리 조상이 즐겨 사용했던 상책(上策)·중책(中策)·하책(下策)의 3단계 대안 제시법에 주목해야 한다. 신하들은 국정 문제에 대한 진단을 제시할 때 일방적으로 자신의 주장만을 내세우는 것이 아니라 세 가지 가능한 대안을 단계적으로 내놓았던 것이다. 그런데 유감스럽게도 오늘날에는 "도망치는 게 상책이다"라는 식의 저속화된 용법만 남아 있다.

조선 시대의 경우 상책·중책·하책의 대안 제시법이 주로 활용된 분야는 국방이었다. 세종 15년(1433년) 2월 15일, 세종은 북방의 파저강 오랑캐를 토벌하는 문제를 의정부 및 육조 관리와 논의한다. 이 자리에서 공조 우참판 이긍(李兢)은 "군사를 보내 오랑캐들이 굴복하거든 대의(大義)로써 꾸짖고 군사를 돌이켜 돌아오는 것이 상책, 군사를 보냈을 때 오랑캐들이 놀라서 숲 속으로 숨더라도 끝까지 쫓지 말고 가볍게 토벌하고 돌아오는 것이 중책, 그들과 끝까지 대결하여 승부를 겨루는 것이 하책입니다"라고 말한다.

상책이 최선책은 아니다

흥미로운 것은 상책이 반드시 최선의 방법을 뜻하지는 않는다는 점이다. 이긍은 "저의 망령된 생각으로는 중책에서 답이 나와야 한다고 생각합니다"라고 말한다. 당시 상황을 고려해 절충안을 제시했던 것이다.

세종 18년(1436년) 윤 6월 18일에는 4품 이상의 관리들에게 외적을 막을 수 있는 방안을 올리도록 명했는데, 그때 올라온 글에도 이런 구절이 있다.

"오랑캐를 막는 방책으로는 강토를 신중히 굳게 지켜 적이 침입, 모반하지 못하도록 하는 것이 상책이요, 침입해 오는 것을 기다려서 싸움에 이기고 적을 죽이는 것이 중책이며, 군사를 일으켜 적지 깊이 들어가 예측할 수 없는 위험한 경로를 밟는 것은 부득이한 데서 나오는 것으로서 하책입니다."

이 말과 이긍의 말을 연결해서 생각한다면 적진으로 군사를 몰고 가 끝까지 승부를 겨루는 것은 '하책 중의 하책'이 되는 셈이다.

이는 신하가 국왕에게 건의할 때만 사용하던 대안 제시법이 아니었다. 늘 신하를 가르치려 했던 세조는 신하에게 명령을 내릴 때에도 이 방법을 사용했다. 세조 7년(1461년) 4월 10일, 함경도 방어를 위해 임지로 떠나는 함길도 도체찰사 구치관에게 준 어찰에서 세조는 이렇게 당부한다.

"군사를 움직이지 않고 굴복시키는 것이 상책이요, 빨리 움직여서 위엄으로 이기는 것이 중책이요, 이긴다고 믿고서 방비하지 않는 것이 하책이다."

이듬해인 세조 8년에 세조는 직접 병법서를 지었는데, 그중에 장수의 덕목과 관련해서도 이 방법을 이야기한다. 오늘날로 보자면 대통령학이나 리더십론이 될 만한 대목이다.

"칭찬을 듣고도 기뻐하지 아니하고, 욕을 먹어도 노하지 아니하고, 아랫사람에게 두루 자문하여 유화(柔和)로써 일을 처리하는 것이 상책이요, 지혜를 쌓았으면서도 지혜를 구하고, 재주를 깊이 쌓았으면서도 재주를 구하고, 과감히 결단하고, 능력 있는 이를 임명하여 강력히 일을 추진하는 것이 중책이요, 하늘을 우러러보고도 고개를 숙이지 아니하고, 어진 이를 보고도 공경하지 아니하고, 오로지 마음대로

독판(獨辦)하여 망령되게 일을 망치는 것이 하책이다.”

그러면서 이렇게 그 글을 끝맺고 있다.

“이러한 까닭으로 상책을 얻으면 그 임금을 요순(堯舜)과 같이 만들 것이요, 중책을 얻으면 백성을 편안히 하고 적을 제어할 것이요, 하책을 얻으면 집안을 망치고 나라를 망칠 것이니 신중하게 아니할 수 있겠는가?”

과거 부정행위자를 처리하는 최선책은?

이 방법은 국방 이외에 내치를 논할 때도 이용되었다. 숙종 3년(1677년) 10월 22일, 어린 숙종은 과거 시험에서 문제가 유출된 사건에 대해 대신과 논의한다. 오늘날에 비유하면 사법시험 2차 주관식 문제가 유출된 셈인데, 아예 1차부터 무효로 하고 처음부터 다시 실시할 것인지, 아니면 2차 시험만 다시 치를 것인지를 놓고 신하들 사이에서 격론이 벌어졌다.

이때 대사헌 윤휴가 나서 모든 방(榜)을 전부 파하는 것을 상책, 다시 증광시를 실시하는 것을 중책, 유생의 정시만 실시하는 것을 하책으로 삼았다. 요즘 식으로 풀어서 말하자면 사법고시뿐 아니라 같은 해에 실시된 행정고시 합격까지 모두 취소하는 것을 상책으로 내놓았고, 사법고시만을 다시 실시하는 것을 중책, 사법고시 2차 시험만을 다시 실시하는 것을 하책이라고 말한 셈이다. 상당히 과격한 처방을 내놓았던 것이다. 그래서인지 윤휴의 처방은 채택되지 않았다.

여기서 우리가 주목해야 할 것은 방대한 『실록』에도 3단계 방법을 바탕으로 한 건의나 지시가 10여 차례밖에 되지 않는다는 사실이다. 그런데 그런 처방이 세종 3건, 세조 3건, 성종 1건, 중종 1건, 선조 3건, 숙종 2건, 영조 1건 등으로 비교적 좋은 정치를 펼친 것으로 평가 받는 국왕에게서만 나온다. 신하의 바른 목소리에 귀 기울이려 하지 않은 국왕은 세 개는커녕 하나도 들으려 하지 않았기 때문이었을까?

참을 수 없는 유혹에 쓰러지다

◈ 불편한 진실 ◈

경거망동 輕擧妄動

경솔하게 생각하여 망령되이 행동한다는 뜻
으로, 일의 앞뒤를 따지지 않고 막무가내로
행동하는 사람을 지칭할 때 주로 쓴다. 장미
라는 궁녀는 신분을 망각한 채 왕에게 말대꾸
를 하더니 왕실인사들과의 성 스캔들도 마다
하지 않는 대범함을 보였다. 그러나 일이 발
각되었을 때 처벌받은 것은 그녀뿐이었다. 그
야말로 경솔하고 망령된 행동이 부른 참혹한
결말이었다.

임금이 나무라시기에
화가 나서 때렸습니다

스캔들 메이커 궁녀, 장미

조선 시대 궁녀는 일단 궁궐에 들어오면 죽어서야 궐 밖으로 나갈 수 있었다. 물론 중병이 들거나 늙으면 출궁되었고, 나라에 큰 환란이 있으면 궁녀를 대거 궐 밖으로 내보내기도 했다. 그러나 이렇게 나가면 다시는 돌아올 수 없었다. 게다가 결혼하는 것은 금지되어 있었다. 만의 하나 다른 씨가 섞일 것을 우려해서였다.

그런데 세종 때 아주 당돌한 시녀가 있었다. 외모도 그만큼 아름다웠는지는 확인할 수 없지만 이름이 장미(薔薇)였다. 장미의 당돌함은 그 무시무시한 태종에게 앙탈을 부린 데서 일찍부터 드러났다.

당돌한 궁녀

세종 즉위년(1418년) 12월, 상왕 태종이 왕위를 물려주고 수강궁에 머물 때였다. 이런저런 걱정으로 자정이 넘도록 잠을 이루지 못하던 태종이 시녀 장미를 불러 무릎을 주무르게 했다. 그런데 별로 마음에 들지 않았던지 장미를 나무란 다음 잠이 들었다. 그런데 얼마 후 장미가 조심성 없이 다리를 두드리는 바람에 잠에서 깼다. 화가 난 태종은 장미를 다그쳤고, 마침내 장미는 "꾸지람을 들어 분이 안 풀려 마구 두드렸다"고 답했다. 태종은 창피하기도 해서 소문을 내지 않고 조용히 출궁시켰다. 사실 이 정도라면 목숨을 지킨 것만으로도 다행이었다.

장미는 수완이 좋은 여인이었던 것 같다. 다시 궁궐로 들어와 명빈궁의 시녀로 일했던 것이다. 세종 8년(1426년) 4월 9일의 일이다. 이때 수강궁의 내시인 임장수가 임금의 지시라고 거짓말을 해서 궐 밖으로 장미를 내보냈다가 참형을 선고 받았다. 그러나 감형되어 겨우 목숨은 구했다. 이를 보더라도 장미는 궁궐 내 핵심 인사를 구워삶는 기술이 탁월했다고 할 수 있다.

세종 9년(1427년) 7월 20일에는 명나라 황제의 요구에 따라 공녀 일곱 명을 북경으로 보내게 되는데, 이들을 시중할 여사(女使) 16명 중에도 장미라는 이름이 보인다. 시녀 중에서 보냈을 것이므로 동일 인물일 가능성이 크다.

왕실의 대형 스캔들

명나라까지 보고 왔으니 거칠 게 없었는지, 마침내 장미는 대형 스캔들을 터뜨린다. 세종 17년 5월 14일, 머리끝까지 화가 난 세종은 도승지 신인손과 좌승지 정갑손에게 명을 내려 장미와 관련된 스캔들을 의금부에서 조사하도록 하고 정갑손도 함께 조사에 참여시켰다. 다른 경로를 통해 세종이 입수한 사건의 개요는 이랬다.

"시녀 장미가 병이 났다고 하여 궐 밖으로 나갔다. 신의군(愼宜君) 이인(李仁)이 함께 살고 있는 할머니의 집으로 장미를 초청하여 혹 여러 날을 유숙하고, 여러 아우와 함께 집에서 잔치를 베풀고 장미를 청하여 모여 마셨다. 또 그의 매부 김경재(金敬哉)를 끌어 와서 함께 놀았다. 김경재도 동서와 처남들을 불러 자기 집에서 잔치를 베풀고 장미를 청하여 마시고 놀았다."

5일간의 조사가 끝났다. 궁녀를 데리고 놀았다는 것은 임금과 같은 지위에 있으려 한 것이기 때문에 역모에 준하는 벌을 받아야 했다. 의금부에서는 이인의 할머니인 최씨를 포함하여 모든 관련자를 참형에 처하자고 건의했다. 그러나 세종은 이인을 폐서인하여 변방으로 내치고 나머지 사람도 사형에서 감형하여 유배 보낼 것을 명했다. 다만 할머니 최씨는 특별히 용서해 주었다. 이때 장미도 목숨은 구했던 것 같다. 이후 신하들은 연일 이인과 김경재 등을 법에 따라 사형에 처해야 한다고 상소를 올렸지만 세종은 "그렇게 되면 익안대군의 제사는 누가 지낼 수 있느냐"며 이인의 목숨만은 살려두었다. 익안대군이란 이성계의 셋째아들 이방의로 세종에게는 큰아버지였다.

왜 장미만 처벌하는가?

10년 후인 세종 26년(1444년) 1월, 이 사건은 다시 조정의 쟁점으로 떠오른다. 평안도 여연에서 왕족의 신분을 박탈당하고 평민이 되어 귀양살이를 하고 있던 이인이 평안도 관찰사에게 새로운 사실을 털어 놓은 것이다.

"김경재가 시녀 장미와 가까이 지내면서 잔치를 베풀어 즐기며 마시고 유숙하기도 하며, 서로 물건을 주고받기도 하고, 높은 산에 올라 소풍도 하여 아니하는 바가 없었으니, 실은 내가 범죄한 것이 아닌데 전일 국문할 때에 겁이 나서 넋을 잃었고, 또는 처남 매부 사이의 화목하는 의리로 인하여 사실대로 진술하지 않은 것을 후회하여 마지않습니다. 청하건대, 다시 김경재와 대질하여 명백한 것을 가려주소서."

이 말이 사실이라면 여간 중대한 사안이 아닐 수 없었다. 특히 김경재로서는 목이 열 번은 날아가고도 남을 만한 중죄였다. 대궐에서 잠시 나온 궁녀와 놀아난 것도 큰 죄인데, 왕실 사람을 주범으로 얽어 넣고 자신은 종범이 되어 살짝 빠져나간 것이나 다름없었기 때문이다. 관찰사의 보고가 올라오자 세종은 즉각 의금부에 재조사를 명했다.

최초의 재조사 결과가 나온 것은 3월 4일이었다. 재조사 결과 이인의 말은 사실로 밝혀졌다. 김경재도 "장미가 혼자서 내 집에 와서 잤다"고 했고 장미도 "김경재의 집에 가서 잤다"고 말했기 때문이다.

그런데 새로운 쟁점은 김경재가 장미의 집에 가서 잤느냐의 여부였다. 관련자들은 모두 그렇다고 했지만 김경재와 장미 모두 그런 사실은 없었다고 부인했다. 그렇게 될 경우 죄질은 더 나빠질 수밖에 없었다. 두 사람 모두 부인하기만 해서 재조사하는 데 한 달 이상 걸렸던 것 같다. 그러고도 두 달 가까이 의금부의 추가 조사가 이어졌다.

5월 8일, 의금부는 최종 조사 결과와 형량을 올렸다. 그에 따르면 이인, 김경재 및 김경재의 동서와 처남들은 모두 참형이었다. 흥미로운 것은 그사이, 즉 최초로 이인, 김경재 사건이 터진 후 재조사가 이뤄지기까지 10년 사이에 장미가 또 다른 남자와 어울린다는 사실이 드러났다는 점이다. 그때도 병을 핑계로 보석을 받았던 것으로 보인다.

결국 이인과 김경재는 감형되어 이인은 평안도 여연으로 귀양을 가야 했고, 김경재는 무창의 관노로 전락했다. 장미는 참형을 선고 받았다.

당장 사헌부와 사간원이 들고일어났다. 장미는 참형에 처하면서 이인과 김경재를 살려두는 것은 법의 형평성에 맞지 않는다는 상소가 연이어 올라왔다. 심지어 5월 25일에는 영의정 황희까지 나서서 사헌부와 사간원을 거들었다.

그런데 일이 엉뚱한 쪽으로 튀었다. 세종은 이인과 김경재는 그대로 둔 채 장미의 경우에는 연좌제까지 적용한 것이다. 이유인즉 출가한 경우에는 부모가 연루되지 않지만 장미는 일찍이 궁궐에 들어왔고 집으로 돌아가 있다가 이번 일이 일어났으니 부모도 책임져야 한다는 것이었다. 그 바람에 장미의 부모는 재산을 몰수당했으며, 아버지는 먼 곳으로 귀양을 가고 어머니와 형제들은 모두 관노로 배속되었다.

일이 이상하게 돌아가자 다음 날 사헌부 대사헌 권맹손과 사간원 지사 모순이 나서서 다시 한 번 "그렇게 될 경우 주범은 이인과 김경재 두 사람인데, 종범 격인 장미만 죽게 되는 것 아니냐"며 이인과 김성재도 사형에 처해야 한다고 세종을 몰아세웠다. "이인을 태조의 후손이라고 용서하느냐"는 직격탄까지 날렸다. 그에 대한 세종의 답은 이렇다.

"장미를 사형에 처한 것은 병을 가장해 자기 집으로 돌아간 때문이지, 두 사람과 관계를 맺은 때문은 아니다."

결국 사흘 후 장미는 참형으로 세상을 떠났다. 성군이라는 세종 때에도 이런 잔혹한 일이 있었던 것이다.

病上添病

병상첨병 病上添病

이미 병을 앓고 있는데 또 다른 병이 겹친다는 뜻으로, 설상가상과 일맥상통하는 말이다. 조선의 쇠약 원인은 여러 가지를 들 수 있겠지만, 그 가운데 왕들의 여복(女福)을 하나의 원인으로 살펴볼 수도 있다. 여복하면 문종을 빼놓을 수 없는데, 그는 빈으로 맞은 여인을 둘이나 폐빈시키는 불행을 맞보았다. 이는 단순히 여복 문제가 아니라 후손 문제와도 연결되기 때문에 가볍게 보아 넘길 수 없는 사안이다.

어찌 이리도
여복이 없는가

문종의 부인 수난사

조선 27명 임금 중에서 여복이 가장 없었던 임금은 누가 뭐래도 세종의 장남 문종이다. 세종에 버금갈 만큼 학문과 인격이 출중했지만 여복, 특히 부인 복은 억세게도 없었다. 어쩌면 그것이 단종의 비극적 죽음으로 연결됐는지도 모른다.

사실 국왕의 여복은 왕실을 튼튼히 하는 데 결정적이기 때문에 상당히 중요하다. 국왕의 여복은 이중적 의미를 갖는다. 첫째는 일반적으로 여러 여인을 거느리는 복이라고 할 수 있다. 그런 점에서 태종, 세종, 성종 등은 여복이 많았다고 할 수 있다. 그러나 더 중요한 복은 왕비(王妃) 복이다. 행실이 뛰어나야 하고 아들을 출산한 정비(正妃)를 두면 국왕으로서 여복이 있다고 할 수 있다. 그런 면에서 조선 후기의 임금들은 대체로 여복이 없는 편이었다고 할 수 있다. 숙종의 경우 인경왕후 김씨, 인현왕후 민씨, 인원왕후 김씨 등 세 명의 정비를 두었지만 아들을 보지 못했고, 결국 후궁의 몸에서 난 아들이 왕통을 잇게 된다. 영조도 정성왕후 서씨, 정순왕후 김씨 등 두 명의 정비로부터 아들을 얻지 못했고, 정조도 효의왕후 김씨와의 사이에 아들을 보지 못했다. 조선 후기의 쇠약을 설명하려면 여러 요인이 있겠지만 국왕의 여복 또한 하나의 키워드가 될 수 있다.

비극의 시작

문종은 세자로 있을 때인 세종 9년 4월에 명문세족 집안의 딸인 김씨를 세자빈으로 맞아들였다. 원래는 권문세족이 아니고 평범한 집안이었던 김구덕(金九德)이 딸을 태종의 후궁으로 집어넣으면서 돈녕부 판사에 오르는 등 출세가도를 달리기 시작했다. 김구덕에게는 김오덕이라는 아들이 있었고, 세자빈 김씨는 김오덕의 딸이었다.

그러나 문종과 세자빈 김씨의 결혼은 불과 2년 만에 불미스러운 사건으로 끝났다. 세자가 자신은 챙기지 않고 다른 궁녀에게 관심을 두자, 김씨가 압승술(壓勝術)을 썼다가 세종에게 발각돼 폐출된 것이다. 압승술이란 음양가에서 쓰는 비술로 남을 저주하거나 사랑을 얻기 위해 사용하는 비책을 말한다.

김씨는 남편이 자신은 거들떠보지도 않고 효동과 덕금 두 여인에게만 사랑을 쏟자 시녀 호초에게 사랑 받는 술법을 알아오도록 재촉했다. 이에 호초는 사랑 받는 여인의 신의 일부를 베어 불에 태운 다음 가루를 만들어 술에 타서 남자에게 마시게 하면 효과가 있다는 압승술을 권했다. 그러나 남편이 아예 자리를 함께하기를 꺼리는 바람에 압승술을 사용해 보지도 못했다. 애가 탄 김씨는 다시 호초를 다그쳤고, 이에 호초는 여기저기 물어서 교접하는 뱀에게서 흘러나온 액을 수건으로 닦아서 차고 다니면 남자의 사랑을 얻을 수 있다는 두 번째 압승술을 권했다.

김씨를 모시던 종 순덕이 이런 사실을 세종에게 아뢰었고 세종은 진노했다.

"결혼한 지 두어 해도 안 되었는데 꾀하는 일이 요망하고 사특함이 이와 같을 수 있는가?"

점잖은 세종의 입에서는 좀처럼 나오기 힘든 말이었다. 결국 김씨는 세종 11년(1429년) 7월 20일에 폐빈되어 궁궐 밖으로 쫓겨났다. 이 날 호초는 참형을 당했다.

해방 여성 봉씨

3개월 후인 10월 15일, 세자는 봉씨를 두 번째 부인으로 맞아들였다. 아버지 봉여는 사헌부 감찰을 지낸 중하위직 관리였다. 그러나 세자의 장인이자 앞으로는 국구(國舅, 임금의 장인)가 될 봉여는 이때부터 초고속 승진을 계속한다. 2년 후인 세종 13년(1431년)에 이조참의, 세종 14년에 형조참판을 지내고 세종 15년에는 하정사(賀正使)로 명나라에 다녀오기도 했다. 명나라 사신으로 간다는 것은 국왕의 총애가 없다면 불가능한 일이었다. 그해 말 돈녕부동지사로 자리를 옮긴 봉여는 이후 호조, 공조 등의 참판도 역임한다. 대우는 하되 중요한 직책은 맡기지 않으려는 세종의 계산된 배려였다. 봉여는 세종 18년 7월에 병으로 세상을 떠난다. 문제의 사건이 터지기 석 달 전이다.

같은 해 10월 26일, 세종은 도승지 신인손과 동부승지 권채를 부른

후 나머지 신하는 모두 나가도록 명한다. 어쩌면 세종의 생애 가운데 이날이 가장 수치스러운 날인지도 모른다. 폐빈된 김씨는 그나마 나았다.

"근년에 일이 뜻대로 되지 않아 마음이 실로 편치 않았다. 그런데 요사이 또 한 가지 괴이한 일이 있는데 이를 말하는 것조차 수치스럽다."

어렵사리 말을 돌리다가 겨우 꺼낸 세종의 말은 두 사람으로서도 충격적이지 않을 수 없었다. 세자와 세자빈 봉씨도 사이가 좋지 않았다. 후사를 걱정하지 않을 수 없는 세종으로서는 어쩔 수 없이 신하들과 의논해 승휘 3인을 들였다. 승휘란 임금의 후궁에 해당하는 세자의 첩이라 할 수 있다. 그중 승휘 권씨가 임신하자 봉씨는 원망과 앙심을 품게 됐다. 세종은 이런 봉씨를 직접 불러 타이르기도 하고 야단도 쳤지만 소용이 없었다고 했다.

먼저 봉씨는 거짓 임신 해프닝을 벌였다. 스스로 태기(胎氣)가 있다며 왕비가 머무는 곳으로 거처를 옮겼다. 그런데 한 달쯤 지나자 낙태했다고 말했다.

"단단한 물건이 나왔는데 지금 이불 속에 있다."

늙은 여종을 시켜 확인해 보자 이불 속에는 아무것도 없었다. 임신했다는 말은 애당초 거짓말이었던 것이다.

더 심각한 문제는 동성애였다. 봉씨는 여종 소쌍을 사랑했다. 봉씨는 소쌍이 승휘 권씨의 몸종인 단지와 친하게 지내자 그것조차 질투했다. 이렇게 되니 궐내에도 소문이 파다했고 세종의 귀에까지 들어갔다. 세종은 소쌍을 불러 다그쳤다.

"지난 동짓날, 빈께서 저에게 잠자리를 요구하여 마지못해 옷을 반쯤 벗고 누웠더니 빈께서 저의 나머지 옷을 다 빼앗고 강제로 남자가 교합하는 형상과 같이 희롱하였습니다."

당시 동성애는 궐내의 궁녀와 시녀들 사이에 유행했던 것 같다. 그래서 세종은 금지령을 선포하고 곤장 100대를 치는 벌을 내리기도 했다. 그런 상황에서 세자빈이 동성애를 했던 것이다. 세종은 당장 세자빈을 불렀다. 봉씨는 딱 잡아뗐다. 자신은 동숙한 적이 없고 소쌍과 단지가 "서로 사랑하고 좋아하여 밤낮 없이 목을 맞대고 혓바닥을 빨아댔다"고 듣기 민망한 말까지 스스럼없이 했다. 세종은 "네가 그것을 어떻게 아느냐?"고 따져 물었다. 자기가 했던 짓을 단지가 한 것인 양 둘러대는 것을 세종이 모를 리 없었다. 결국 봉씨는 이날 폐출됐다.

그러나 두 번째 폐빈 조치를 내린 세종으로서는 신하들을 볼 면목이 없었다. 혹시 자신과 세자를 탓하는 여론이 있을까 봐 신경이 쓰였다. 봉씨를 내쫓은 지 열흘쯤 지난 11월 7일, 세종은 다시 한 번 봉씨를 내칠 수밖에 없었던 이유를 상세하게 밝힌다.

"첫째, 글을 아는 여성으로 하여금 봉씨에게 『열녀전』을 가르치게 했다. 그러나 봉씨는 어명에도 불구하고 못 배우겠다며 며칠 만에 책을 뜰에다 내던져버렸다. 둘째, 내가 어렵사리 설득해 세자가 봉씨를 찾도록 했는데, 봉씨는 매일 밤 세자에게 '그것'을 요구했다. 셋째, 술을 즐겨 방 안에 준비해두고서 늘상 큰 그릇으로 취하도록 마셨다. 술이 취하면 봉씨는 여종들로 하여금 남성을 사모하는 내용의 노래를 부르게

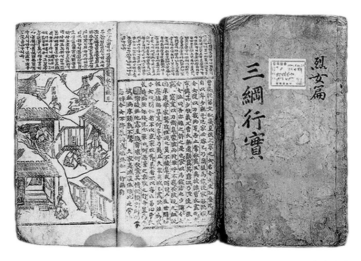

『삼강행실도』 중 「열녀편」, 규장각 소장. 조선 시대 도덕윤리 책으로, 조선은 효율적인 통치를 위해 이런 책을 제작하여 널리 유포하여 백성들을 교화하는 데 사용하였다.

했다. 아버지 봉여가 죽어 한동안 술을 먹을 수 없게 되자 봉씨는 그 술을 어머니 집으로 보냈다. 세자가 이를 알고 금지하자 봉씨는 그 술을 다 갖고 오게 해서 자기가 마셔버렸다."

봉씨는 '시골 여자'였다. 게다가 조선 초의 여성은 실은 고려의 여성이었으므로 자유분방할 수밖에 없었다. 궁궐 내에 여성의 동성애가 만연했던 것도 고려의 문화가 남아 있었기 때문이다. '해방 여성' 봉씨가 쫓겨나자 참판에까지 올랐다가 죽은 아버지의 관작도 추탈됐다. 딸의 행실이 죽은 아버지에게까지 화를 불렀다.

봉씨를 폐한 지 두 달 만인 12월 28일, 3인의 승휘 중에서 행실이 뛰어났던 권씨가 세자빈으로 뽑혔다. 새로 뽑을 경우 김씨나 봉씨 같은 폐단을 반복할까 우려해서 내린 결정이었다. 세자와 권씨의 금실은 좋았다. 5년 후인 세종 23년 7월 23일, 권씨는 아들을 낳아 세종의 기대에 부응했다. 훗날의 단종이다. 그러나 권씨는 출산 다음 날 후유증으로 세상을 떠나고 만다. 왕비 자리에 오르지도 못한 것이다. 훗날 문종이 즉위한 후 현덕왕후로 추존됐다.

　여기서 한 가지 가정을 할 수 있다. 만일 문종이 김씨나 봉씨와 사이가 좋아 아들을 낳았다면 이후 역사의 전개는 완전히 달라졌으리란 것이다. 단종은 열세 살 때 삼촌 수양대군의 쿠데타를 겪게 되는데, 김씨나 봉씨가 아들을 낳았다면 그때 나이가 20대였을 것이므로 수양이 쉽게 거사를 일으키지는 못했을 것이다. 게다가 수양은 단종을 엄밀한 의미에서 적자가 아니라고 생각했다. 단종을 폐위시킨 거사의 숨은 명분 중 하나였다. 물론 부질없는 가정이다.

侵魚落雁

침어낙안 侵魚落雁

물고기는 물속에 잠기고 날던 기러기는 떨어
진다는 뜻. 아름다운 여자에 대한 극찬의 말
로, 『장자(莊子)』에 있다. 초요갱은 조선 4대
기생 중 한 명으로 불리며 한 시대를 풍미했
다. 천한 신분에도 불구하고 『실록』에 16차례
나 등장할 정도로 명성이 자자했으며 그녀를
둘러싼 남자들의 다툼은 끊이질 않았으나, 그
녀의 마지막 삶마저 그녀의 얼굴만큼 화려했
는지는 알 수 없다.

이 기구한 팔자를
어이할꼬

팜므파탈, 초요갱

   한명회, 권람 등을 거느리고 쿠데타에 성공한 수양대군은 스스로 영의정에 올라 단종을 옹호하던 왕실 사람들을 대대적으로 숙청한다. 그 대상이라는 게 실은 그의 동복(同腹), 이복(異腹) 형제였다.

   단종 3년(1455년) 2월 27일, 수양대군을 비롯한 쿠데타 세력은 화의군 이영(李瓔) 등이 금성대군 이유(李瑜)의 집에서 무사들을 모아놓고 활쏘기 경연을 하며 잔치를 벌였다는 이유로 이영 등을 잡아들여야 한다고 어린 단종을 몰아세웠다. 그런데 겉으로 명확하게 드러난 반역의 죄목은 없으니, 화의군 이영이 평원대군 이임(李琳)의 기첩 초요갱(楚腰輕)과 간통한 것을 구실 삼아 먼 곳으로 유배를 보내야 한다고 덧붙였다.

초요갱 쟁탈전

여기서 문제의 기녀 초요갱이라는 인물이 등장한다. 모르긴 해도 대단한 미모와 재예(才藝)를 갖춘 요염한 여인이었을 것이다. 그 이름도 초나라의 미인은 허리가 가늘다고 한 데서 누군가가 붙여준 것 같다. 그렇지 않고서 어떻게 아버지가 같은 형제끼리 기첩을 놓고 다투는 상황까지 벌어졌겠는가? 화의군 이영은 세종과 신빈 김씨 사이에서 난 아들이었고, 평원대군 이임은 세종과 소헌왕비 사이의 일곱째 아들이다. 금성대군 이유는 여섯째아들이었다. 결국 화의군 이영은 외방으로 유배를 떠나고 초요갱은 '장 80대'의 중형을 선고 받았다.

이후 궁궐에서 내쫓긴 초요갱은 세종 말년에 좌의정을 지낸 신개의 세 아들 중 막내인 신자형(申自衡)과 눈이 맞았다. 눈이 맞은 정도가 아니라 아예 안방을 꿰차고 들어앉았다. 이름은 스스로 균형을 잡으라는 의미에서 '자형(自衡)'이었는데 실상은 정반대였던 것이다. 결국 세조 3년(1457년) 6월 26일, 사헌부에서는 왕실의 장례를 담당하는 예장(禮葬) 도감 판사 신자형이 본부인을 멀리하고 초요갱에게 빠져서 초요갱의 말만 듣고 여종 두 명을 때려죽였다며 처벌을 요구했다. 그러나 신자형은 계유정난(1453년)의 공신이었기 때문에 유배는 가지 않고 직첩만 빼앗겼다.

그런데 석 달여 후인 10월 7일, 사헌부에서 훨씬 충격적인 보고를 올린다. 신자형의 7촌 조카뻘인 안계담이란 자가 초요갱을 '덮치기 위해' 다짜고짜 신자형의 안방으로 들이닥치는 바람에 신자형의 아내 이씨가 놀라서 달아나다가 땅에 뒹굴고, 초요갱을 찾지 못한 안계담이 신자형의 노비들을 마구 구타하는 사건이 발생했다는 것이었다.

이처럼 아름다운 기녀를 둘러싼 사내들의 쟁탈전은 왕실에서 미관 말직까지 귀천을 가리지 않고 일어났다.

기녀들은 사치의 상징이기도 했다. 연산군 때 어무적이라는 인물이 올린 상소문에 보면 조선 시대 기녀의 사치 풍조가 서민에게도 만연되고 있음을 비판하는 대목이 나온다.

"기녀 한 사람의 옷 장식이 평민 열 사람의 의복보다 지나칩니다. 대체로 창기(娼妓)는 교태를 부려 사람 홀리기를 여우처럼 하기 때문에 비록 행실이 뛰어난 사람이라 할지라도 빠지지 않는 사람이 적습니다. 경대부의 첩도 이들을 본받고 서민의 아내도 여기(女妓)를 흉내 내어 아름다움을 다투고 사랑을 시기하며 여기를 스승으로 삼고 있습니다."

이 말은 연산군 때뿐 아니라 조선 시대 전체에 걸쳐 해당된다고 볼 수 있다. 특히 초요갱은 미모뿐 아니라 가무에도 능해서, 옥부향, 자동선, 양대와 함께 '4기녀'로 꼽혔다. 세조 때는 궐내에 행사가 있을 때면 4기녀가 불려가 공연을 했다.

그중에서 옥부향(玉膚香)이란 기생은 일찍부터 세종의 형님인 효령대군 이보와 사통하다가 이후에는 이현군 이관과도 관계를 가졌다. 이관도 세종의 서자다. 말하자면 큰아버지의 애기(愛妓)와 통정한 것이다. 훗날 세조는 이들 4기녀에게 천민의 신분을 면하게 해준다.

여기서 잠깐. 당시 기생의 이름을 보면 각자의 특징을 알 수 있다. 허리가 가늘어서 '초요갱'이었다면, 피부가 옥같이 희다고 해서 '옥부향'이었다. 남이장군의 기첩 '탁문아(卓文兒)'는 글을 잘 지었을 것이다. 그 밖에도 '이슬을 머금은 꽃'이라는 뜻의 '함로화(含露花)'라는 기생도 있었다.

역시 미인은 박명인가

재예가 뛰어나다는 이유로 초요갱을 다시 악적(樂籍)에 올려 궁궐로 불러들이자, 이번에는 화의군 이영의 동복아우인 계양군 이증이 초요갱을 범했다. 세조 9년(1463년)의 일이었다. 세조는 당장 이복아우이기도 한 이증을 불러 "어찌 다른 기생이 없어 형제끼리 서로 간음을 하는가?"라며 호통을 쳤다. 이증은 하늘을 가리켜 맹세하며 딱 잡아뗐다. 그러나 『실록』은 "이증은 이날도 초요갱의 집에서 묵었다"고 적고 있다. 심지어 변대해라는 인물은 초요갱의 집에 묵었다는 이유만으로 이증의 종에게 몰매를 맞아 목숨을 잃기까지 했다.

사실 계양군 이증은 세종에게 끔찍히 사랑을 받은 아들로, 학문을 좋아하고 공부를 게을리 하지 않았다. 그래서 세종은 서자인데도 주요 국무를 그에게 맡기기도 하였다. "일찍이 귀하고 세력 있는 것을 스스로 자랑한 적이 없었다고 한다. 다만 주색으로 인해 세조 10년 8월 16일 졸했다"는 기록이 나온다. 마흔을 넘기지 못하고 세상을 뜬 것이다. 이런 면에서 보자면 초요갱은 남자들에게 횡액(橫厄)을 가져다주는 '요부'와도 같은 존재였다고 할 수 있다.

물론 초요갱의 입장에서 보자면 억울하기 그지없는 일이다. 자신은 누구를 죽인 적이 없었고, 그저 사내들이 자기를 놓고 싸우다가 벌어진 불상사일 뿐이었다. 죽음도 불사한 사내들은 부나방처럼 초요갱을 향해 달려들다가 날개를 태워버리기도 하고 목숨을 잃기도 했다.

세조가 죽고 예종이 즉위하면서 남이를 비롯한 세조의 측근 세력에 대한 대대적인 탄압이 시작되었다. 초요갱의 이름은 이때도 나온다. 정확히 누구의 첩이었는지는 모르지만 예종 1년(1469년) 2월 8일 『실록』에는 '난신의 첩' 초요갱이라는 대목이 나온다. 남이에게 탁문아라는 기첩이 있었다면, 초요갱은 남이와 함께했던 또 다른 고위층 인사

의 첩으로 있다가 남이 세력이 제거될 때 한양에서 추방당했다. 초요
갱은 역사의 패자 편에 있었던 것이다.

팔자가 기구하다는 말은 초요갱을 두고 하는 말인지도 모른다. 5개
월 후 초요갱은 평양 기생으로 변신한다. 남이 제거 후 탁문아가 진해
의 관비(官婢)로 내쫓길 때 초요갱은 평양 관기로 보내진 것 같다. 예
종 1년 7월 17일, 평양부의 관비인 대비(大非)라는 여인네가 사헌부에
신고했다. 평안도 도사 임맹지가 초요갱과 간통했다는 것이었다. 당
시는 아직 세조가 죽은 지 얼마 안 돼 국상(國喪) 중이었기 때문에 관
리의 이 같은 행위는 국법을 어기는 중죄였다.

당시 기생과 놀아났다 하여 처벌을 받은 사람은 임맹지만이 아니었
다. 평양시장격인 부윤 이덕량의 반인(伴人, 오늘날의 보좌관) 박종직
은 기생 망옥경(望玉京)과 관계를 가졌고, 이어 기생 소서시(笑西施)와
사통하려다가 뜻대로 되지 않자 소서시의 어미까지 때려죽이는 악행
을 저질러 의금부에 붙들려 갔다. 평안도 관찰사 어세겸도 함로화와
사통한 죄로 압송되었다. 『실록』에 특별한 언급이 없는 것으로 보아
임맹지와 달리 초요갱은 별다른 처벌을 받지 않았던 것 같다. 이 사건
을 끝으로 초요갱이라는 이름은 더 이상 볼 수 없다.

초요갱은 『실록』에 16차례나 나오지만 황진이는 단 한 번도 나오지
않는다. 초요갱이 놀았던 인물이 황진이가 놀았던 인물과는 비교도
되지 않을 만큼 높은 직위였기 때문이다.

호가호위 狐假虎威

여우가 호랑이 가죽을 빌려 쓰고 호랑이 행세
를 한다는 뜻으로, 제 것이 아닌데 남의 권력
에 빌붙어 허세를 부리는 것을 말한다. 『전국
책(戰國策)』에 있다. 권력이 탄생한 이래 뇌물
관행은 언제나 있었을 것이다. 조선도 예외가
아니었는데, 지위가 낮은 자는 지위를 얻기
위해, 지위가 높은 자는 자신의 위세를 드러
내고 호화로운 생활을 영위하기 위해 뇌물을
주고받았다. 하지만 그런 인물 중에 명예로운
이름으로 기억된 자는 없다.

뇌물이 폭주하고
청탁하는 인사가 그득하네

세상을 뒤흔든 뇌물 삼총사

『실록』을 읽다 보면 왕권이 확립되어 있을 때와 그렇지 못할 때를 구분하는 의미 있는 기준의 하나로 뇌물에 주목하게 된다. 『실록』에서 '뇌물'이란 단어를 찾았더니, 왕권이 비교적 강력했던 태조 때는 10건, 태종 때는 33건, 세종 때는 175건, 세조 때는 71건이 검색된 반면, 권력 실세들이 설쳤던 성종 때는 367건, 중종 때는 387건, 명종 때는 204건 등이 검색됐다.

물론 검색 건수만으로 그 시대의 뇌물수수 건수를 추산해서는 안 된다. 재위 기간이 다르고 그 성격도 매우 다르기 때문이다. 예를 들어 세종 때는 175건이지만 대부분은 명나라에서 온 사신에게 불가피하게 공여해야 했던 뇌물과 관련된 기록이 많고, 또 '뇌물을 준 사람과 뇌물을 받은 사람을 모두 처벌하라고 사헌부에 명을 내리다'와 같은 기록도 검색에 포함된다는 점을 고려해야 한다.

뇌물 받기의 달인들

성종, 중종, 명종 때 뇌물과 관련된 검색 건수가 많은 데는 시대적 배경이 있었다. 성종 때의 최고 실력자는 누가 뭐래도 한명회였다. 재위 25년 중 18년 동안 한명회는 2인자로 군림했다. 한명회가 뇌물을 좋아했다는 것은 누구나 아는 사실이었다. 당연히 뇌물은 관리의 진급과 관련되어 있었다. 성종 18년(1487년) 11월 14일에 한명회가 죽자, 『실록』의 사관은 그를 평하면서 이렇게 지적하고 있다.

"성격이 번잡한 것을 좋아하고 과대(夸大)하기를 기뻐하며 재물을 탐하고 색을 즐겨서, 토지·노비·보화 등의 뇌물이 잇따랐고, 집을 널리 점유하고 첩을 많이 두어 그 호부(豪富)함이 일시에 떨쳤다."

연산군을 내몰고 반정을 일으킨 공신이 주도했던 중종 시대에도 뇌물은 횡행했다. 심지어 반정 공신을 정할 때도 공공연하게 뇌물이 오갔을 정도로 당시 반정 주역에 대한 세간의 평은 좋지 못했다.

무엇보다 뇌물과 관련해서 타의 추종을 불허했던 시대는 문정왕후를 등에 업고 30년간 무소불위의 권력을 휘둘렀던 윤원형이 사실상 집권자라고 할 수 있었던 명종 때다.

윤원형은 자타가 공인하는 뇌물수수 랭킹 1위의 권세가였다. 윤원형의 뇌물수수에 대해 『실록』은 이렇게 증언한다.

"뇌물이 몰려들어 그 부가 왕실에 못지않았다. 따라서 서울에 1급 저택이 13채나 되었고 그 사치스럽고 웅대함이 극도에 달했다."

"기탄없이 문을 열어놓고 뇌물을 받아들이고 관직을 팔았다."

랭킹 2위는 명종 비 인순왕후 심씨의 작은할아버지였던 심통원이었다. 그에 관한 사관의 악평도 윤원형에 대한 비평 못지않다.

"심통원은 욕심이 많고 형편없는 사람이었다. 외척이라는 이유로 정승이 되어 뇌물을 받고 노비를 빼앗느라 겨를이 없었다. 윤원형, 이양과 결탁하여 '3굴(窟)'이라고 일컬어졌다."

뇌물 트리오였던 셈이다. 이양은 인순왕후 심씨의 외숙부였다. 그에 관한 사관의 혹평도 만만치 않다.

"이양은 젊어서부터 경망스러워 천한 사람조차 그를 업신여겼다. 당시 인척치고 은혜를 받지 않은 사람이 없으나 이양에 대해서는 특히 명종의 은총이 컸다. 이양은 이 같은 은총을 빙자하여 권력을 마음대로 휘두르니 뇌물 실은 수레들이 모두 그의 문으로 모여들었다."

사정이 이렇다 보니 명종 때 정승이나 판서치고 '3굴'에게 이리저리 줄을 대거나 뇌물을 주지 않은 사람은 열 중 하나가 될까 말까 하였다. 이들은 심지어 지방의 작은 관직까지도 뇌물을 받고 팔았다.

뇌물을 주려면 배 네 척에는 실어야지

뇌물 받기로 유명한 윤원, 심통원, 이양이 트리오를 형성하고 있었다면, 뇌물 주기로는 윤선지라는 인물이 가장 화끈했다. 윤선지는 무인이었다. 그런데도 그는 명종 7년(1552년) 6월 22일에 동부승지에 오르는데, 무인이 승지가 된다는 것은 유례가 없는 일이었다. 그 배경에 대해 『실록』은 "대비(문정왕후)의 외척인 이귀령의 첩의 딸을 첩으로 삼았으며 윤원형이 그로부터 뇌물을 받고 천거한 것"이라고 풀이한다.

윤원형을 등에 업은 윤선지는 출세가도를 달린다. 경상좌도 수사, 경상 좌도 병마절도사를 거쳐 명종 16년(1561년)에는 청홍도(충청도) 수사에 임명된다. 삼남 지방의 육군과 해군 사령관을 역임하고 있었던 것이다.

그해 7월 19일, 윤선지는 '해군 사령관답게' 배 네 척을 만들어 뇌물을 가득 싣고 각각 윤원형, 심통원, 이준경, 권철에게 바쳤다. 이때 영부사 윤원형과 우의정 심통원은 윤선지의 뇌물을 받았고, 좌의정 이준경과 형조판서 권철은 받지 않았다. 그 바람에 윤선지는 이준경과 권철에게 주려던 뇌물의 반은 자기 집으로 가져가고 나머지 반은 왕실 종친에게 주었다가 발각되었다. 이에 사간원이 명종에게 여러 차례 주청을 올려 결국 윤선지는 청홍도 수사에서 물러나야 했다.

그래도 독야청정은 있다

애당초 좌의정 이준경은 뇌물을 받지 않는 것으로 정평이 나 있었다. 이준경은 병조판서로 있을 때 당시의 실력자 이기가 뇌물을 받고서 무관직의 핵심 요직을 청탁해도 한 번도 들어주지 않았다. 그로 인해 이준경은 한때 이기의 사주를 받은 사간원 관리들에게 탄핵을 받아 고초를 겪어야 했다. 그의 청렴결백은 조선 시대를 통틀어 황희, 맹사성, 이원익 등과 함께 손가락에 꼽힐 정도였으니, 윤선지 따위가 건넨 뇌물을 받을 리 만무했다. 배가 아니라 선단으로 뇌물을 실어 온다 해도 눈 하나 깜짝할 위인이 아니었기 때문이다.

훗날 영의정에 오르게 되는 권철에 대해서는 평이 엇갈린다. 명종 16년 1월, 그가 형조판서를 제수 받았을 때 『실록』 사관은 다음과 같은 인물평을 남겼다.

"겉은 위엄과 무게가 있어 보이나 속은 연약하기 짝이 없는 인간으로, 말년에 이양에게 빌붙어 사람들이 더러운 인간이라고 침을 뱉었다."

특히 중종, 명종 시대의 사관은 원칙주의자에 가까웠던 것 같다. 당시는 권간들이 세상을 좌지우지하던 때였기 때문에 아무리 깨끗한 사람이라 하더라도 고위직에 오르려면 어떤 식으로든 '3굴'에게 복종하는 모습을 보이지 않을 수 없었다. 실은 이준경도 "윤원형에게 빌붙었다"는 비판을 면치 못했다. 오히려 선조 11년(1578년)에 이준경의 뒤를 이어 영의정으로 있다가 세상을 떠난 권철에 대한 졸기가 객관적이다.

"작은 벼슬자리에 있을 때부터 정성스럽고 부지런하게 직무를 수행해 이미 재상의 물망이 있었다. 중년에 진복창에게 미움을 받아 여러 해 동안 진로가 막혔는데 진복창이 패망하자 다시 등용되어 중앙과 지방의 관직을 두루 역임하였으며, 정승으로 들어오자 이준경, 홍섬, 박순, 노수신 등과 마음을 같이 하여 보좌하였다. 체직되기도 하고 복직되기도 한 것이 무릇 13년이었다. 당시에 중앙과 지방이 무사하였고 조정이 다스려졌다고 일컬어졌다. 비록 건의하여 밝힌 것은 없었지만 신중하게 법을 지켰으므로 사람들이 감히 그의 흠을 논하지 않았고 복 있는 정승이라고 일컬었다. 그의 아들 율(慄)도 명신이었다."

권철은 권율 장군의 아버지였다. 이준경이나 권철 모두 명종 때의 권간들에게 머리를 숙이고 들어갔다는 오점에도 불구하고 모두 깨끗했기 때문에 사림의 신망 속에 영의정에까지 오를 수 있었을 것이다.

武陵桃源

무릉도원 武陵桃源

복숭화꽃이 피는 아름다운 곳을 지칭하는 말로, 속세를 벗어난 이상적인 공간을 비유할 때 쓰며, 『도화원기(桃花源記)』에 있다. 사람들은 저마다 이상향을 꿈꾸는데, 그 가운데 특이하게도 여자들만이 사는 나라를 상상한 사람들이 있었다. 이는 남성들의 이상향의 한 표현이었을 것이다. 서양 신화에 등장하는 아마조네스, 동양 신화 『산해경』의 여국(女國)이 대표적 예다. 유교 국가였던 조선도 예외는 아니었는데, 관련 기록이 남아 있어 흥미를 자극한다.

여인국을
상상하다

1541년, 남미의 안데스 고원 동쪽에 존재한다는 보물의 왕국 엘도라도를 찾아 나선 곤살로 피사로의 스페인 탐험대는 결국 200여 명의 부하들과 함께 밀림 속에서 오도 가도 못하는 신세가 됐다. 곤경에서 벗어나기 위해 피사로의 참모 프란시스코 데 오레야나(Francisco de Orellana)가 선발대로 나서서 동쪽으로 난 큰 강을 따라 탐험을 계속했다. 이 항해 도중 오레야나 일행은 여인들의 부족을 발견하게 된다.

"여인들은 하얀 피부에 키가 크고 머리를 여러 갈래로 길게 땋아 내렸다. 이들은 체격이 매우 건장했고 은밀한 부위만 살짝 가린 채 알몸으로 돌아다녔다."

그들은 이들이 그리스 신화에 나오는 여인국 아마조네스라고 믿었다. 아니, 그렇게 믿고 싶었다. 이후 그 강의 이름도 '아마존'이라 불리게 됐다. 이처럼 서양에 아마조네스가 있었다면 동아시아에는 여국(女國) 혹은 여인국(女人國)의 신화가 있었다.

이천 년을 이어온 여인국에 대한 선망

오레야나가 아마조네스를 '발견'하기 53년 전인 성종 19년(1488년), 지구 정반대편에 있는 조선에서는 제주도에 근무하던 최부(崔溥, 1454~1504년)가 부친상을 당해 급히 육지로 돌아오려다가 풍랑을 만나 중국 절강성 쪽에 표류하게 된다. 이후 최부는 6개월여에 걸친 고행 끝에 조선으로 돌아와서『표해록(漂海錄)』이라는 기행문을 남겼다.

여기에 보면 표류 초기에 최부가 당시의 지리적 인식을 바탕으로 한반도 주변에 대한 지리 정황을 상세하게 이야기하는 대목이 나온다.

"서남방을 향하여 조금 남쪽으로 가다가 서쪽으로 가면 곧 섬라(暹羅, 태국), 점성(占城, 베트남 중남부), 만랄가(滿剌加, 말레이시아의 말라카) 등의 나라요, 정남방은 유구국(오키나와)이요, 정남방으로 가다가 동쪽으로 가면 여인국과 일기도(一岐島)요, 정동방은 일본국과 대마도다."

현대적 지리 정보를 바탕으로 보자면 '여인국' 하나만 빼고 나머지는 정확하게 들어맞는다. 최부는 육지를 향해 올라오던 중 서북풍을 만나 배가 동남방으로 표류하고 있으니 "유구국이나 여인국에 닿게 될 것"이라고 막연하게 전망하기도 했다. 그의 판단이 옳다고 해도 유구국에는 갔을지 몰라도 여인국에 갈 리는 없었다. 여인국은 애당초 지구상에는 존재하지 않는 환상의 나라였기 때문이다.

그런데도 최부가 여인국에 관해 자신 있게 이야기할 수 있었던 것은 중국의 영향을 받아서였다. 중국에서는 당나라 때부터 여인국에 관한 이야기가 있었다. 당나라 때 편찬된 책 『양서(梁書)』에 보면 "부상국(扶桑國, 일본으로 추정) 동쪽에 여인국이 있다"면서 그 풍속을 상세하게 적고 있다.

"용모가 단정하고, 얼굴은 매우 깨끗하지만 몸에 털이 있어서 털 길이가 땅에 닿을 정도다. 2월과 3월에는 물에 들어가 임신하며, 6월과 7월에 아이를 낳는다. 여인의 가슴에서는 젖이 나오지 않지만 목 뒤에 있는 털 속에서 즙이 나와서 아이를 먹인다."

물론 황당한 이야기다. 『서유기』에는 삼장법사가 여인국의 여황으로부터 유혹당하는 이야기가 나온다. 우리의 경우에도 김부식의 『삼국사기』에 신라의 석탈해 왕이 여인국의 후손이라고 기록돼 있다.

일본의 동북쪽으로 1,000리 떨어져 있는 다파야국의 임금이 여국의 딸에게 장가들어 아이를 밴 지 7년 만에 큰 알을 낳았다고 한다. 이에 다파야국 임금이 "사람이 알을 낳았으니 버리는 것이 마땅하다"고 말했으나 여국의 딸은 차마 버리지 못하고 비단으로 싸서 궤에 넣어 바다에 띄워 보낸 것이 진한의 아진이라는 포구에 닿았다.

바닷가에 살던 한 할머니가 이 궤를 끌어당겨 열어보니 어린아이가 들어 있었다. 이 아이가 석탈해다. 신장이 9척에다 풍채가 빼어나며 지식이 남보다 뛰어나 마침내 2대 남해왕이 석탈해를 사위로 삼았고, 3대 유리왕과 함께 형제처럼 지내다가 마침내 유리왕이 석탈해에게 왕위를 물려주었다는 것이다.

다파야국이 정확히 어디인지는 알 수가 없으나 이 이야기는 상당히 현실적인 면이 있다. 석탈해의 키가 9척에 이르렀다는 것을 볼 때 어쩌면 그는 서양 계통의 인물이었을 가능성도 있다. 당시는 해상을 통해 어느 정도 동서 교류가 이뤄지던 때다. 흥미롭게도 석탈해 왕이나 인도 아유타 왕의 공주였다는 허황옥을 아내로 맞은 김수로 왕 모두 서기 1세기 때의 인물이다. 따라서 여국은 동아시아에서 적어도 2,000년이 넘는 오랜 전통을 가진 신비로운 이야기였다.

단 한 차례의 기록

그런데 이 여국에 관한 이야기가 『실록』에도 딱 한 차례 나온다. 그만큼 여인만이 사는 여국에 관한 호기심이 면면히 이어지고 있었던 것이다. 세조 8년 2월 28일, 지금의 오키나와인 유구국의 사신 보수고(普須古)를 접대하는 임무를 맡았던 선위사(宣慰使) 이계손이 사신들과 나눈 상세한 대화를 세조에게 보고했다. 이계손은 훗날 성종 때 형조와 병조판서까지 지낸 인물이다.

유구국의 풍속에 관해 이런저런 질문을 던지던 이계손은 여국에 대해 아는 바가 없느냐고 보수고에게 물었다. 옛날부터 여국이 한반도의 동남쪽 어딘가에 있다고 믿었기 때문에 동남쪽 유구국에서 온 그가 혹시라도 알지 모른다고 생각했던 것이다.

처음에는 "여국이 어디에 있는지 들은 바가 없다"고 답한 보수고는 이어 "다만 서량(西良) 땅에 있다고 들었는데 물의 흐름이 힘이 없고 거위의 털을 던지면 곧 가라앉으므로 사람들이 얕게 보지 않는다고 한다"고 말했다. 자신도 들은 바는 있지만 구체적으로 어디인지는 알지 못한다는 대답이었다.

여기서 서량이란 서역 일대를 말한다. 여국이 서량 땅에 있다는 말은 『서유기』에도 나온다. 옛날부터 중국 사람들은 서역 쪽에 여국이 있다고 믿었고, 그것이 흘러들어 조선 시대 고위 관리의 귀에까지 전해진 것이었다. 이계손의 질문이 이어진다.

"내가 전에 들으니 여국 사람이 중국 조정에 들어오기도 했다고 한다."

이에 대한 보수고의 답변은 단호했다.

"그것은 허황된 이야기다. 우리나라에는 중국 조정 사람이 많이 살고, 또 매년 중국 조정에 우리도 들어가는데 무슨 일인들 알지 못하겠는가? 아직 여국이 중국 조정에 조공을 올렸다는 말은 듣지 못했다."

그러면서 보수고는 여국에 관한 이야기가 나오게 된 이유를 이렇게 설명했다. 명나라 3대 황제인 영락제 때 섬라국에서 여관(女官)을 입조시켰는데, 당시 외국에서 온 사람들이 전후맥락을 알지 못하고 그 여관을 여국에서 온 사람이라고 잘못 생각하면서 소문이 퍼지게 되었다는 것이다. 일리가 있는 해명이기는 하다.

이미 당나라 때부터 내려오던 여국에 관한 이야기는 아마조네스와 마찬가지로 신화였다. 아마조네스 신화는 스페인과 포르투갈이 주도한 지리상의 대발견과 함께 탈(脫) 신화화했다. 달에 착륙한 아폴로 11호가 방아 찧는 토끼의 신화를 추방했듯이, 500년 전 대항해 시대는 아마조네스의 신화를 쫓아내버린 것이다. 이후 아마조네스에 관해 궁금해하는 사람은 없다. 아마존 강만이 유유히 흐를 뿐이다. 그나마 조선의 경우에는 최부 이후로 더 이상 여인국을 이야기하는 사람조차 없었다. 신화도 사라졌지만 애당초 모험심도 없었기 때문이 아닐까?

후안무치 厚顔無恥

얼굴이 두꺼워 부끄러움도 모른다는 뜻으로,
잘못된 행동에 대한 반성의 기미가 전혀 없는
경우를 이르는 말이다. 흉악한 사건이 발생할
때마다 전에 없었던 일이라고 떠들썩하지만
역사를 살펴보면 어느 시대나 사람 사는 세상
은 비슷하다는 것을 발견할 수 있다. 근엄한
조선 시대에도 존속살해가 있었고, 간통이 있
었다. 그렇기에 우리는 역사에 주목해야 한
다. 같은 잘못을 반복하지 않기 위해서.

저런
이연수 같은 놈

패륜과 중범죄

충효의 나라 조선에서 패륜은 반역에 버금가는 중죄였다. 지금도 그렇지만 중앙의 정치가 혼란스러울수록 패륜이 극성을 부린다. 중종은 명군(明君)과 암군(暗君) 사이를 오락가락한 임금이다. 조광조를 중용하는가 하면, 그를 죽이기도 했다. 백성조차 원망하던 남곤, 김안로 등을 요직에 앉혀 폭정(暴政)의 길을 열어놓기도 한 임금이다. 그래서인지 중종 26년(1531년)부터 34년(1539년) 사이에 연이어 패륜 사건이 터졌다.

패륜 범죄의 실상

부모를 구박하거나 못살게 구는 자식이 있으면 사람들이 "저런 이연수 같은 놈"이라고 욕할 만큼 사회적 충격이 컸던 이연수(李連壽) 사건은 중종 26년에 일어났다. 그해 6월 27일, 의금부에 잡혀 온 이연수는 국문을 받은 끝에 자신이 아버지 이장을 살해했다고 자백했다. 살해 동기는 "부모의 구박이 날로 심해져서 원수처럼 여기게 되어 시해했다"는 것이었다.

이연수는 즉시 참형을 당했다. 원래 참형은 군기시 앞에서 사형을 집행하고 머리를 군기시 문 앞에 내걸도록 돼 있었다. 그러나 이때는 나라에 큰일이 있어 대궐 밖 당고개 사형장에서 목이 달아났다.

중종은 사형 집행 후에도 분노를 참지 못하고 그가 살던 집을 허물어버리고 그 자리에 못을 파라고 명했다. 흥미로운 것은 이에 대한 대신들의 보고였다.

"집을 허물고 못을 파는 일은 옛 글에 나와 있기는 하지만 역대 어느 임금도 행하지 않은 처벌이고, 게다가 이연수는 집이 없습니다."

5년 후인 중종 31년(1536년)에 더욱 충격적인 패륜 사건이 터진다. 이연수는 저리 가라 할 만큼 죄질이 나빴다. 당시 판서를 두루 지낸 조정의 실력자 이항(李沆)의 매부이기도 했던 충청도 황간 사람 오여정(吳汝井)은 평소에도 행실이 좋지 않았다. 이미 중종 25년(1530년)에도 광흥창 부봉사라는 말직에 있으면서 광흥창에 소속된 종의 아내와 아들 한 명을 무참하게 때려 죽인 적이 있었다. 이때의 일로 관직에서 쫓겨나 고향에 물러나 있다가 다시 패륜을 저질렀던 것이다.

중종 31년 3월 7일, 충청도 관찰사 윤안인이 보고하기를 "오여정이 부친상을 당했는데도 상을 지키지 않았고, 또 자신의 종 두 명을 죽이려 할 때 어머니가 말리려 하자 어머니를 별실에 유폐시키고 끝내 종 두 명을 죽인 다음 도주했다"는 것이었다.

이 정도였다면 '패륜'까지는 아니었을지도 모른다. 종을 죽이는 것이 살인죄이기는 했지만 신분제 조선 사회에서 패륜이라고 할 만큼은 아니었기 때문이다. 종의 아내와 아들을 때려죽이고도 목숨을 건질 수 있었던 것만 봐도 그렇다. 그런데 막상 오여정을 잡아들이고 수사가 진행되자 훨씬 놀라운 사실이 드러났다.

4월 4일, 윤안인은 새로운 사실을 보고했다. 오여정이 일찍부터 아버지의 첩과 간통하고 그 사실이 드러날 것을 우려하여 아버지를 죽였으며, 그 사실을 안 두 종까지 죽인 후 간통한 첩과 도주했다는 것이었다. 중종은 오여정을 반드시 체포해 국문할 것을 명했다.

보름 후 경상도에서 변복을 하고 생선 장수로 위장해 숨어 지내던 오여정이 체포되었고, 중종은 사안의 중대성을 감안해 영의정 김근사에게 직접 추국하도록 명했다. 결국 이틀 후 모든 것이 사실로 밝혀져 오여정은 군기시 앞에서 참수당하고 군기시 문 앞에 내걸렸다.

처벌 규정을 둘러싼 논란

반면 오여정과 통정한 첩 돌비는 겨우 사형을 면할 수 있었다. 조선이 형법의 모범으로 삼던 명나라 『대명률(大明律)』에 따르면 돌비도 사형에 처해야 했지만, 그보다 상세한 규정을 담고 있던 『율학해이(律學解頤)』라는 일종의 해설서에 입각해 의금부에서는 '장 100대, 3,000리 유배'라는 색다른 해석을 내놓았다. 『율학해이』는 첩이 남편과 자식을 낳았을 경우와 그렇지 않은 경우를 구별했다. 자식을 낳고 본부인에게서 난 자식과 통정했을 경우는 사실상 근친상간에 해당되어 사형에 처해지지만, 자식이 없는 상태에서 본부인의 자식과 통정했을 경우에는 사형 바로 다음 단계인 '장 100대, 3,000리 유배'형에 처하도록 했다. 돌비는 남편과의 사이에 자식이 없었기 때문에 목숨만은 건질 수 있었다.

의금부에서는 "이런 경우에는 그 사람이 살던 고을의 읍호를 강등하고 집을 헐어 못을 파며 처자들은 노비를 만든다"고 보고했고, 이에 중종은 "그가 살던 황간은 현감이 다스리는 작은 고을이라 읍호를 강등할 필요는 없고 다른 것은 법대로 처리하라"고 지시했다. 못까지 팠는지는 모르지만 그의 집은 헐어버렸을 것이다. 못을 파는 것은 『대명률』에는 나와 있지 않았기 때문이다.

중종 34년 5월에는 패륜을 넘어 엽기에 가까운 사건이 일어나 중종을 또다시 놀라게 했다. 경기도 김포의 통진 사람 조만령(趙萬齡)이 계모와 간통했다가 붙잡혀 왔다는 보고가 의금부에서 올라온 것이다. 당시 중종이 "차마 말할 수도 없고 들을 수도 없다"며 "하루라도 세상에 살려둘 수 없다"고 말한 데서 그가 이 사건을 얼마나 충격적으로 받아들였는지 미루어 짐작할 수 있다.

문제는 친어머니에 준하는 계모와의 통정에 대해 별도의 처벌 규정이 없었다는 데 있다. 이때도 중종은 역시 "집을 헐고 못을 파서 내가 미워한다는 뜻을 보이라"고 명한다. 당시 법률은 아비의 첩을 범한 자는 참대시에 처하도록 돼 있었고, 아비의 처를 범한 자는 무율(無律)이라 해서 명시해 놓지 않았다. 참대시란 일정한 시기를 기다려서 참형을 시행하는 것으로, 즉각 시행하는 불참대시보다 약한 형벌이었다. 운이 좋으면 기다리는 도중에 살아날 수도 있었기 때문이다.

문제는 무율이었다. 아비의 처란 다름 아닌 어머니이기 때문에 도저히 있을 수 없는 일이라고 해서 처벌 규정을 명시하지 않았던 것이다. 곧 불참대시와 같은 극형에 처하는 것으로도 제대로 처벌할 수 없는 반인륜적 범죄였다. 게다가 조사 결과 조만령은 계모인 옥지와 무려 30년간 통간해 왔다는 사실이 드러났다.

조만령은 즉시 참형을 당해 이연수와 같이 머리가 저잣거리에 내걸렸다. 문제는 집을 헐고 못을 팔 것인지 여부였다. 사헌부에서는 그같은 전례가 없고 또 법률에도 없는 처벌을 할 경우 임금이 법률을 무시하는 폐단을 열어놓을 수 있다며 반대하고 나섰다.

이번에는 중종도 물러서지 않았다. "반드시 집을 헐고 못을 팠던 전례가 있을 테니 해당 기관에서 그 근거를 찾아내도록 하라"고 엄명을 내렸다. 그러나 법을 집행하는 사헌부도 전혀 물러날 기미를 보이지 않았다. 며칠간 중종과 사헌부 사이에는 신경전이 계속됐다.

중종은 공을 조정 대신에게 넘겼다. 자신의 주장과 사헌부의 주장을 함께 대신에게 내보인 후 판정을 내리도록 명한 것이다. 사실 대신들의 생각도 사헌부 관리들과 크게 다르지는 않았다. 다만 중종의 고집이 워낙 강하니 뭔가 돌파구를 마련하지 않을 수 없었다.

결국 영의정 윤은보와 좌의정 홍언필이 나섰다. 조만령이 율문에 없는 죄를 지었으니 역시 율문에 없는 처벌로 다스려야 합니다라는 논리를 내세웠다. 즉 무율을 "저하의 뜻은 그의 더러운 자취까지 없애버리려는 것으로 조만령 같은 죄인에 대해서는 조금도 애석할 것이 없습니다"라고 해석한 것이다.

대신 조만령만큼 극악한 죄를 짓지 않은 사람에 대해서 '집을 허물고 못을 파는' 처벌은 다시는 행하지 않았으면 좋겠다는 중재안을 내놓았다. 이에 중종은 "알았다"고 답한다.

결국 중종 시대의 패륜아 트리오 세 명 중에서 조만령의 집만이 흔적도 없이 사라지고 그 자리에 못이 만들어졌다. 그때 못은 두 곳에 생겼을 것이다. 조만령의 집이 한양과 통진에 있었기 때문이다.

快樂不退

쾌락불퇴 快樂不退

쾌락은 결코 도중에 그만둘 수 없다는 뜻으로, 말초적이고 육체적인 쾌락에 빠져 헤어나지 못할 때를 비유한 말이다. 사람마다 헤어나오지 못하는 자신만의 쾌락이 있다. 대부분 그런 쾌락은 중독성을 함유하고 있어 사람들을 옭아맨다. 담배는 그 대표적인 탐닉체이다. 조선에 담배가 전래된 이래 담배를 둘러싼 논쟁이 끊이지 않았고, 때로 사람들은 자신의 욕망을 충족하기 위해 무모한 거래를 불사하기도 했다.

담배 피우며
우스갯소리나 하다니

흡연에 대한 찬반 논란

순조 16년(1816년), 두 척의 영국 군함이 백령도를 비롯한 서해안 일대를 탐사하면서 조선인과 여러 차례 접촉했다. 1817년에는 알세스트호의 군의관 존 맥레오드(John Mcleod)가, 다음해에는 라이라호의 함장 바질 홀(Basil Hall)이 항해기를 출간했다. 이들은 항해기에서 조선 사람의 모습을 그림과 함께 생생하게 묘사했는데, 하나같이 담배를 피우고 있는 관리나 백성의 모습이었다.

특히 1817년 2월 12일, 홀 함장은 영국으로 돌아가던 중 영국령인 남대서양의 세인트헬레나 섬을 방문했는데, 마침 그곳에 유배중인 나폴레옹을 만나 조선이라는 나라에 관한 각종 그림을 보여주었다. 그때 나폴레옹이 흰 수염에 장죽을 물고 있는 노인을 가리키며 이렇게 말했다.

"아! 이 긴 담뱃대, 참 보기 좋다."

담뱃불에 왜관 불타

여기서 잠깐 옆길로 새보자. 실제로 순조 16년(1816년) 7월 19일자
『실록』에 영길리국(英吉利國, 잉글랜드) 이양선 두 척이 충청도 마량진
(지금의 서천군 서면 마량리)에 표류한 내용에 관한 충청수사 이재홍의
장계가 실려 있다. 이 문건은 조선 사람들이 서양을 어떻게 바라보고 있
었는지 연구하는 데 중요한 단서를 제공하는 대단히 귀중한 자료다. 그
중 알파벳에 대한 당시 조선 사람들의 인식을 살펴보자.

그들과 필담을 시도해 보았지만 제대로 되지 않았다고 한다.

"그들이 붓을 들고 썼지만 전자(篆字) 같으면서도 전자가 아니고 언
문 같으면서도 언문이 아니었으므로 알아볼 수가 없었습니다."

그러면서 조사를 담당했던 조선 관리들이 배에서 내릴 때 '작은 진
서(眞書)'를 선물로 받았다고 적고 있다. 이 진서란 다름 아닌 성경으
로, 지금 학계에서는 마량진 사건을 '한국 최초의 성경 전래'로 보려는
움직임이 활발하다. 그전까지는 홀 함장 일행이 백령도에 도착한 것이
먼저였기에 '백령도가 최초의 성경 전래지'라는 시각이 강했다. 학계의
논쟁을 좀 더 지켜봐야 할 대목이다.

다시 담배로 돌아가자. 우리나라에 담배가 언제, 어떻게 전래되었
는지에 대해서는 아직까지 설이 구구하다. 통상 임진왜란 때 일본에
전래됐던 담배가 들어왔다는 설이 있고, 또 하나는 좀 더 늦게 중국을
통해 들어왔다는 설이 있다. 심지어 명종 때 유래됐다는 설도 있다.
그전까지는 『실록』을 충분히 참고하지 않고 이런저런 야사에만 의존
한 탓인 듯하다.

"동래 왜관에서 화재가 발생해 80칸을 모두 태웠다."

오늘날 신문의 사회면 한 구석을 차지할 만한 이 짤막한 문장은 『실록』 광해군 15년(1623년) 2월 15일자의 기록이다. 화재 원인에 대해 사관은 "왜인이 담배를 즐겨 피우므로 떨어진 담뱃불로 화재가 일어난 듯하다"라고 진단하고 있다.

이것이 담배와 관련해 『실록』에 처음으로 등장한 기록이다. 그렇다면 담배가 조선에 들어온 것 자체는 이 화재 사건보다 좀 더 거슬러 올라갈 수도 있다.

다행스럽게도 인조 16년 8월 4일자 『실록』은 담배가 우리나라에 도입된 해를 '병진년부터'라고 명확하게 밝히고 있다. 병진년이면 광해군 8년으로 1616년이다. "처음에는 피우는 사람이 많지 않다가 신유년(1621년)부터는 피우지 않는 사람이 없어 손님을 대할 때면 술과 차 대신 담배를 내놓을 만큼 급속하게 확산되었다"고 적고 있다.

남미에서 처음 시작된 담배는 스페인, 포르투갈을 거쳐 유럽으로 확산되었고, 우리보다 먼저 서양 문물을 받아들인 일본에서 크게 유행했다가, 임진왜란을 거치면서 자연스럽게 조선에 전파된 것으로 보인다. 조선 사람들은 이를 '남초(南草)'라고도 불렀다. '남쪽 나라에서 온 풀'이라는 뜻이다.

조선 후기의 실학자 이익(李瀷)은 『성호사설』에서 "세상에 전하기로는 남쪽 바다 한가운데 담파국(湛巴國)이 있는데, 이 담배가 그 나라에서 들어온 까닭에 속칭 '담배'라고 부른다"고 썼다. 그러나 담파국은 나라 이름이 아니라 담배의 포르투갈어 '타바코(tabacco)'의 음역일 뿐이다.

광해군 이후 철종 때까지의 『실록』을 샅샅이 뒤져보았지만 조선의

〈담배 썰기〉, 김홍도, 국립중앙박물관 소장. 조선 시대에 담배는 일반인들만이 아니라 조선 조정의 한 문화를 이룰 정도로 성행하여 사회 문제가 되기도 했다.

임금 중에 담배를 즐긴 이는 한 명도 없었다. 대신 담배 재배나 지나친 흡연 문화를 걱정하는 대목은 여러 차례 나온다. 반면에 정승 판서들은 이미 인조 때부터 담배를 피웠다. 인조 6년 (1628년) 8월 19일, 경기도 광주에 사는 이오라는 선비가 시국을 걱정하는 상소문을 올렸다. 그중에 "신하들은 비변사(국정의 중요 사안을 논의하던 곳)에 모여 우스갯소리나 하며 담배를 피울 뿐"이라고 비판하는 대목이 나온다.

흥미로운 것은 거의 비슷한 비판이 150여 년이 지난 영조 51년 (1775년) 7월 9일에도 사헌부집의 유의양의 입에서 그대로 반복되고 있다는 사실이다.

"비국(備局, 비변사)에서는 날마다 모여서 군국기무(軍國機務)에 대한 것은 듣지 않고 오직 담배나 몇 대씩 피우고 돌아갈 뿐입니다."

오늘날로 따지면 국무회의보다 더 중요한 자리에서 고위 관리들이 잡담이나 하고 담배나 피우던 것이 조선 조정의 문화로 자리 잡고 있었다고 할 수 있다. 또 이 무렵의 풍속화를 보면 많은 사람들이 한 손에 담뱃대를 자연스럽게 들고 있을 만큼 일반화된 것으로 보인다. 잠시 후에 보게 될 반(反) 금연론자 이빈국이라는 사람의 글에는 이런 대목이 나온다.

"위로는 공경 사대부터 아래로는 소 치는 아이까지, 안으로는 중국 사람으로부터 밖으로는 오랑캐들까지 남초를 몹시 좋아하지 않는 사람은 아무도 없다. 남초란 물건은 사람의 입을 즐겁게 하는 맛난 고기나 다름이 없다. 고기를 좋아하지 않는 사람이 있다는 이야기는 아직까지 들어본 적이 없다."

담배 찬반 논쟁

인조 때 왕실 사람인 회의군(懷義君) 이철남(李哲南)은 학문이 깊고 행실도 좋아 선비들로부터도 크게 신망을 얻었는데, 「남초변(南草辨)」이라는 글을 지어 금연론을 제창했다. 요즘처럼 건강에 좋지 않다는 이유는 부각하지 않은 채 너무 탐닉하게 된다거나 화재의 위험 등을 들어 문제를 제기했던 것으로 보인다. 이에 대해 이빈국(李賓國, 1586~1653년)이라는 인물이 굳이 「남초답변(南草答辨)」을 지어 회의군의 주장을 조목조목 비판한다.

첫째, 예로부터 사람을 패가망신시키는 물건은 술이지 담배가 아니다. 또 마음을 유혹하여 감정을 방탕하게 만드는 것은 음악이지 담배가 아니었다. 즉, 담배는 술이나 음악의 해독과는 전혀 무관하다는 것이다.

둘째, 화재 위험에 대해서도 "그렇다면 밥을 짓다가 화재가 발생하는 일이 많은데 화재가 발생할까 봐 밥 짓기를 중단하는 자가 과연 있단 말인가?"라고 반박한다. 집안에 화재가 발생한 것은 오로지 사람이 실수한 것이지 남초와는 관계가 없다는 말이다. 심지어 그는 담배가 없어서 안 피운 것이지 옛날에 담배가 있었다면 공자님도 피웠을 것이라고 주장한다.

그러면서 이빈국은 "공자(公子, 여기서는 회의군)께서도 술에 취해 속이 더부룩할 때나 공기가 차서 배가 부를 때 담배를 한 모금 피워보시오. 그러면 천하 사람들이 남초라 부르지 않고 남령초(南靈草)라 부르는 심경을 이해할 수 있을 것이오"라는 말을 덧붙인다.

회의군이나 이빈국 모두 인조 때 사람임을 감안한다면 남초, 즉 담배는 조선에 전래된 지 수십 년 만에 전국적으로 계층에 구분 없이 확산된 것이 분명하다. 그리고 오늘날과 달리 금연 반대론자의 주장이 더 강하고 당당한 점이 인상 깊다.

담배 밀수출로 청나라와 갈등을 빚다

'담배의 나라'답게 조선은 곧바로 담배 '수출'에 나선다. 인조 16년 (1638년) 8월 4일, "우리나라 사람들이 몰래 담배를 선양(瀋陽)에 들여보냈다가 청나라 장수에게 발각되어 크게 힐책을 당하였다"는 기록이 나온다. 병자호란이 난 지 2년 후였다.

청나라에서는 "토산물이 아니고 재물을 소모시킬 뿐"이라며 담배 재배와 흡연을 금하고 있었다. 담배 금지가 얼마나 심했으면 청나라 군대가 조선에서 물러가면서 군중(軍中)에서는 담배를 피우지 말 것을 명하기까지 했다. 그러나 이미 담배 맛에 빠진 선양 사람조차 조선을 통해 담배를 입수하려 했고, 그 과정에서 이런 문제가 생겨난 것이다.

조선의 밀수업자 입장에서는 큰돈이 되는 사업이었다. 단속은 그때나 지금이나 돈을 막지 못한다. 인조 18년(1640년) 4월 19일, 볼모로 잡혀간 소현세자의 호송을 맡았던 빈객 이행원이 북경에서 돌아와 담배 밀수로 인한 청나라와의 갈등에 대해 보고서를 올렸다.

"청나라에서 담배를 금함이 요즘 들어 더욱 심하고 엄준합니다. 그런데 이익을 탐하여 목숨을 걸고 온갖 방법으로 숨겨 가지고 가서 나라를 욕되게 합니다. 지금 이후로는 금법을 범하는 자를 1근 이상은 현장에서 참수하고, 1근 미만인 자는 의주(義州)에 가두고서 경중에 따라 죄를 주게 하소서."

의주에 밀무역을 감시하는 기관이 있었기 때문이다. 그런데 6년 후인 인조 24년(1646년)에 동지사로 북경에 간 이기조가 보낸 보고서에는 정반대의 장면이 묘사되어 있다. 병자호란 때 조선 침공의 선봉장이었던 용골대(龍骨大)가 조선 사신을 만나 은밀하게 이야기한다.

"황제가 남초와 매를 좋아하니 남초와 매를 들여보내라."

황제는 담배를 피우면서 백성들에게는 못 피우게 했던 것이다.

그런 점에서 정조는 현실을 직시했다. 정조 21년(1797년) 7월 8일, 정조는 신하들과 국정을 논의하면서 "지금 남초를 심은 땅에 곡식을 심게 하면 몇 만 섬은 더 얻을 수 있다"며 "남초 재배를 금할 수 없는가?"라고 물었다. 그러나 해당 관청의 책임자가 "이미 백성이 즐기는 기호품으로 자리 잡았다"며 현실적 어려움을 이야기하자 남초 재배를 금하지 않기로 결정한다.

조선 중기의
권력 지도

"정치는 내 손 안에."

왕권이 강력했던 조선 초기와 달리 중·후기의 역사를 보면 정말로 한 줌도 안 되는 몇몇 집안이 나랏일을 좌우했다. 그것은 문벌 중심, 당쟁의 격화 등이 복합적으로 작용한 결과였다. 게다가 예학을 중심으로 혈연과 학연이 한데 어우러져 지도층의 범위를 더욱 협소하게 만들었다. 이런 현상은 인조반정으로 서인 세력이 집권한 후 더욱 강화된다.

권력의 미로 찾기

효종과 현종 때의 예학자이자 정치가인 송준길(宋浚吉, 1606~1672년)에서 출발해 보자. 그는 송시열보다 한 살 위로, 그와는 멀지 않은 친척이었다. 그는 18세 때 정경세의 딸과 결혼하는데, 정경세는 경상도 상주 출신으로 퇴계 이황의 1세대 제자인 서애 유성룡의 문인이다.

그의 어머니는 김은휘의 딸이다. 김은휘는 송준길의 스승인 김장생의 아버지 김계휘의 아우다. 따라서 송준길의 어머니와 스승 김장생은 사촌간이었으니 송준길에게 김장생은 외당숙이었다. 송준길과 김장생의 아들 김집은 육촌이 된다. 송시열과 송준길은 김장생과 김집 두 사람에게서 예학을 전수 받는다.

이제 김장생과 김집의 집안으로 넘어가보자. 김장생(金長生, 1548~

1631년)은 율곡 이이의 문하에서 학문을 익혔고 예학의 기초를 다졌다. 그의 학문은 둘째아들 김집이 이어받는다. 원래 김장생에게는 아들 3형제가 있었다. 첫째 김은은 임진왜란 때 왜군에게 변을 당했고 셋째 김반은 이조참판에 오르는데, 그 아들들이 번성한다.

우리의 미로 찾기는 여기서 김반의 셋째아들 김익겸을 향해 간다. 김익겸은 다른 형제들과 달리 별로 출세하지 못하고 생원에 그쳤다. 그러나 그의 아들 김만기(金萬基, 1633~1687년)의 딸은 숙종과 결혼해 인경왕후에 오른다. 임금의 장인인 국구의 자리에 오른 김만기는 숙종 초 병조판서를 맡아 어린 숙종의 왕권을 확고하게 지켜낸다. 여기까지 정리하면 '송준길의 외가 육촌 김반은 숙종 장인의 조부'라고 할 수 있다.

이번에는 병자호란 당시 남한산성 내에서 척화파의 거두로 주화파 이조판서 최명길과 격론을 벌인 김상헌에게서 출발해 보자. 앞서 보았던 대로 김상헌은 김극효의 아들로, 형 김상용(金尙容)은 병자호란 당시 강화성에 들어갔다가 장렬하게 순국했다. 김상헌 형제의 어머니는 좌의정을 지낸 정유길의 딸이다. 즉, 김상헌 형제는 정유길의 외손자였다. 정유길을 거슬러 올라가면 중종 때의 명재상 정광필에 이르게 된다.

김상헌에게는 김광찬, 김광혁 등의 아들이 있었고, 중추부동지사를 지낸 김광찬에게는 김수증, 김수흥, 김수항 3형제가 있었다. 맏형 김수증은 동생들이 정치적으로 고초를 겪는 모습을 보며 은거한 반면, 김수흥, 김수항은 숙종 때 영의정까지 지내지만 환국이 일어날 때마다 시련을 겪어야 했다. 특히 김수항은 1689년 기사환국으로 영의정에서 쫓겨나 남인에 의해 죽게 된다. 그의 아들 김창집도 훗날 영의정에 오른다. 이들은 처음부터 송시열과 정치 노선을 같이해 일관되게

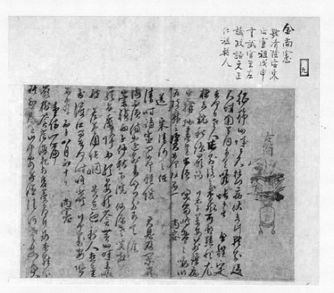

김상헌의 글씨.

서인, 그중에서도 노론의 길을 걸었다. 흥미로운 것은 김수항 3형제와
는 육촌인 김상용의 손자가 남인의 길을 걸었다는 사실이다. 복제 논
쟁이 일어났을 때도 1년상을 주장한 서인 송시열에 반대해 3년상을
주장한 남인, 허목, 윤휴 등에게 동조했다.

김상헌과 최명길, 척화파와 주화파의 대립은 후손에게도 그대로 이
어진다. 최명길(崔鳴吉)은 병자호란 때 인조가 남한산성으로 들어갈
당시 이조판서로서 수종하였는데, 청나라의 항복 요구가 거세지자 받
아들일 것을 주장했다. 예조판서 김상헌이 강화 문서를 갈기갈기 찢
어버리자 조각을 주으며 "조정에는 이처럼 찢어버리는 자가 반드시 있
어야 하고, 또 나처럼 다시 이어 붙이는 사람도 있어야 한다"는 명언을
남겼다.

최명길에게는 최후량, 최후상 등의 아들이 있었다. 최후량의 경우

한성좌윤에 임명된 적이 있었지만 사실상 관직에 나아가지 않고 학문 연마에만 힘썼으며, 그의 아들 최석정(崔錫鼎)은 숙종 후반에 영의정에까지 올라 남구만과 함께 소론의 지도자로 활동한다. 즉, 숙종 후반기의 정치는 김상헌의 손자들과 최명길의 손자들이 각각 노론과 소론을 대표해 정승을 번갈아 맡는 양상이 이어졌다.

학통으로 얽힌 노론, 혼맥으로 엮은 소론

흥미로운 것은 송시열로 대표되는 노론의 경우 대체적으로 이이의 학통을 이어받은 반면, 소론의 경우 주로 혼맥·학맥이 뒤얽혀 있었다는 사실이다. 노론이나 소론 모두 기본적으로는 같은 서인으로서 이이를 존중하면서 개별적인 정치 사안을 중심으로 갈등을 일으켰기 때문인 듯하다.

송시열과 아버지 윤선거의 묘갈명 문제로 싸워 불구대천의 원수가 된 윤증의 할아버지 윤황은 소론의 원류인 성혼의 사위였다. 최명길의 아버지 최기남은 성혼의 제자였다. 그 밖에 성혼의 제자 중에는 신흠, 이항복 등이 있었다. 남구만, 최석정과 함께 소론 트리오로 꼽히는 박세채는 신흠의 외손자이며, 윤증의 숙부인 윤순거에게서 배웠다. 최명길도 신흠과 이항복에게서 배웠고, 최석정은 박세채로부터 사사하기도 했다.

숙종 때 김장생 집안 못지않게 숙종에게 큰 영향을 미친 집안은 어머니 명성왕후 김씨의 집안이다. 명성왕후의 할아버지 김육(金堉, 1580~1658년)은 조광조와 함께 기묘사화 때 화를 입은 김식(金湜)의 3대손으로, 어려서는 김상헌의 문하에서 수학했다.

김육은 광해군 때는 좌의정 정인홍의 미움을 받아 뜻을 펴지 못했고, 인조반정이 일어나자 조정에 나아가 관찰사에 올랐다. 이때 그는 대동법 시행을 건의했고, 탁월한 실무 능력을 발휘해 효종 2년(1651년)에는 영의정에 올랐다.

원래 그는 효종 즉위년에 대동법 실시 상소문을 올렸으나 김집, 송시열 등이 반대해 뜻을 이루지 못했다. 그러나 영의정에 오른 후 충청도 지방에서 시험적으로 실시하여 성공을 거두었다. 또 그는 일찍부터 화폐 유통에 관심을 쏟아 일부 지방에 상평통보를 보급하기도 했다. 그에게는 김좌명과 김우명 두 아들이 있었다. 특히 김좌명은 김육이 세상을 떠난 후에도 대동법 실시에 뜻을 두고 전라도, 경상도, 황해도 등에서 차례로 시행하여 백성들로부터 찬사를 받았다. 병조판서에 오른 김좌명에게는 김석주라는 뛰어난 아들이 있었다. 김석주도 숙종 즉위 초에 병조판서 등을 맡아 김만기와 함께 숙종의 보위를 튼튼히 하는 데 결정적인 공을 세웠다. 그러나 남인 제거를 위한 공작 정치를 주도했다 해서 남인들의 원성을 산다. 김우명은 별다른 출세는 하지 못했지만 딸이 현종과 혼인하여 국구가 되었다. 김육의 집안은 전통적으로 서인 집안이지만 당파성이 그리 강한 편은 아니었다. 게다가 김육이 김집, 송시열 등과 대동법 문제 등으로 갈등을 빚으며 한당(漢黨)과 산당(山黨)으로 갈리면서 극심한 대립을 빚기도 했다.

어린 숙종이 즉위하자마자 김석주와 김우명 등이 오히려 서인을 배척하고 남인의 집권을 도운 것은 이 같은 집안의 구원(舊怨) 때문이었다. 때로는 집안 간 갈등이 당파를 뛰어넘기도 했던 것이다. 그러나 역시 당파의 힘은 셌다.

송시열을 비롯한 대부분의 서인이 제거된 상태에서 서인이었던 김석주와 김우명이 설 자리는 없었다. 김우명은 숙종 1년(1675년)에 세상을 떠났다. 김석주는 숙종의 장인이어서 겨우 자리를 지킬 수 있었던 김만기 등과 손잡고 집권 6년째인 1680년 경신환국 때 일순간에 남인을 숙청하고 서인 세상을 여는 데 결정적으로 기여한다. 남인이라는 공동의 적 앞에서 할아버지 때의 원한을 털고 김육의 손자 김석주와 김집의 동생 김반의 손자 김만기가 손을 잡을 수밖에 없었던 것이다. 김석주나 김만기나 서인이었기 때문이다.

　조선 정치, 특히 중후기 정치에서 가문의 비중은 상상을 뛰어넘는다. 그런데도 우리가 접할 수 있는 역사책에서는 이런 점을 제대로 짚어주지 못하는 것 같아 아쉬울 때가 많다. 물론 조선 정치를 특정한 임금이나 특정 집안으로 환원시키는 것도 위험하지만, 그렇다고 현대적인 시각을 지킨다는 명분으로 조선 중·후기 정치에서 집안의 중요성을 과소평가해서도 안 될 것이다.

뜻이 좋아도 법도가 있다

◈ 겉과 속의 부조화 ◈

不可抗力

불가항력 不可抗力

자신의 능력 밖에서 벌어지는 일로, 어떤 수단방법을 동원해도 해결할 수 없는 경우에 쓰는 말이다. 조선 왕실의 가장 큰 고민 중의 하나는 질병 문제였다. 지금의 관점으로 보면 큰 병보다는 오히려 간단하게 치료할 수 있는 안질, 종기, 치통 등의 병이 왕들을 괴롭힌 경우가 많았다. 그 가운데 치통은 조선 최고의 명의 허준도 고치지 못한 불치병이었다.

임금님의 치통은
허준도 못 고쳤다

왕가의 병치레

어원을 정확히 알 길은 없지만 임금이 양치질하는 것을 조선의 궁중에서는 "수부수하오시다"라고 표현했다. 아쉽게도 『실록』에는 임금이 수부수하는 장면은 나오지 않는다. 다만 일반 백성들이 소금을 손가락에 묻혀 이를 닦았다면 임금은 나무로 칫솔을 만들어 칫솔질을 했다는 것이 다를 뿐이다. 연산군 12년(1506년) 2월 28일, 연산군은 봉상시(奉常寺)의 종에게 "양치질하는 나무를 만들어 바치라"고 명한다.

'양치질하는 나무'란 버드나무 가지를 뜻했을 것이다. 원래 양치질이라는 말의 어원이 '버드나무 가지', 즉 양지(楊枝)다. 옛날 사람들은 버드나무 가지에 소독 성분이 있다고 믿었고, 버드나무 가지를 이쑤시개처럼 깎아서 사용했다. 그래서 '양지질'이라고 하던 것이 어느 시점에 '양치질'로 바뀌었다는 것이다.

그러나 아무리 임금이라 하더라도 오늘날 같은 칫솔이나 치약이 없어 제대로 '수부수'하기 어려웠기 때문에 충치나 잇몸 염증에 걸리기 십상이었다. 염증은 당시 의학으로는 마땅히 치료할 방법이 없었다. 그래서 조선의 임금들이 쉽게 걸린 질병이 안질, 종기, 치통 등 염증 관련 질환이었다.

임금이라고 병이 없을까

세종의 경우 '걸어 다니는 종합병원'이라 할 만큼 온갖 종류의 질병을 앓았다. 그러나 기록상으로는 치통을 앓았다는 이야기는 나오지 않는다. 세조가 제주안무사에게 명을 내려 난산(難産)과 안질(眼疾), 치통을 치료할 수 있는 여의(女醫) 두세 명을 뽑아서 올리라 명했는데, 이는 세조 자신의 치통보다는 왕실 내 왕비나 공주 등의 질병 때문이었을 가능성이 크다.

치통으로 크게 고통 받은 조선의 임금은 성종, 중종, 광해군, 현종이다. 성종 11년(1480년) 7월 8일, 성종은 승정원에 하교한다.

"내가 치통을 앓은 지 해가 넘었는데 널리 의약을 시험하였으나 효력이 없다."

그러면서 명나라 사신에게 부탁해 약을 구하면 어떻겠냐고 신하들의 의견을 구했다. 그런데 도승지 김계창은 "전하의 치통을 다른 나라 사람이 알게 할 수는 없습니다"라고 답한다. 임금의 질병은 일종의 국가 기밀이라는 뜻이었다. 그러나 성종은 "옛날에 진(晉)나라 임금도 병이 있어 적국인 진(秦)나라에서 의원을 구한 적이 있는데, 하물며 중국에 도움을 청하는 게 무슨 큰 문제가 되겠는가?"라며 명나라 사신을 접대하는 관반에게 알아볼 것을 명한다.

유감스럽게도 이후 성종의 치통에 관한 치료 기록은 나오지 않는다. 그러나 치통에 관한 기록도 없는 것으로 보아 치유가 이뤄진 것으로 보인다. 그랬다면 가능성은 두 가지다. 명나라 의약의 도움을 받았거나 국내의 누군가에 의해 치료된 것이다. 성종 19년(1488년) 9월 28일의 기록을 보면 후자일 가능성이 더 크다.

치료의 비밀을 토설하라

이날 성종은 제주목사 허희에게 글을 내려 다음과 같이 명한다.

"잇병을 고치는 의녀 장덕은 이미 죽고 이제 그 일을 아는 자가 없으니, 이, 눈, 귀 등 여러 가지 아픈 곳에서 벌레를 잘 제거하는 사람이면 남녀를 불문하고 추천하여 올려라."

즉, 성종의 치통은 장덕이 치료했을 가능성이 큰 것이다.

여기서 또 한 가지 눈여겨볼 대목은 제주도다. 세조 때도 제주도에서 의녀를 뽑아 올리도록 명한 것을 보면, 제주도에 치통과 관련된 치료법이 전수되고 있었다는 점을 알 수 있다.

성종 23년(1492년) 6월 14일에는 이와 관련하여 아주 흥미로운 기록이 눈에 띈다. 장덕의 의술 전수와 관련된 내용이다. 이날 우승지 권경희는 성종에게 다음과 같이 보고한다.

"제주도의 의녀 장덕은 치충(齒蟲)을 제거하고 코와 눈 등 모든 부스럼을 제거할 수 있었는데, 죽을 무렵에 그 기술을 자신의 몸종인 귀금

(貴金)에게 전수하였습니다. 나라에서는 귀금을 천인에서 면하게 하여 여의로 삼아 그 기술을 널리 전하고자 하여 두 여의로 하여금 따라다니게 하였는데, 귀금이 숨기고 전하지 아니하였습니다. 귀금을 고문하여 물어보게 하소서."

이는 동서고금 어디에서나 장인이 자신의 노하우를 쉽게 가르쳐주지 않으려는 습성이 있다는 것을 그대로 보여주는 사례다. 그러나 나라에서 명한 바를 어긴 것이기 때문에 귀금의 혐의는 대단히 중대했다. 더욱이 치통으로 고통 받던 성종 아닌가? 성종은 직접 귀금을 불러 조사한다.

"여의 두 사람을 붙여 따라다니게 했는데 네가 숨기고 전해주지 아니하니 반드시 그 이익을 독차지하려고 함이 아니냐? 네가 끝까지 숨긴다면 마땅히 고문을 가하면서 국문하겠으니 다 말하여라!"

임금의 친국은 반역죄와 같은 중죄를 저지른 사람을 조사할 때만 행해지는 것이다. 따라서 충치 제거 기술을 숨기려 한 귀금을 친국하겠다는 뜻을 밝힌 것은 그만큼 중죄로 다스릴 수 있다는 의사를 밝힌 것으로 볼 수 있다. 이에 대해 귀금은 기술의 어려움을 토로하며 억울함을 호소했다.

"제가 일곱 살 때부터 이 기술을 배우기 시작해 열여섯 살이 되어서야 완성하였는데, 지금 제가 마음을 다해 가르치지 않는 것이 아니고 그들이 익히지 못할 뿐입니다."

이후 귀금에 대한 기록이 없는 것으로 보아 성종은 귀금의 해명을 그대로 받아들인 것 같다. 그러나 충치 제거술이 제대로 전수되지는 못했던 것 같다. 제대로 전수만 됐다면 그의 아들인 중종이 치통으로 고통 받는 일은 없었을 것이기 때문이다.

치통의 원인은 스트레스?

중종의 경우 중종 24년(1529년) 5월에 계속해서 치통으로 고통 받았다는 기록이 나오고, 10년 후인 중종 34년 8월에는 그 때문에 선대 임금들의 영정(影幀)을 모시는 중대한 왕실 행사에까지 참여하지 못했다.

"본래 나에게 치통이 있어서 바람이 차면 문득 재발하는데, 요새 일기가 쌀쌀해서 이 병이 다시 도지니 영정을 모시는 일을 행하지 못할 것 같다."

결국 그 행사는 세자가 대신 거행했다. 광해군도 치통을 앓았던 것 같다. 영의정 이덕형이 고향의 아버지를 만나 뵙고 돌아와 광해군에게 문안 인사를 하는 중에 이런 대목이 나온다.

"삼가 생각하건대 여러 부위의 열이 위에 모여들어 치통이 생겨난 것입니다."

당시 사람들이 치통을 어떻게 진단하고 있었는지 알 수 있는 발언이다. 물론 현대 의학에서 보자면 다소 황당한 소리이기는 하다. 그리고 광해군의 치통은 충치보다 잇몸의 염증일 가능성이 크다. 이덕형의

『동의보감』, 허준, 국립중앙도서관 소장. 조선 최고의 명의
였던 허준도 치통은 어쩌지 못했다.

진단이 이러했기 때문에 처방도 요즘 상식으로는 받아들이기 힘들다.

"무릇 위에서 생겨난 병은 침으로 쉽사리 효험을 볼 수 있는 것이 아
닙니다. 반드시 마음을 맑게 하고 생각을 줄여서 일을 처리함에 있어
잘 조절하여야 상하가 서로 통해 열이 흩어질 것입니다."

업무 스트레스를 줄이고 마음을 편하게 해야 치통이 나을 수 있다
는 소리였다. 그 무렵 어의(御醫)는 『동의보감』의 저자인 허준이었다.
이 무렵 광해군은 허준에게 침을 맞고 있었다. 그러나 허준의 침으로
도 치통은 사라지지 않았던 모양이다. 좌의정 이항복이 광해군에게
"치통 증세는 어떠하십니까?"라고 묻자 광해군은 이렇게 답한다.

"잇몸의 좌우가 모두 부은 기운이 있는데 왼쪽이 더욱 심하다. 한 군
데만이 아니라 여기저기 곪는 것처럼 아프고 물을 마시면 산초(山椒)
맛이 난다."

산초란 매운맛이 나는 일종의 약재다.

허준도 고치지 못한 고질병인 치통을 현종도 앓았다. 현종 15년 (1849년) 7월 8일, 현종은 갑자기 치통이 심해져서 가을에 지내야 하는 대제(大祭)를 영의정이 대행하도록 했다.

伴食宰相

반식재상 伴食宰相

남이 차린 밥상에 숟가락만 얹는 재상이란 뜻. 능력은 하나도 없으면서 자리만 차지하고 있는 인물을 비유하는 말로, 『당서(唐書)』에 있다. 조선 왕실은 권위와 위엄의 상징처럼만 보이지만 그 안에서 벌어지는 각종 행태는 지금의 우리 사는 모습과 다르지 않았다. 재상들이 업무중에 술에 찌들어 있거나 출퇴근 시간을 제멋대로 한다든가, 보고를 제대로 하지 않아 일을 그르치는 등의 문제가 끊이지 않아 골칫거리가 되기도 했다.

궁궐에서
술이나 한잔하세나

관리들의 근무 태만

조선 시대 관리들의 출퇴근 시간은 어땠을까? 중앙 부서만 놓고 보면 계절에 따라 차이가 있긴 하지만 대략 오전 7시경 출근해서 오후 7시경 퇴근하도록 정해져 있었다. 그러나 조선 초부터 조선 말까지 이런 규정은 거의 지켜지지 않았다. 『실록』을 보면 정승들은 몸이 불편하다며 집에 머무는 경우가 허다했다. 급한 일이 생겨야 허겁지겁 등청했을 정도다.

궁궐에서 술도 못 마시면 무슨 재미인가

성종 때의 일이다. 할머니인 정희대왕대비의 수렴청정을 받던 성종이 20세가 되자 친정(親政)을 해야 할 때가 되었다는 논의가 나왔다. 대왕대비의 뜻도 확고했다. 그때 당대 최고의 실권자 한명회가 성종의 권유로 대왕대비를 설득하기 위해 나섰다. 그런데 설득한답시고 한명회가 한 말이 가관이었다.

"대왕대비께서 청정을 하시는 바람에 신 등은 수시로 대궐에 나와서 안심하고 술을 마셨는데, 갑자기 물러나시면 안심할 수가 없습니다."

이 말을 전해 들은 성종은 전혀 다른 맥락에서 분노했다. '수렴청정을 하면 안심하고 술을 마실 수 있고, 내가 친정을 하면 불안해서 술을 마실 수 없다는 말인가?' 자칫 불경죄로 처벌 받을 뻔했지만 한명회는 성종의 전(前) 장인이기도 했기 때문에 별탈 없이 지나갔다. 여기에서 우리가 눈여겨보게 되는 대목은 "대궐에 나와서 술을 마신다"는 말이다. 근무 시간에 일은 하지 않고 술이나 마셔도 아무런 문제가 되지 않았다는 뜻이다. 이는 조선 시대 전반, 특히 세조 때에 흔한 현상이기도 했다.

충격적인 성 추문

오늘날의 공무원 사회와 조선 시대 관리 사회의 기강은 도저히 비교가 안 된다. 근무 시간에 술을 마시는 일은 워낙 자주 있어서 큰 문제가 되지 않았고, 도박이나 관비와의 섹스 스캔들도 끊이지 않았다.

태종 17년(1417년) 5월의 일이다. 병조판서 이원, 참판 이춘생 등이 사헌부의 탄핵을 받았다. 죄목은 왕명으로 비상 동원 훈련이 진행되었는데 동소문 밖 훈련장에 술판을 벌여놓고 이조판서, 공조판서 등과 술을 마시고 유흥을 즐겼다는 것이다. 병조좌랑으로 있던 정인지도 술을 마셨다가 함께 탄핵을 받았다. 이에 대해 태종은 "잠시 술을 마신 일로 대신들을 처벌할 수 없다"며 용서해 준다.

특히 섹스 스캔들은 국왕의 측근 인사일수록 노골적이었다. 세조와 성종에 걸쳐 '간신 3대(代)'로 유명한 임원준, 임사홍, 임광재·임숭재 3대가 그러했다. 임사홍이 효령대군의 아들 보성군의 딸과 결혼하면서 임원준 집안은 왕실의 일원이 됐다. 이어 임사홍의 큰아들 임광재는 예종의 딸 현숙공주와 혼인했고, 작은아들 임숭재는 성종의 딸 휘숙옹주와 혼인하면서 각각 풍천위와 풍원위에 봉해졌다. 2중, 3중으로 왕실과 혼맥을 형성한 것이다.

성종 25년(1494년), 성종에게 충격적인 보고가 올라온다. 당시 임광재는 궁중의 정원과 과일나무 등의 관리를 맡아보는 장원서(掌苑署)의 책임자인 제조를 맡고 있었다. 임광재의 부하 직원인 별좌 한우창에게는 가섭이라는 아름답고 요염한 여종이 있었다. 하루는 가섭이 한우창을 만나기 위해 장원서에 왔는데, 임광재는 자신과 관계를 가질 것을 요구했다. 가섭이 따르지 않자 임광재는 사람을 시켜 가섭의 양팔을 붙잡도록 하고 가섭의 입을 옷으로 틀어막은 다음 강간해 버렸다.

근무 태만도 가지가지

연산군 6년(1500년)에 어세겸이 사망했다. 세종부터 연산군 때까지 핵심 요직을 두루 거쳐 좌의정에까지 오른 인물이다. 『실록』은 그에 대해 "기개와 도량이 크고 첩을 두지 않았으며 청탁을 하는 일이 없었고 청렴검소하였다"고 칭찬하고 있다. 세평도 "재상감"이라고 일컬었다.

이런 어세겸에게도 별로 자랑스럽지 못한 별명이 있었다. 서울시장 격인 한성판윤으로 있을 때 공무에 열심이지 않아 한낮이 되어서야 관청에 모습을 드러냈기 때문에 '오고당상(午鼓堂上)'이라 불렸다. 정오를 알리는 북소리가 들리고 나서야 출근하는 당상관이라는 뜻이다. 그나마 출근해서도 술을 마시고 학문을 논하는 것이 전부였다고 한다.

그러나 '오고당상'이라고 해서 일을 못한 것은 아니었다. 형조판서로 있을 때 판결을 처리하는 속도가 너무나도 빨라 송사를 지체하는 법이 없었다. 형옥이 지체되면 백성의 원망이 늘어나는 것은 말할 것도 없고 감옥이 가득 차기 때문에 역대 임금들은 늘 형조판서들에게 판결 처리를 신속하게 할 것을 당부하곤 했다.

선조 초기에 관리들의 직무 태만은 도를 넘어섰다. 도승지가 해당 업무를 한 달씩 미루다가 사헌부의 탄핵을 받는가 하면, 이조좌랑 김상용은 개인 업무를 위해 무단 결근하고 충청도를 여행하는 일도 있었다. 임진왜란 중에 직무 태만은 더욱 심했다. 외교 업무를 담당하는 승문원 관리들이 서울로 출사하는 것을 꺼려 정작 승문원 안에서 정상적으로 직무를 보는 사람은 한두 명뿐이었다.

더욱 충격적인 일은 선조 29년(1596년) 1월 29일에 터진 승지들의 직무 유기 사건이다. 사간원에서는 오늘날의 계엄사령부라고 할 수 있는 비변사에서 급히 올린 비밀 보고에 대한 선조의 회답을 사흘이나 묵혀두고 있다가 비변사의 요청을 받고 나서야 뒤늦게 전달한 담당 승지의 파직을 요청했다. 도승지도 함께 책임을 물었다.

선조 때는 사관들의 직무 태만도 만만치 않았다. 선조 30년(1597년), 사헌부에서는 역사 편찬 작업을 위한 기초 자료 정리를 4개월 동안이나 내팽개쳐두었던 사관들에 대한 처벌을 주청했다. 그리고 전쟁이 한창인데도 관리들은 앞 다투어 휴가를 내고 자리를 비우기 일쑤였다. 선조 31년(1598년) 1월에는 선조가 직접 내시들의 근무 태만을 지적하는 비망기를 내리기도 했다. 총체적인 공직 기강 해이가 조선 왕조 500년 내내 계속되었는지도 모른다.

관청이 여관이란 말이더냐?

이 문제에 관해서는 세종이나 숙종이 가장 엄격한 편이었다. 반면 세조는 공신, 정승들과 대낮에도 대궐에서 술을 즐겼기 때문에 가장 관대했다. 특히 숙종은 이 문제에 관한 한 신경질적일 정도로 비판적이 었다. 그것은 숙종이 관리들의 실태를 속속들이 알고 있었기 때문이다. 숙종 15년 11월 21일, 숙종은 비망기를 내려 다음과 같이 비판한다.

"사간원은 임금의 이목(耳目)을 맡은 곳이고 옥당(홍문관)은 논사(論 思)하는 곳인데, 모두 잠깐 들렀다가 나가버리니 무슨 일이 되겠는가? 그나마도 중대사나 큰 시비를 가릴 일이 있어 부르면 그때마다 병이 있 다고 핑계를 댄다. 승정원도 맡은 직책이 중차대한데도 오래되지 않아 편한 자리로 가려고 도모한다."

숙종의 비판은 여기에 그치지 않는다.

"각사(各司)의 관원들이 하는 일 없이 한가로이 세월만 보내면서 관 청에 나와 직무를 보는 것을 여관 드나들 듯하니, 한 사람도 나랏일을 자기 일처럼 하는 경우가 없다."

그래서 숙종은 "앞으로는 모든 관사가 반드시 묘시(오전 7시경)에 출근하여 유시(오후 7시경)에 퇴근하도록 하라. 이를 봉행하지 않는 경우에는 엄중한 문책이 뒤따를 것이다"라고 경고한다. 그러나 숙종 의 이 같은 경고가 집권 말기인 숙종 39년(1713년)까지 계속되는 것으 로 보아 별달리 개선되지 않았던 것으로 보인다.

過猶不及

과유불급 過猶不及

지나친 것은 미치지 못한 것과 같다는 뜻이나 흔히 지나침은 모자람만 못하다고 잘못 쓰이기도 한다. 조선 시대에 과거급제는 개인에게는 매우 영광스러운 일이었으나 이로 인해 곤욕을 치르기도 했다. 신참신고식이 하나의 관례였으나 그 정도가 지나쳐 인간적인 모멸감을 안겨주었을 뿐 아니라 금전적인 부담도 상당하였다. 요즘도 신고식 때문에 불상사가 벌어지기도 하는데, 조선의 신참 관리도 다르지 않았다.

신고식 하느라
집까지 팔았다더라

신참 신고식의 실상

조선 시대에는 문과에 급제하면 종9품직을 받아 관리 생활을 시작했다. 일하게 될 부서를 할당 받게 되면 일단 해당 기관의 선배와 상견례를 해야 했는데, 이를 허참(許參, 허참례)이라 했다. 말 그대로 함께 일하게 된 것을 허락한다는 뜻인데, 그게 처음부터 만만치 않았다. 일종의 '뇌물'을 상납해야 했던 것이다.

바치는 물건이 물고기이면 용(龍)이라 했고, 닭이면 봉(鳳)이라 했다. 또 술이 청주이면 성(聖)이라 했고, 탁주이면 현(賢)이라 했다. 그것으로 끝나지 않고 술이 거나하게 취하면 노래까지 불러야 했다. 조선 초 신참들의 애창곡은 〈한림별곡〉이었다.

그것은 관례가 아니라 법으로 정한 제도였다. 태종 5년(1405년) 1월, 사헌부에서 가장 낮은 직급인 감찰(정6품)로 발령을 받으면 전임자가 상종을 허락한다는 뜻에서 허참을 행하도록 제도화한 것이 다른 기관에도 퍼지게 된 것이다. 이런 제도를 만든 취지는 "신입 관원이 혹시라도 오만할 것을 경계하고 상하의 구별을 엄격하게 하기 위해서였다"고 한다.

대략 열흘간의 상납이 흡족하면 함께 일하는 것을 허락하는데, 그것을 면신(免新)이라고 불렀다. 즉, 신참을 면했다는 뜻이다. 요즘 식으로 하자면 신고식 같은 것인데 문과 급제의 영광을 제대로 누리기도 전에 치르지 않으면 안 되는 혹독한 통과의례였다. 성종 때의 유명한 문신인 성현(成俔)은 문집 『용재총화』에서 면신과 관련된 병폐가 얼마나 심했는지 생생하게 기록하고 있다.

신고식을 안 한 재상은 재상이 아니다

흔히 문과에 급제했을 때 발령을 받게 되는 사관(四館, 성균관, 예문관, 승문관, 교서관)은 말할 것도 없고 충의위나 내금위 같은 무신 사이에서도 허참 제도가 시행되었는데, 폐단이 대단히 심했던 것 같다.

"새로 배속된 사람을 괴롭혀서 여러 가지 귀하고 맛있는 음식을 바치게 하는데 한이 없어, 조금이라도 마음에 들지 않으면 한 달이 지나도 동좌(同坐, 옆자리에 함께 앉아 업무를 볼 수 있도록 해주는 것)를 불허하고, 사람마다 연회를 베풀게 하되 만약 기생과 음악이 없으면 신참과 간접적으로 관계되는 사람에게 책임을 추궁하는 것이 끝이 없다."

이 제도가 시행되던 태종 때도 이미 그런 문제가 생겨난 때문인지 신참의 집안이 넉넉지 않거나 몸에 이상이 있을 경우 과도한 선물을 요구하거나 술을 지나치게 먹이지 말도록 금지 조치를 내리기도 했으

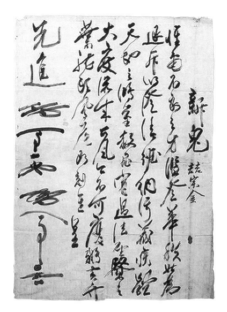

무인 김종철이 무과에 급제한 뒤 선배들 앞에서 행한 면신례에 관한 기록, 화성시 소장. 신참이 그냥 들어올 수 없으니 좋은 술과 맛있는 음식을 바치라는 내용이 요지다.

나 제대로 시행되지 않았다

그런데 허참은 세월이 지나면서 말단 신참뿐 아니라 해당 기관에 새로 부임하는 사람이라면 누구나 해야 하는 통과의례로 바뀌었다. 성종 25년 9월 22일자 『실록』을 보면, 도총관 변종인이 훈련원에서 말단 관리들에게 수모를 당했다며 자신을 처벌해 줄 것을 성종에게 청했다. 실은 관리들을 처벌해 달라는 요구였다. 도총관이면 정2품에 해당하는 높은 직위였다. 오늘날로 치자면 4성 장군 참모총장에 해당한다.

하루는 변종인이 군사 훈련을 위해 훈련원에 앉아 있는데, 훈련원의 종 9품 말단 권지(權知)들이 '허참례를 행하지 않았다'는 이유로 이름을 마구 부르면서 욕까지 해댔다는 것이다. 권지란 오늘날로 치면

〈평생도〉 중 '삼일유가三日遊街', 국립중앙박물관 소장. 과거한 급제한 사람은 사흘 동안 시험관과 선배, 친척 등을 방문하며 인사를 했다. 그러나 선배들과의 만남에는 가혹한 신고식이 기다리고 있었다.

인턴 내지 수습 직원에 해당한다. 종9품밖에 안 되는 권지들이 정 2품 대신을 모욕한 것이다. 성종은 문제의 권지 14명을 직접 불러 연유를 물었다. 그런데 그들의 대답은 너무도 당당했다.

허참례를 행해야 '선생(先生)'이라고 부르는데 그것을 하지 않았으니 이름을 부르는 것은 너무나도 당연하고 오래된 풍습이라고 말하는 것이다. 성종은 그들을 처벌하지는 않았지만 "새로 왔다는 이유로 권지들이 참판까지 지낸 재상의 이름을 부른다는 것은 아무리 옛 풍습이라 하더라도 잘못된 것이니 혁파하라"고 명한다. 권지 14명에 대해서도 처음에는 모두 파직을 명했다가 사간원에서 처벌이 지나치다고 건의하자 모두 복직시켜주었다.

신고식 한 번에 가산 탕진

연산군 때 의정부에서 올린 보고서를 보면 이런 폐단은 더욱 심해져서 심지어 가산을 탕진하고도 동좌하지 못하는 일까지 있었다. 특히 이런 병폐는 육조 중 인사를 책임졌던 이조와 병조가 가장 심했고, 사관 중에서는 예문관이 심했다고 한다. 그래서 과거에 급제하고도 임관(任官)을 포기하는 사람이 있었다.

중종 36년(1541년) 12월 10일의 기록은 눈이 의심스러울 정도다.

"새로 부임하는 문과 급제자를 신래(新來)라 이름 하여 멋대로 침학(侵虐)하기를, 온몸에 진흙을 바르고 온 낯에 오물을 칠하며, 잔치를 차리도록 독촉하여 먹고 마시기를 거리낌 없이 하되, 조금이라도 뜻에 맞지 않으면 그의 몸을 두들겨 패는 등 갖가지 추태를 부리고, 아랫사람을 매질하는데 그 맷독은 이루 말할 수 없습니다. 신래인 사람은 밤낮으로 뛰어다니며 지공에 대응하기 바쁘며, 비천하고 오욕스러워 사람으로서는 할 수 없는 수치스러운 일도 달갑게 여기며 해야 합니다.

가져다 쓰느라 허비하는 물건 값이 수만 냥(兩)이 되는데, 신진(新進)인 빈한한 선비들이 스스로 마련할 길이 없으면 구걸하여 청하기를 서울이고 지방이고 할 것 없이 하여, 오직 눈앞의 급한 대로만 하고 염치를 돌보지 않습니다. 그중에 스스로 마련할 수 없는 사람은 간혹 부유한 장사치의 집에 데릴사위로 들어가 이 일을 의뢰하기도 하니, 몸을 망치고 이름을 떨어뜨리는 짓을 함이 이처럼 심합니다.

또한 침학할 때에는 되도록 가혹하고 각박하게 하여 더러는 겨울철에 물에다 집어넣기도 하고 한더위에 볕을 쪼이기도 하므로 이로 인해 병을 얻어 생명을 잃거나 고칠 수 없는 병에 걸리게 되는 사람이 있기도 하니 폐해가 또한 참혹합니다. 사대부 사이에서 먼저 이런 풍습을 주창했기 때문에 미관말직 및 잡품(雜品)과 군졸(軍卒) 같은 미천한 사람까지도 모두 그렇게 하지 않는 사람이 없고, 심지어 사헌부의 관원도 오히려 세속을 벗어나지 못하고 다투어 서로 본받아 하느라 가산을 모두 탕진하고도 또한 감당해내지 못하여, 더러는 논밭과 노비를 팔고 더러는 집까지 팔게 됩니다."

여기에서 구조적인 부패가 싹텄음은 말할 필요도 없다.

율곡, 신고식을 거부하다

이후 중종이나 명종도 실상을 보고 받고서 여러 차례 혁파를 지시했으나 개선의 기미는 보이지 않았다. 명종 19년(1564년), 문과에 장원급제한 율곡 이이라고 해서 200년 가까운 악습을 피해 갈 수는 없었다. 워낙 자존심이 강하고 거만하기까지 했던 스물아홉의 청년 이이는 승문원에 발령이 났다. 승문원 선배들이 허참례를 요구하자 이이는 단호하게 거부했다. 물론 선배들은 발끈했다. 다른 사람들은 받아들이는데 혼자서 못하겠다고 버티는 이이를 좋게 볼 리 없었다. 그 바람에 한동안 이이는 선배들의 미움을 받아야 했다. 그때의 수모를 잊지 못한 이이는 훗날 선조에게 다시 한 번 이 악습의 폐지를 건의했다.

"대개 호걸의 선비는 (바로 이 허참례 때문에) 오히려 과거를 볼 생각조차 않고 있습니다. 관을 망가트리고 의복을 찢으며 진흙탕 속에서 이리저리 굴려 위엄과 체통을 모두 손상당하고 염치를 버린 다음에야 근무할 수 있도록 한다면, 호걸의 선비로서 누가 세상에 쓰이기를 즐거워하겠습니까?"

그러나 한번 생겨난 악폐는 조금도 수그러들지 않다가 조선이 망하면서 함께 사라지게 된다. 허참례 때문에 겪은 조선 백성의 고통은 말할 것도 없고 국망(國亡)의 원인 중 하나인 관리의 부패가 실은 허참례에 뿌리를 두고 있었다고 해도 과언이 아니다. 허참례를 위해 신참은 감당하기 힘들 만큼 큰 돈을 동원해야 했고, 결국 그것을 갚으려면 부정한 행위 앞에서 약해질 수밖에 없었기 때문이다. 그것은 이미 부패한 길을 걷고 있던 고참들이 내심 바라던 바이기도 했다.

群雄割據

군웅할거 群雄割據

여러 영웅이 한 자리씩 꿰차고 위세를 부린다
는 뜻이다. 폭정은 민심의 이반을 부르고 이
반된 민심은 새로운 지도자를 갈망한다. 영웅
은 늘 기득권층의 부패와 무능을 틈타 등장하
며 그를 둘러싼 무수한 신화가 만들어진다.
실존인물이면서 소설 속 이야기로 널리 알려
진 홍길동은 임금의 폭정을 비판하며 역모를
꾸미고 도적질을 일삼은 인물이다. 폭정은 때
로 도적을 영웅으로 만든다.

홍길동은 시대마다
다시 태어난다

홍길동의 진실 혹은 거짓

신출귀몰(神出鬼沒) 하면 곧바로 연상되는 인물이 홍길동(洪吉童)이다. 지금도 동사무소나 구청에 가서 각종 서류 양식을 작성하려 할 때 표본 서류에서 '홍길동'이라는 이름을 발견하게 된다. 그만큼 한국 사람이라면 가깝게 느끼는 인물인지도 모른다.

사실 이런 홍길동 상(像)은 후대에 만들어진 것이다. 특히 허균이 『홍길동전』을 쓴 이후부터 홍길동은 조선 백성들이 학정(虐政)에 시달릴 때마다 메시아처럼 갈구하는 인물로 마음속에 자리 잡았다.

실록 속 홍길동, 소설 속 홍길동

사실 『실록』에 기록된 홍길동은 소설 속 홍길동과 다르다. 광해군 때 허균은 세종 때를 배경으로 해서 홍길동을 썼지만, 역사 속 홍길동은 연산군 때 인물이다. 신출귀몰했는지는 모르지만 홍길동은 한낱 도적떼의 두목에 불과했다. 폭정이 도적 떼를 낳는다고 했던가? 그러고 보니 임꺽정도 문정왕후와 윤원형의 전횡이 극에 달한 명종 때의 도적이다. 숙종 시대를 폭정기(暴政期)라고 하기는 곤란하지만, 잦은 당파 교체로 지방 수령들에 대한 통제가 약해지면서 백성들에 대한 지방 수령들의 착취가 극에 달했다는 점에서 숙종 때 장길산의 등장 배경을 어느 정도는 이해할 수 있다.

『실록』에서 홍길동이란 이름이 처음으로 등장하는 것은 연산군 6년 10월 22일이다. 영의정 한치형을 비롯한 3정승이 홍길동을 체포했다며 "기쁨을 견딜 수 없다"고 연산군에게 보고했다. 이때 3정승은 홍길동을 '강도'라고 불렀다. 그런데 단순한 강도라면 국왕과 3정승이 이처럼 흥분하며 이야기하지는 않았을 것이다. 조정에서 골치를 앓아야 했던 이유가 있었다.

그것은 다름 아닌 고위 관리 사칭이었다.

"강도 홍길동은 옥(玉) 달린 모자를 쓰고 홍대(紅帶) 차림으로 첨지(僉知)라 자칭하며 대낮에 떼를 지어 무기를 가지고 관공서를 드나들면서 기탄없는 행동을 자행했다."

홍길동을 조사한 한치형의 보고서에 나오는 홍길동의 범죄 행각이다. 중추부첨지면 정3품 당상관에 해당하는 고위직이었다. 홍길동의 활동 무대는 주로 충청도와 한양, 경기도 일대였다.

홍길동의 비호 세력

홍길동 체포로 그의 비호 세력들이 속속 밝혀지게 된다. 그중 대표적인 인물이 엄귀손이었다. 그는 무인 출신의 당상관이었다. 조사 결과 엄귀손은 홍길동이 도적질한 물건을 관리해 주고 집도 사주었다. 조정에서는 논란이 일어났다. 엄귀손의 지원이 적극적인 것이었는지 소극적인 것이었는지가 논란의 핵심이었다.

어세겸 같은 인물은 "엄귀손이 홍길동의 음식물은 받아먹었지만 그것은 인정상 흔하게 있는 일이니 허물할 것은 못 된다"고 했고 한치형을 비롯한 3정승은 엄벌에 처해야 한다고 주장했다. 장 100대와 3,000리 유배 그리고 고신 박탈이었다. 이 형벌은 조선 때 사형 다음가는 중한 처벌이었다.

『실록』만 놓고 본다면 홍길동 사건보다 엄귀손의 홍길동 비호 사건이 더 중요하게 다뤄졌다. 결국 한 달여의 조사 끝에 엄귀손은 유배형에 처해졌다. 당시 연산군은 3정승에게 중요한 질문을 던진다. 어떻게 이런 인물이 당상관에까지 오를 수 있었는가 하는 것이었다.

그 책임은 당연히 3정승에게 있었다. 그들은 "엄귀손이 당상관이 된 것은 군공(軍功)이 있어서이지 조행(操行)으로 된 것은 아닙니다"라고 변명했다. 조행이란 조신한 행실을 뜻한다. 엄귀손은 평안도 병마절도사 아래에서 우후(右候)로 근무한 적이 있는데, 그때 국방의 공을 세웠을 가능성이 있다.

그러나 엄귀손은 품행에 문제가 많은 사람이었다. 동래 현령으로 있을 때는 관물을 마음대로 도용하다가 파면된 일이 있고, 평안도 우후 때도 공물을 훔쳤다가 퇴출되는 등 좋지 못한 이력의 소유자였다. 그게 사실이라면 이런 경우 분명 중앙 조정에서 뇌물을 받아 엄귀손을 비호해 주었을 것이다. 조선 시대 무관의 관직은 대부분 돈과 뇌물로 결정되었다고 해도 과언이 아니었다. 군공보다 뇌물이 엄귀손을 당상의 자리에 올려놓은 것이다. 게다가 원래는 노비와 재산이 없었는데, 홍길동 사건과 관련되어 조사 받을 당시에는 한양과 지방에 집을 여러 채 갖고 있었고 곡식도 4,000석이나 쌓아두고 있었다고 하니 '대도(大盜)' 홍길동 덕택이었다고 봐야 한다.

『실록』에 기록된 홍길동 사건은 여기까지다. 흥미로운 것은 그에 관한 처벌 내용이 전혀 없다는 것이다. 사형을 시켰다면 분명 기록되었을 텐데, 군기시 앞에서 참형에 처했다는 기록은 없다. 아마도 엄귀손에 준하는 형벌로 남쪽 섬에 유배되었을 가능성이 크다. 조정에서도 홍길동 문제보다 엄귀손 문제를 더 중하게 다룬 것을 보더라도 사형에 처해지지는 않은 듯하다.

홍길동은 시대마다 새롭게 태어난다

홍길동의 '증발' 이후 그에 대한 평은 좋지 않았다. 특히 조정 관리들은 누구를 욕할 때 '홍길동 같은 놈'이라고 할 정도였다. 선조 때의 기록을 보면, 조헌이 선조에게 올린 상소에서 홍길동에 대한 언급이 나온다.

"정승을 잘못 골라 풍속이 탁해지고 강상의 윤리가 무너져 이제는 홍길동을 욕하는 사람이 없어졌다."

한마디로 홍길동보다 못한 인물이 정승에 올랐으니 굳이 홍길동을 욕할 일이 없다는 뜻이다.

홍길동에 대한 호불호가 정치 상황에 따라 바뀌고 있었다. 광해군 때 비운의 혁명아 허균이 조선의 계급적 모순을 정면으로 질타하는 국문 소설의 주인공으로 홍길동을 끌어들인 것도 그 때문이다. 소설 속 홍길동은 이조판서와 노비 사이에서 태어난 얼자였다. 실제 홍길동도 비슷한 처지였을 것이지만, 아버지가 이조판서 같은 고위직은 아니었다. 그랬다면 『실록』에 언급이 되었을 것인데 그런 구절은 없다.

오히려 허균의 상상력이 빛나는 대목은 '홍길동 그 후'다. 현실 속 홍길동이 섬으로 유배를 갔다면, 소설 속 홍길동은 체포된 후 병조판서직과 쌀 1,000섬을 하사 받고 남쪽 저도라는 섬에 근거지를 마련한 후 병사들을 훈련시켜 율도국을 공략해 율도국의 왕이 된다는 멋진 상상이다. 지금도 율도국이 실존하는가에 대한 논쟁이 있을 만큼 허균의 상상력은 그럴듯했다.

숙종 때 실학자 이익은 『성호사설』에서 홍길동과 관련된 아주 의미심장한 기록을 남겼다. 옛날에 홍길동이라는 도적이 주로 보부상을 습격해 보부상들이 홍길동이라는 이름 자체를 극도로 싫어하였는데, 지금은 보부상들이 맹세할 때 홍길동의 이름을 걸고 한다는 것이었다. 이익은 조선의 3대 도적으로 연산군 때의 홍길동, 명종 때의 임꺽정, 숙종 때의 장길산을 꼽았다. 홍길동은 조선 때 허균을 만나, 임꺽정은 일제 강점기에 홍명희를 만나, 그리고 장길산은 오늘날 황석영을 만나 되살아났다. 또한 이들이 작품화된 시기에 주목할 필요가 있다.

허균은 광해군 때의 폭정을 비판하며 역모를 꾸미다가 불행한 최후를 맞은 인물이다. 일제 강점기는 말할 것도 없이 조선인의 입장에서는 폭정의 시기였으며, 황석영이 『장길산』을 쓴 것도 군사 정권이라는 폭정의 시대였다. 폭정은 평범한 백성을 도적 떼로 만들 뿐만 아니라 도적을 영웅으로 재탄생시키기도 하는 것이다.

良藥苦口

양약고구 良藥苦口

좋은 약은 입에 쓰다는 뜻. 정곡을 찌르는 충
고는 귀에 거슬린다는 말로, 『사기(史記)』에
있다. 조선의 환관 중 김처선은 매우 독특한
인물이다. 무려 일곱 임금을 모셨기 때문이
다. 이 가운데는 연산군도 있었다. 어느 날 그
는 몹시 취해 연산군을 꾸짖었고 이로 인해
사지가 잘린 채 죽음을 당했다. 바른 말을 한
것은 맞으나 취중에 한 이 행동을 마냥 치하
할 수만도 없다.

환관 김처선을
석방하라

조선 초의 환관 김처선(金處善)의 이야기를 극화한 드라마 〈왕과 나〉를 방영한 적이 있다. 영화 〈왕의 남자〉에서 배우 장항선이 연기했던 바로 그 환관이다. 결론부터 말하면 사극용 인물로는 대단히 성공적인 선택으로 보인다. 실제 김처선의 행적도 흥미진진한 데다가 세종 말년부터 연산군 때까지 파란만장했던 시기를 살았던 인물이기 때문이다.

김처선을 석방하라

『실록』에 김처선이 처음 등장하는 것은 단종 1년(1453년) 10월 13일자다.

"경상도 영해에 귀양 가 있던 김처선을 석방하라."

이때는 수양대군과 한명회, 권람 등이 계유정난을 일으킨 직후였다. 이를 통해 볼 때 김처선은 김종서 등과는 반대편에 섰던 인물로 보인다. 4개월 후인 단종 2년 2월 19일, 김처선은 고신을 돌려받아 환관으로 복귀했다.

1년 후인 단종 3년 2월 27일, 김처선은 수양의 동생 금성대군 이유가 단종 복위 운동을 펼친 데 참여했다가 발각돼 고신을 빼앗기고 고향인 전의(全義)의 관노로 전락한다. 그러나 처형당하지 않은 것을 보면 그리 열성적인 가담자는 아니었던 듯하다. 이때만 해도 환관 중에서는 세종의 총애를 받은 엄자치가 가장 유명했다. 이후 계유정난에 참여해 공신에 책록됐던 엄자치는 단종 복위 운동을 펼치며 사육신과 같은 길을 걷다가 세조에 의해 죽는다.

김처선은 2년 후인 세조 3년(1457년) 8월 18일에 세조의 특명으로 관노의 신분에서 벗어났고, 세조 6년 5월 25일에는 뒤늦게 원종공신 3등에 책록된다. 큰 공은 아니지만 계유정난에 기여했다는 사실을 알 수 있다. 그러나 세조와 김처선은 서로 궁합이 맞지 않았던 것 같다. 제대로 시중을 들지 못했다는 이유로 여러 차례 국문당하거나 곤장을 맞았다는 기록이 나온다. 특히 세조 11년에는 희한한 사건에 연루돼 목숨을 잃을 뻔했다. 덕중(德中)이라는 궁녀가 세종의 아들인 임영대군 이영의 아들 구성군 이준을 남몰래 흠모했는데, 환관 최호와 김중호를 통해 한글로 된 연서(戀書)를 보냈다가 임영대군과 구성군의 밀고로 발각된 일이 있었다. 이로 인해 덕중은 말할 것도 없고 최호와 김중호까지 사형당했다. 이때 김처선도 간접적으로 연루된 듯하다. 그러나 죄가 중하지는 않았는지 세조는 용서해 주겠다고 말한다.

성종이 본격적으로 친정(親政)을 시작한 성종 8년(1477년), 김처선이라는 이름이 『실록』에 다시 등장한다. 이때부터 김처선은 왕명을 비밀리에 받드는 중책을 주로 맡았다. 김처선은 품계가 계속 올라 자헌대부에까지 올랐다. 자헌대부는 정2품에 해당하는 대단히 높은 관작이다. 성종 25년 성종이 승하했을 때, 김처선은 내시 중에서는 최고위직인 시릉내시를 맡았다. 시릉내시란 왕의 무덤을 돌보는 내시로 성종에게서 무한한 총애를 받았음을 간접적으로 보여준다. 김처선은 무려 세종, 문종, 단종, 세조, 예종, 성종 등 여섯 임금을 모셨다. 그러다가 김처선은 어려서부터 성장 과정을 지켜보았던 연산군을 모시게 된다.

연산군을 꾸짖다

연산군이 폭군이 되는 것은 대략 재위 10년을 넘기면서부터였다. 그 때문인지 10년간 김처선에 관한 이렇다 할 기록이 없다가 연산군 10년 7월 16일, 연산군이 "내관 김처선을 하옥하라"는 명을 내렸다는 기록이 나온다.

"김처선은 무례한 일이 있었으므로 죄를 주어야 하나 도설리가 없으니 우선 장 100대로 대신하라."

도설리(都薛里)란 내시부 소속으로, 궁궐의 음식을 맡아보던 설리를 관리 감독하는 우두머리를 뜻한다. 중벌을 범했으나 일단 궁궐의 음식을 주관해야 하니 곤장 100대로 대신하겠다는 뜻이다.

정확히 김처선의 '무례'가 어떤 행위를 말하는지는 전하지 않는다. 그러나 맥락으로 볼 때 광기를 보이기 시작하던 연산군에게 직언을 했던 것으로 보인다. 그만큼 김처선이 임금을 가까이에서 보살펴야 하는 본분에 충직했다는 뜻일 수 있다. 그로부터 9개월이 지난 연산군

11년(1505년) 4월 1일, "환관 김처선을 궐내에서 죽이고 아울러 그의 양자 이공신도 죽였다"는 짤막한 문장이 나온다. 무슨 일인지 모르지만 김처선은 폭군 연산군의 미움을 사 죽게 된 것이다. 거기서 그치지 않고 연산군이 내린 가혹한 후속 조치들을 보면 김처선은 죽기를 각오하고 연산군의 광폭한 행동에 제동을 걸려 했음이 분명하다.

다행스럽게 죽게 된 이유와 관련해 딱 한 줄 언급된다.

"술에 몹시 취해 임금을 꾸짖었다."

그 대가는 컸다. 왕이 직접 그의 팔다리를 자르고 활을 쏘아 죽였다. 그 후 가산을 몰수당했고 고향인 전의도 지도상에서 사라졌다. 7촌까지의 친척도 죽음을 면치 못했다.

김처선을 죽인 연산군은 이틀 후 '어제시'까지 지었다. 그중에 자신이 김처선에게 당한 봉변은 "바닷물에 씻어도 한이 남으리"라고 썼다. 그런 광기는 6월 16일에 "관리와 무신 중에 김처선과 이름이 같은 자는 모두 고치도록 하라"는 명에서 더욱 심해지고 있었다. 7월 14일에는 절기를 나타내는 처서(處暑)에도 김처선의 처(處) 자가 있다는 이유로 조서(徂暑)로 바꿔 부르도록 명했다. 술을 먹고 자신에게 직간한 김처선을 생각할수록 분노가 치솟았기 때문이다.

7월 19일에는 모든 문서에서 '처(處)' 자를 쓰지 말 것을 명했다. 선(善) 자는 워낙 많이 쓰기 때문에 어쩔 수 없이 처 자만 쓰지 못하게 했는지도 모른다. 실제로 그해 12월, 오늘날의 국무총리 비서실장에 해당하는 사인(舍人) 성몽정이 문서에 처(處) 자를 썼다는 이유로 잡혀 와 국문을 당했다. 다행히 그 글자를 쓴 때가 7월 19일 이전이라는 사실이 밝혀지는 바람에 목숨을 구할 수 있었다. 성담년의 아들인 성몽정은 이 일로 벼슬에서 물러났다가 중종반정(1506년)에 참여하여 정국공신 4등에 책록되었고 훗날 대사헌에까지 오른다.

연산군은 생각할수록 김처선에 대한 분노를 참을 수 없었던 것 같다. 이듬해인 연산군 12년 3월 12일, 연산군은 "김처선의 집을 흔적도 없이 파내고 그곳에 못을 만들고 그의 죄명을 바윗돌에 새겨 땅속에 파묻어라!"라고 명했다. 그러나 그해 9월, 연산군은 반정으로 왕위에서 내쫓겼다. 그리고 중종이 즉위했다.

취중진담인가, 주사인가

그해 11월 24일, 사헌부 헌납 강중진이 글을 올려 "모두가 폐주에게 아부하고 아첨할 때 김처선 홀로 직언하다가 죽었으니 포상해야 합니다"라고 했으나 중종은 허락하지 않았다. 중종은 왜 김처선의 '복권'과 명예 회복에 반대한 것일까? 중종 7년(1512년) 12월 4일, 『삼강행실』 속편을 편찬하던 찬집청에서 김처선의 사례를 속편에 포함시킬 것인지 묻자 중종은 이렇게 답한다.

"김처선은 바른말을 하려 했다기보다는 술에 취해 실언한 것이기 때문에 수록할 필요가 없다."

김처선의 명예 회복은 250년이 지난 영조 27년(1751년) 2월 3일, 영조에 의해 이뤄진다. 영조는 이날 "내관 김처선이 충간(忠諫)을 하다가 죽게 됐다는 것은 아주 익숙히 들었다"며 "정문(旌門)을 세워 그의 뜻을 기리도록 하라"고 명한다. 김처선은 내시나 환관에 대한 편견을 바로잡을 만한 인물이다.

촌철살인 寸鐵殺人

한 치의 쇠붙이로 사람을 죽인다는 뜻. 짧은
한마디의 말로 사건의 정곡을 찌르는 것을 말
하며, 『학림옥로(鶴林玉露)』에 있다. 환관 이
봉정은 남다른 재주로 선조의 남다른 총애를
받아 상당한 벼슬까지 누린 인물이나 환관이
라는 신분 때문에 여기저기서 눈총을 받았다.
하지만 그는 단순히 왕의 세에 기대어 출세를
지향한 인물만은 아니었다. 때로는 바른말을
통해 왕의 잘못을 지적할 줄도 알았다.

게으르니
어찌 살이 찌지 않겠습니까

왕과 국사를 논한 환관

조선에서 직계가 아닌 방계, 그것도 손자로서 처음으로 왕위에 오른 인물은 16세의 선조(宣祖)다. 그가 왕으로서 가장 먼저 취한 조처는 환관의 수를 절반으로 술이는 것이있다. 명종 때 환관 박한종(朴漢宗)의 횡포에 진절머리가 나 있던 조정 신하는 선조의 이 같은 조치에 "성군이 될 자질이 있다"며 환영의 뜻을 보였다.

환관으로 1품 공신에 오른 박한종

중종 39년(1544년) 10월 26일, 중종은 중병을 앓고 있었다. 이때 중종의 병환을 구완했던 사람이 드라마 〈대장금〉의 주인공으로 유명한 여의(女醫) 장금이었다. 그리고 어전 문 밖에서 상황을 통제했던 인물이 승전색 박한종이다. 승전색은 내시 중에서도 특히 왕의 사사로운 명령을 전하는 중책이었다. 박한종은 중종 말년부터 총애 받는 내시였다는 뜻이다. 한 달 후 중종이 세상을 떠나고 병약한 인종이 보위에 올랐다.

이때 인종의 외삼촌인 대윤 윤임 세력과 훗날 왕위에 오르게 되는 명종의 외가 소윤 세력 간의 권력 암투가 극에 달해 있었다. 인종은 왕위에 오른 지 얼마 안 돼 몸져눕는다. 가장 가까이에서 인종의 병세를 살필 수 있었던 승전색 박한종은 그 중요한 정보를 수시로 기회를 노리고 있던 문정왕후(대비) 측에 제공했을 것이다. 그가 명종의 즉위와 더불어 내시로서는 드물게 공신의 지위에 오르게 되는 것으로 미루어 보아 짐작할 수 있다. 게다가 원래 환관은 종2품까지밖에 오르지 못하는데, 그는 세자를 보양한 공까지 더해져 종1품을 제수 받는다. 그 때문에 인종 독살설이 제기되고 거기에 박한종이 깊이 연루됐을 가능성이 줄곧 제기된 것이다.

박한종의 횡포는 문정왕후의 비호 하에 더욱 심해진다. 뇌물수수와 매관매직에 박한종의 이름이 거론되지 않는 적이 없었다. 급기야 사적인 영역뿐 아니라 궁궐 공사와 같은 공적인 영역에까지 의견을 내면서 권력을 키워갔다. 보다 못한 조정 관리들이 비판하자 대비는 오히려 박한종을 감싸며 관리들을 나무랐다. 오죽하면 『명종실록』 곳곳에서 사관들이 "재상 진복창, 내시 박한종, 승려 보우 중에 한 사람만 있어도 나라가 족히 망하는데, 3인이 한꺼번에 출현하였다"고 비판했겠는가?

박한종은 운 좋게도 명종 18년(1563년)에 세상을 떠났다. 아직 문정왕후 세력에 힘이 있을 때였다. 조금 더 살았으면 조정 신하들의 탄핵을 받아 사형을 당하거나 극변으로 유배 갔을 것이다.

왕과 국사를 논하다

이 같은 박한종의 횡포로 인하여 선조 초 신하들은 환관을 더욱 부정적으로 여길 수밖에 없었다. 그런데 집권 초 노회한 대신과 날이 곤두선 신진 사림에 포위되다시피 한 선조로서는 임금이라는 자리가 피곤했다. 이런 경우 국왕은 환관의 달콤한 입놀림이나 후궁의 요염한 몸놀림에 현혹되기 십상이다. 선조라고 예외는 아니었을 것이다. 안으로 학문을 익혀 밖으로 왕도 정치를 펴는 성군이 되겠다는 꿈도 일상의 피곤 앞에서 쉽게 허물어지곤 했다.

정치의 주도권을 장악해가던 선조 17년(1584년) 3월 11일에 선조는 이조에 명을 내려 "현재 당상관의 환관은 모두 늙고 용렬하여 쓸 데가 없으니 새로 젊은 환관을 승진시켜 내시부의 체계를 갖추고자 한다"고 말한다. 마음에 드는 환관이 있었기 때문일 것이다. 이어 상약(尙藥, 내시부 종3품직) 이봉정(李奉貞)을 정3품 당상관으로 승진시키라고 명했다. 사헌부에서는 특별한 공도 없이 환관을 승진시키는 것은 잘못이라며 상소를 올렸지만, 선조는 "나는 환관이나 총애하는 그런 군주가 아니다"라며 제론을 금했다.

훗날 밝혀진 일이지만, 선조가 의주로 파천하면서 왜적을 막을 방법을 고민하자 곁에서 명나라 황제에게 원병을 청해야 한다는 아이디어를 낸 것이 바로 이봉정이었다. 결과적으로는 나라를 위기에서 구한 셈이지만, 사실 환관의 국사 참여를 엄격하게 금하고 있던 조선에서는 큰 문제가 될 수도 있는 사안이었다.

전쟁 중이기는 하지만 선조는 임진왜란이 한창이던 선조 27년(1594년) 10월 17일에 이봉정을 수원 근처 군부대인 독성진으로 파견하여 병사의 무재(武才)를 시험하고 상벌을 내릴 것을 명하기도 했다. 하고 많은 조정 인재 중에서 환관을, 그것도 무장을 시험하는 데 보냈다는 것은 어찌 보면 무신을 깔보는 행위일 수 있었다. 그만큼 이봉정이 선조로부터 받은 총애가 대단했다는 뜻이기도 하다.

최고 권력자의 지나친 총애는 폐단을 낳기 마련이다. 선조 29년 9월 9일, 선조는 이봉정을 조사하라고 의금부에 명한다. 선조를 모시던 내관 이봉정을 세자궁을 책임지는 장번(長番) 내관으로 임명하자 병을 핑계로 사표를 제출했다는 죄목이었다. 좌천에 대한 일종의 항명이었다. 선조가 직접 여러 차례에 걸쳐 사표 철회를 명했으나 듣지 않았다. 이에 선조는 "그의 오만하고 방자한 짓이 매우 놀랍다"며 조사할 것을 지시했다.

그러나 이런 경우 십중팔구 정말 고문하기보다는 겁만 주려는 의도가 강했다. 여러 이유가 있겠지만 환관은 국왕과 왕실의 기밀 사항들을 너무 많이 알고 있는 데다가 조정 관리처럼 교체할 만한 인력이 많지도 않기 때문이다. 이때도 예외는 아니었다. 이틀 후 사간원에서 이봉정을 하옥해 본격적으로 고문해야 한다고 말하자 오히려 선조는 감옥에까지 넣어 조사할 필요는 없다고 말린다. 해프닝으로 끝난 것이다. 당시 이봉정의 직위는 행 상선(尙膳)으로 내시 중에서는 최고위직이었다. 원래 상선은 종2품직인데 정3품인 이봉정이 그 직위를 맡게 되면서 '행' 자가 붙은 것이다. 요즘 식으로 하자면 '부장 대우'에 해당하는 것이다.

환시를 공신의 반열에 올릴 수 있는가

임진왜란이 끝나고 선조 36년(1603년) 2월이 되면 전란 중에 공이 있는 사람에게 공신을 녹훈하는 문제가 본격화된다. 크게는 두 가지였다. 하나는 선조가 의주까지 파천할 때 가까이에서 모신 사람에게 내리는 호종공신이었고, 또 하나는 무공을 세운 선무공신이었다. 참고로 선무공신 1등은 권율, 이순신, 원균이었다.

이봉정의 경우 평양까지는 호종했지만 중간에 떨어졌다가 용천에서 다시 호종했으므로 처음부터 끝까지 호종한 사람에 비하면 공이 별로 크지 않으니 강등할 것을 명했다. 즉, 4등 공신에도 들지 못하고 공신 후보에 해당하는 원종공신에만 이름이 들어갔다.

그러나 그사이에 이봉정의 강력한 '로비'가 있었던 것 같다. 물론 선조에게 직접 어필했을 것이다. 그해 6월 26일, 원래는 선무공신 2등으로 돼 있던 원균을 1등 공신으로 조정하면서 선조는 이봉정의 문제를 직접 언급한다. 그가 평양에서 잠시 자리를 비웠던 것은 부친상을 당하여 고향인 용천에 갔다가 다시 용천에서 재합류한 것이니 사사로이 자리를 비운 것이라고 할 수 없다며 4등 공신에 넣을 것을 명했다. 후보 공신에서 다시 정공신이 된 것이다.

그런데 이번에는 신하의 반발이 만만치 않았다. 당시의 공신 등급 분류는 지나치게 선조 개인의 호불호에 따라 정해졌다. 원균이 이순신과 같은 1등으로 분류된 것도 전형적인 사례다. 이봉정의 호종공신 4등 책록에 대한 신하의 거센 반발에 선조도 신경질적으로 반응한다.

"사실 이봉정은 환관이기 때문에 내가 드러내놓고 말하지 않으려 했는데, 당신들의 반대가 이처럼 심하니 실상을 이야기하지 않을 수 없다."

그러면서 털어놓은 선조의 이야기는 충격적이었다. 명나라에 청병하는 안은 원래 비변사에서 나온 것이 아니며, 이봉정이 곁에서 적극적으로 자신을 설득하는 바람에 결단을 내릴 수 있었다는 것이다.

"그의 이러한 공을 어찌 환시(宦寺)라고 해서 소홀히 할 수 있겠는가. 이 경우는 2~3등에 녹훈하더라도 지나치지 않을 것이다."

신하의 입장에서는 억장이 무너지는 발언이었다. 국가 대사를 비변사라는 공식 기구가 아니라 대전(大殿)의 내시와 함께 결정했다는 이야기가 아닌가? 사실 선조로서는 끝까지 숨기고 싶었을 것이다. 선조는 "당초에 '주선하느라 수고했다'고 이봉정의 공을 얼버무린 것도 실은 그가 내시여서 드러내놓고 싶지 않아 그랬던 것"이라고 말한다. 신하들로서도 물러설 수 없는 문제였다. 결국 이봉정은 다시 4등 공신에서 원종공신으로 강등되고 만다.

왜 그리 뚱뚱하냐?

그러나 이봉정은 박한종과는 다른 류의 내시였다. 바른말을 할 줄도 알았다. 광해군 초에 광해군이 경연이나 결재 업무를 소홀히 했다. 한번은 광해군이 곁에 있던 이봉정에게 "너는 왜 그리 뚱뚱하냐?"며 면박을 줬다. 그에 대한 이봉정의 대답이 걸작이다.

"소신이 선왕을 모실 때 선왕께서는 공사청(公事廳)에 납시어 온갖 일을 열심히 재결하시었기에 항상 옆에서 모시느라 낮에는 밥 먹을 겨를이 없었고 밤에는 편히 잠을 못 잤습니다. 그런데 지금은 전하께서 공사청에 납시는 때가 없으므로 소신은 종일 태평하게 쉬고 밤에도 편안하게 잠을 자기 때문에 고달픈 일이 없으니 어찌 살이 찌지 않겠습니까?"

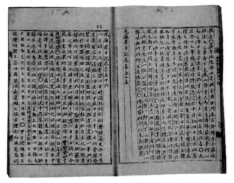

『광해군일기』. 광해군의 재임 시절을 기록한 것으로 인조 2년에 편찬되었다. 폐위되었으므로 '일기'라고 했다.

이에 대해 광해군이 어떤 반응을 보였는지는 『실록』에 아무런 언급이 없다. 다만 사관들이 군이 환관의 이런 언급을 『실록』에 반영한 것은 이봉정의 풍자적 언급을 통쾌하게 여겼기 때문일 것이다.

그래서인지는 모르지만 광해군과 환관 이봉정의 '궁합'은 그다지 좋지 않았다. 광해군 5년, 이봉정은 공물 유용 사건에 연루돼 추국을 받고 파직당한다.

이봉정은 선조를 가까이에서 모셨기 때문에 명필로 소문났던 선조의 어필을 많이 갖고 있었다. 훗날 인조 때 선조의 어필을 가져오면 6품의 관직을 주기도 했는데, 인조 26년(1648년) 윤 3월 17일에는 이봉정의 양아들 이물이 이 소식을 듣고서 선조가 부채에 직접 짓고 쓴 7언 율시 한 편을 들고 온다.

이미 그전에 정광후란 인물이 선조의 어필을 바치고 6품직을 받은바 있었다. 이물이 들고 온 부채 어필은 임진왜란 중 해주에 머물며 왕자들을 모시고 있던 이봉정이 한양에 잠시 왔을 때 선조가 써준 시였다. 이물은 이 어필 부채 하나 덕에 하루아침에 문과 장원급제자가 처음 맡게 되는 정6품직을 받을 수 있었다. 조선 시대에 그 어렵다는

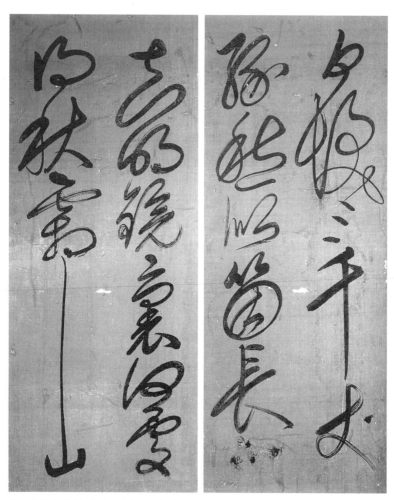

선조가 쓴 오언절구, 속리산 법주사 소장. 유려한 그의 필력을 엿볼 수 있다.

문과에 급제하고서 장원이 아닐 경우 처음으로 받은 직위가 9품이었으니, 부채의 어필 하나가 문과 급제보다 위력적이었던 셈이다.

이봉정의 사례는 선조와 광해군을 어떻게 볼 것인가 하는 면에서 중요한 단서를 던진다. 적어도 이봉정은 국왕의 총애를 등에 업고 불법과 폭정을 행한 환관은 아니다. 국왕의 명을 충실하게 수행한 신하의 한 사람이었을 뿐이다. 그의 눈에 비친 광해군은 우리가 흔히 뒤집어보려는(혹은 재평가하려는) 광해군의 모습과는 확연히 다른, 게으른 임금일 뿐이다. 그래야 권력을 빼앗긴 임금이라는 실상과도 부합한다.

참고로 광해군은 청나라의 발흥을 일찍부터 주목하고 청나라와 명나라와의 사이에서 중립 외교를 펼치려 했다는 이유로 재평가해야 한다며 학계와 지식인 사회 일부에서 주장한다. 그러나 일찍부터 청나라의 발흥을 주목하고 경계한 이는 광해군이 아니라 그의 아버지 선조다.

선조는 이미 임진왜란 중이던 선조 29년 1월에 명나라 요동 지방 책임자인 요동도지휘사에게 외교 서신을 보내 누르하치가 조선을 침략할 의도가 있으니 배후에서 견제해 줄 것을 요청한 바 있다. 3년 후에는 점차 강성해지던 누르하치를 선제하여 공격하는 문제가 조정에서 깊이 논의됐으나, 왜란이 수습되지도 않은 상태에서 다시 북벌을 추진한다는 것은 무리라고 판단한 선조는 일단 북벌 준비를 중단시킨다. 이처럼 이미 선조 때부터 누르하치 문제는 조정의 중대사였다. 다만 선조가 장기적인 대비책을 세우지 못했다는 아쉬움이 남는다.

가정맹호 苛政猛虎

가혹한 정치는 호랑이보다 더 사납다는 뜻으로, 백성을 돌아보지 않은 정치의 무지막지함을 비유한 말이다. 『예기(禮記)』에 있다. 명종 때 등장한 임꺽정은 분명 도적이었으나 백성들의 지지를 받았다. 그것은 당시 민생을 돌보지 않은 조정에 대한 백성들의 분노의 표현에 다름 아니었다.

하소연할 곳이라고는
임꺽정밖에 없다

왕도 두려워한 의적

　명종 14년(1559년) 3월 27일, 영의정 상진, 좌의정 안현, 우의정 이준경, 중추부 영사 윤원형 등 당대 최고 실권자 네 명이 머리를 맞대고 황해도 일대를 휩쓰는 도적 떼에 대한 대책 마련에 나섰다. 도적의 우두머리는 임꺽정이라는 자로, 개성부 포도관 이억근이 군사 20여 명을 이끌고 습격했다가 화살 일곱 발을 맞고 사망한 데 따른 후속 조치를 논의하기 위한 자리였다. 임꺽정과 관련한 최초의 『실록』 기록이다.

　명종은 그 이름과 달리 암군(暗君)이어서, 어머니 문정왕후와 외삼촌 윤원형에게 휘둘려 이렇다 할 왕권을 행사해 본 적이 없는 군왕이다. 게다가 불과 4년 전에는 호남의 상당 지역이 왜구에게 점령당하는 을묘왜변을 겪기도 했다. 말 그대로 내우외환에 시달려야 했던 혼군(昏君)이었던 것이다. 폭정이 도적을 부른다는 격언이 이때에도 딱 들어맞는다. 명종의 정치가 임꺽정이라는 인물을 만들어낸 것이다.

임꺽정의 실체

우리에게는 홍명희의 대하소설로 친숙한 '임꺽정'의 실체는 어땠을까? 홍길동에 비하면 픽션 속 임꺽정은 실제 임꺽정과 상당히 비슷하다. 홍명희가 한문 원문으로 『실록』을 보았기 때문에 가능했을 것이다.

임꺽정은 백정 출신이었지만 힘만 센 것이 아니라 리더십이 있었다. 그의 무리에는 상인, 장인, 아전 등이 두루 포함돼 있었고, 지략가들도 있었다. 단순한 도적이 아니어서, 관을 상대로 잦은 전투를 벌여 이미 조정에 등을 돌리고 있던 민심을 얻는 데도 많은 공을 들였다. 2년 이상 경기도, 황해도, 강원도 일대를 누비며 관군에 맞서 조직을 유지했다는 것만으로도 당시 임꺽정이 전개했던 전략과 전술이 만만치 않았음을 알 수 있다. 홍길동과는 비교도 안 되는 수준이었다.

조정의 논의가 있은 후에도 임꺽정 무리에 대한 소탕 작전은 순조롭지 못했다. 폭정이 심해질수록 민심은 임꺽정이 붙잡히지 않고 관군을 더 괴롭혀주기를 바랐다. 임꺽정은 의적(義賊)이 되어 있었다.

해가 바뀌어 명종 15년(1560년) 11월 24일에 포도대장 김순고가 급보를 올렸다. 임꺽정 수하에 있는 서임이라는 자가 엄가이라는 가명으로 숭례문 밖에 산다는 첩보를 입수해 서임을 체포하는 데 성공했다는 보고였다.

서임을 조사한 결과, 두 달 전에 이미 체포되어 있던 임꺽정의 처를 구출하려고 작전을 펼친 장본인이 서임을 비롯한 임꺽정 패거리였음이 드러났다. 게다가 임꺽정 진영에서 적극적인 소탕 작전을 전개한 봉산군수 이흠례를 살해하려 했다는 계획까지 털어놓았다. 이흠례가 신계군수로 있을 때 자신들이 입은 피해가 컸기 때문에 그를 죽여 자신들의 위용을 과시하려 했다는 것이다. 이것만 보더라도 임꺽정은 단순한 도적 떼가 아니었으며, 관군을 희롱할 만큼 막강한 세력을 형성하고 있었다.

조정으로서는 여간 골칫거리가 아니었다. 다행스럽게도 그해 12월 28일, 황해도 순경사 이사증이 도적의 괴수 임꺽정을 체포했다는 장계를 올렸다. 그러나 불과 며칠 후 이사증이 사로잡은 인물은 임꺽정이 아니라 그의 수하에 있던 가도치라는 인물로 드러났다. 이사증이 공을 세우기 위해 고문 등으로 협박을 가해 조서를 위조한 것이다.

붙잡힌 인물이 임꺽정이 아니라 가도치였다는 사실은 서임과의 대질신문에서 드러났다. 서임은 그가 임꺽정이 아니라 그의 형인 가도치라고 털어놓은 것이다. 결국 이사증은 중벌을 받았다.

'진짜' 임꺽정이 체포된 것은 그로부터 9개월여가 지난 명종 16년 9월 7일이었다. 의주목사 이수철이 임꺽정과 그 일당을 체포했다고 평안도 관찰사 이양을 통해 보고를 올린 것이다. 이수철이 받아낸 임꺽정의 공초 내용에 따르면 이미 중앙이나 지방에서 그를 도운 사람이 한둘이 아니었다. 당시 임꺽정은 "우리 패거리 가운데 한 명은 승정원에 파고들어야 한다"고 말할 정도로 치밀한 정보전을 펼치려 했다.

임꺽정이 한양으로 붙잡혀 온 것은 9월 21일이었다. 그런데 임꺽정의 조사를 맡았던 추관들이 보고하기를, 이자도 임꺽정이 아니라 윤희정이라는 인물로 해주의 군인으로 의주에서 변경 방비를 하다가 붙들려 왔다는 것이었다. 조정은 두 번째로 기만당했다.

임금의 분노

임꺽정에 대한 명종의 분노는 더욱 커져갔다. 윤희정이라는 인물을 사형에 처한 것도 그 같은 분노의 일단이었다. 명종은 일개 도적을 "국가에 대한 중대한 반역자"라고 부르고 있었다. 조정 관리들은 좌불

안석이었다. 임꺽정을 체포하지 않고서는 아무 일도 할 수 없는 분위기였다.

임꺽정이 체포되는 것은 다시 해가 바뀌어 명종 17년(1561년) 1월 3일이었다. 중앙 조정에서 황해도 토포사로 남치근을 임명해 임꺽정을 잡아들이도록 특명을 내린 지 2개월여가 지나서였다. 당시 좌의정 이준경이 "수도의 장수 중에서 위망과 지략이 있는 자를 보내 군세고 용맹스러운 자들을 뽑아 거느리게 하고, 또 황해도의 군대를 동원하여 그중에서 도적의 실정을 잘 아는 자를 나누어 배정하도록 해 토벌에 나서야 한다"고 건의해 명종이 그대로 받아들인 것이다. 『실록』을 쓴 사관조차 "좀도둑 때문에 장수를 보내고 군대를 일으키는 일을 논하니 조정에 기강이 없음을 알 수 있다"고 혹평할 정도였다.

명종의 불안감이 그만큼 컸다는 뜻이기도 하다. 이준경과 남치근, 두 사람은 을묘왜변을 성공적으로 극복한 투 톱(two top)이기도 했다. 남치근은 당대의 유명한 무장이다. 이 작전은 황해도 일대의 모든 군사가 총동원된, 말 그대로 총력전이었다.

처음에는 경기도, 강원도, 평안도, 함경도에서도 동시에 군대를 일으켜 황해도 밖으로 나가는 모든 장정을 수색했다. 황해도 밖으로 단 한 명의 도적도 나가게 해서는 안 된다는 취지였다. 이후 남치근은 황해도 초토화 작전에 들어갔다. 하늘을 찌르던 임꺽정 무리의 사기도 마침내 꺾이기 시작했다. 투항이 이어졌고 임꺽정 무리는 급격하게 무너져 내렸다. 마침내 임꺽정은 구월산으로 들어가 최후의 항전을 펼친다.

이 과정에서 황해도의 백성들이 겪어야 했던 정신적, 물질적 고통은 이루 말할 수 없을 정도였다. 병사들의 식량을 공짜로 제공해야 하는 것은 말할 것도 없고 구타와 약탈이 일어났다. 오죽하면 『실록』에

"한 개 도가 텅 비었다"고 했을까.

결국 임꺽정은 관군에 체포되어 처형당했다. 임꺽정 소탕 작전의 1등 공신은 서임이었다. 그가 남치근의 길잡이 역할을 한 것이다.

임꺽정의 체포 및 처형이 끝난 지 열흘 후 조정에서는 서임의 처리 문제가 쟁점으로 떠오른다. 소탕 작전의 공을 인정할 것인지, 도적의 무리이므로 화근을 없애는 차원에서 처형해야 할지 조정 대신들 사이에 의견이 갈린 것이다. 결론은 서임을 포도청에 귀속시키되, 포도대장의 철저한 지도 감독을 받도록 하는 것이었다. 이후 서임이 어떤 삶을 살았는지는 알 수 없다.

당시 임꺽정 사건을 기록한 사관은 이런 평을 남겼다.

"도적이 성행하는 것은 수령의 가렴주구 탓이며, 수령의 가렴주구는 재상이 청렴하지 못한 탓이다. 곤궁한 백성은 하소연할 곳이 없으니 도적이 되지 않으면 살아갈 길이 없는 형편이다."

咄咄怪事

돌돌괴사 咄咄怪事

참으로 괴상한 일이라는 뜻으로, 이제까지 경험해 보지 못한 특이한 일이 발생했을 때 놀라움을 표현한 말이다. 중국과 일본 외에 외부 접촉이 거의 전무했던 조선에서 서양인의 등장은 대낮에 귀신을 만난 것만큼이나 놀랍고 괴이한 일이었을 것이다. 더구나 그 서양인이 흑인이었다면 어땠을까.

선조,
흑인을 만나다

국왕의 흑인 접견기

2007년 9월 14일, 경상남도 통영시 산양읍 삼덕항에서는 칼로스 프로타 주한 포르투갈 대사 일행이 참석한 가운데 조촐한 제막식이 열렸다. 주앙 멘데스(João Mendes)라는 인물을 기념하기 위해서였다. 흥미로운 것은 그의 이름 앞에 '최초의 서양 도래인(渡來人)'이라는 설명이 붙어 있었다는 점이다. 멘데스가 조선에 표착한 것이 1604년(선조 37년)이니, 1653년(효종 4년) 제주도에 표류한 네덜란드인 하멜 일행이나 1627년 표류한 벨테브레(박연)보다 각각 49년, 23년 앞서 조선 땅에 도착한 셈이다.

적어도 기록만 놓고 본다면 조선을 찾은 첫 번째 서양인은 주앙 멘데스다. 조선 시대 국경 일지인 『등록유초(謄錄類抄)』에 '지완 면제수(之緩面第愁)'로 기록돼 있는 무역상 멘데스는 캄보디아에서 일본 나가사키로 항해하던 중 거센 풍랑을 만나 충무 앞바다로 표류하는 바람에 조선 수군에 붙잡혔다.

기록에 따르면 중국인 선원 16명과 일본인 선원 32명 그리고 흑인 한 명이 함께 체포되었다고 한다. 관동대 박태근 연구 교수가 최근 한 학술세미나에서 밝힌 결과다.

최초의 조선 도래 서양인

여기서 관심을 가지는 것은 멘데스보다는 '흑인 한 명'이다. 이 흑인이 아프리카 계통인지 동남아 계통인지는 분명치 않다. 어쨌거나 이것이 사실이라면 태조 시절에 지금의 태국인 섬라곡국의 '흑인'이 조선을 방문한 이후 근 200여 년 만에 한반도 땅에 흑인이 찾아온 셈이다.

그러나 '지완 면제수'가 충무 앞바다에 표류하기 6년 전인 선조 31년(1598년) 5월 26일, 정유재란을 맞아 선조는 한양에서 명나라 장수인 팽신고(彭信古)에게 잔치를 베풀고 있었다. 경상도에 머물고 있는 왜군과의 전투를 독려하기 위한 자리였다. 이 자리에서 팽신고는 자랑하듯 "제가 데리고 온 병사 중에서 얼굴 모습이 특이한 신병(神兵)이 전하를 뵙도록 하겠습니다"라고 말한다.

잠시 후 흑인 병사들이 모습을 드러냈다. 선조는 내심 깜짝 놀랐다. '저게 사람인가 귀신인가?' 팽신고는 "극남(極南)에 있는 파랑국(波浪國) 사람"이라고 소개했다.

"파랑국은 바다 셋을 건너 있으며 조선에서부터 15만여 리 떨어져 있다"고 덧붙였다. 당시의 어설픈 항해술 수준이 고스란히 담겨 있는 설명이다. '파랑'은 다름 아닌 포르투갈로, 지금은 한자어로 '포도아(葡萄牙)'라고 쓴다. 선조와 팽신고의 만남과 대화는 『실록』에 고스란히 실려 있다.

팽신고가 흑인 병사를 가리키며 "저 사람은 조총을 잘 쏘고 여러 가지 무예를 지녔습니다"라고 하자 선조는 감격에 겨운 목소리로 이렇게 말한다.

"우리나라는 치우치게 해외(海外)에 있으니 어떻게 이런 신병을 보았겠소이까. 지금 대인의 덕택으로 보게 되었으니 황은(皇恩)이 아닐 수 없소이다. 더욱 감격스럽소이다. 이제 흉적을 섬멸하는 날을 손꼽아 기대할 수 있겠소이다."

어째서 지구 반대편의 포르투갈 흑인이 임진왜란(정유재란)에까지 참전하게 되어 한양의 한복판에서 선조를 만나볼 수 있었던 것일까? 실마리는 마카오에 있었다. 당시 포르투갈은 대항해 시대를 열면서 아프리카 희망봉을 돌아 인도양을 거쳐 일본에까지 이르는 항로를 장악하고 있었다.

이런 항로를 유지하려면 중간에 거점 도시를 확보할 필요가 있었고, 마카오는 최적의 장소였다. 포르투갈이 마카오를 강점한 것은 이미 40년 전인 명종 12년(1557년)이었다. 마카오를 확보한 포르투갈은 각종 신문물을 명나라에 제공했고, 임진왜란 참전을 결정한 명나라 군대에 흑인이 포함된 군사 고문단을 파견한 것도 마카오 점령의 대가였다.

처음 일본에 서양인이 도래한 것은 1543년으로, 중종 38년이다. 16세기 후반이 되면 주로 포르투갈 계통의 선교사에 의한 가톨릭 포교가 활성화된다. 임진왜란을 일으킨 도요토미 히데요시는 한때 가톨릭 포교를 금하기도 했다. 그러나 조선 점령에 나섰던 일본의 3대 장군 중한 명인 고니시 유키나가 가톨릭신자였을 만큼 가톨릭은 이미 일본 사회에 깊이 뿌리 내리고 있었다. 서양은 조총과 가톨릭을 일본에 한꺼번에 전해주었다.

임진왜란에 참전한 15만여 명의 왜군 중 5만여 명이 가톨릭신자였고, 특히 고니시의 병사들은 대부분 가톨릭신자였다. 그래서 고니시는 임진왜란 이듬해인 1593년 병사의 신앙을 지도하고 전사자의 영혼을 위로하기 위해 포르투갈인 그레고리오 세스페데스 신부를 조선으로 불렀다. 세스페데스 신부가 부산포에 발을 내딛은 날은 12월 27일이다.

적어도 '지완 면제수'보다 11년 앞서 조선을 찾았던 것이다. 따라서 일본군을 따라왔다는 국제 정치적 요인을 빼면 '조선을 찾은 최초의 서양 도래인'은 멘데스가 아니라 세스페데스라고 해야 할 것이다.

게다가 세스페데스는 조선에 있을 때 전쟁고아들을 돌보았고 일본으로 끌려간 조선인에게 많은 도움을 주었다고 한다. 멘데스와 세스페데스 모두 포르투갈 사람이라는 사실도 흥미로운 대목이다.

노란 눈동자에 검은 얼굴빛을 한 해귀

다행히 『실록』의 사관은 자신의 눈에 비친 흑인 병사의 모습을 자세하게 묘사해 놓고 있다.

"일명 해귀(海鬼)다. 노란 눈동자에 얼굴빛은 검고 사지와 온몸이 검다. 턱수염과 머리카락은 곱슬이고 검은 양모처럼 짧게 고부라졌다. 이마는 대머리가 벗겨졌는데 한 필이나 되는 비단을 복숭아 모양으로 휘감아 머리 위에 올려놓았다."

특히 군인으로서 흑인의 능력에 대해서는 극찬하고 있다.

"바다 밑에 잠수하여 적선(敵船)을 공격할 수 있고 며칠 동안 물속에 있으면서 어류들을 잡아먹고 지낸다."

과장이 섞여 있지만 이미 서양에서 해전을 벌일 때 흑인들이 날카로운 줄톱으로 배 밑창에 구멍을 내는 전술로 이름이 높았다는 점을 고려할 필요가 있다. 요즘 우리가 흔히 쓰는 '물귀신 작전'이란 말도 그때 이후 사용되기 시작했다. 안 좋은 일에 주변 사람을 끌고 들어가는 행위를 뜻하는 물귀신 작전이란 말은 선조 이전에는 사용된 바가 없기 때문이다. 흑인의 군사 기술을 모르고서는 물귀신 작전이라는 말을 쓸 수도 없다.

아쉽게도 『실록』에는 흑인 병사들이 실제 해전에서 뛰어난 전공을 세웠다는 기록이 나오지 않는다. 어쩌면 명나라 장수들은 과시용으로 이들을 데리고 다녔을 뿐인지도 모른다. 이익이 쓴 『성호사설』에 관련 내용이 짤막하게 나온다. 명나라 장수 총병관 유정에 관한 구절이다.

"유정은 왜를 공격할 때 한 번도 공을 세우지 못했다. 왜 해귀를 시켜 물속으로 들어가 왜선의 밑창을 뚫어 침몰시키지 않았는지 이해할 수가 없다."

물론 해귀를 사용할 필요가 없었던 이유가 있었다. 적어도 해전에서는 조선 수군이 일본을 압도하고 있었기 때문이다. 게다가 이순신에게는 자신의 해귀가 있었다. 거북선이다. 일본 해군의 입장에서 보자면 명군에 포함된 흑인 병사 몇 명보다는 해전마다 앞을 가로막고 각종 화포를 쏘아대는 거북선이 바로 해귀요, 물귀신이었을 것이다.

가문의 부침으로 보는 조선 500년 I

창녕 성씨, 광주 이씨, 파평 윤씨

이성계와 가까웠던 창녕 성씨

성종 때의 문신 성현이 자신의 문집 『용재총화』에서 당당하게 밝히고 있는 대목이다.

> "지금 문벌이 번성하기로는 광주 이씨(廣州 李氏)가 으뜸이고 그다음으로 우리 창녕 성씨(昌寧 成氏)만 한 집안도 없다."

성종 때였기 때문에 그런 것이지, 태종이나 세종 때였으면 창녕 성씨가 최고로 번성했다고 말했을지도 모른다. 광주 이씨는 조금 늦은 세조 때부터 번성했기 때문이다.

조선 초 창녕 성씨 번성의 출발점은 성여완(成汝完, 1307~1397년)이다. 고려 말 판서, 상서 등 고위직을 지낸 성여완은 한때 신돈 일파로 몰려 고초를 겪기도 했으나, 우왕 때 창녕부원군에 책봉됐다. 1392년에 정몽주가 주살당하자 경기도 포천의 왕방산으로 숨어 들어가 은거하였다. 성여완은 정몽주가 마지막으로 술잔을 기울였던 친구였으며, 이성계와도 가까웠다.

개국 조선에서 이성계와의 친분은 곧 권력이었다. 그의 세 아들 성석린(成石璘), 성석용(成石瑢), 성석인(成石因)은 모두 조선에 참여해 이미 아버지가 세상을 떠난 태조 6년(1397년) 당시 좌의정, 개성유수,

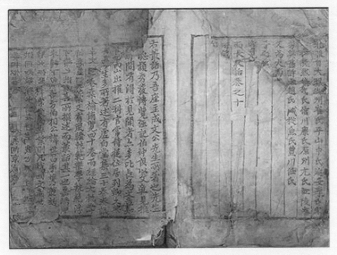

『용재총화』, 고려대박물관 소장. 태종과 세종 시절 최고 권력을 누린 창녕 성씨인 성현의 문집이다.

호조판서를 지내고 있었다. 아버지 성여완이 90세로 장수했는데 영의정을 지낸 아들 성석린도 86세 때인 세종 5년(1423년)에 세상을 떠났다. 3형제 중에서는 셋째 성석인의 자손들이 가장 크게 번성한다. 성석린의 아들 성발노는 무신의 길을 걸어 태종 말엽에 공조, 형조판서를 거쳐 의정부좌참찬에까지 이르게 되지만, 그 후손들은 벼슬이 높지 못했다. 성석용의 아들 성달생도 세종 때 무신의 길을 걸어 공조판서, 도총제를 거쳐 중추원지사에까지 오르며, 충청도 초정리 행차에 나선 세종을 호종하다가 세상을 떠났다.

성석인의 세 아들 성억, 성유, 성급 중에서는 중추부지사에 오르게 되는 성억의 후손들이 크게 번성한다. 성억의 세 아들 성염조, 성봉조, 성준조는 각각 중추부지사, 우의정, 형조참판에 오르고, 딸은 세종의 친동생 성녕대군과 혼인해 왕실과 혼맥도 맺게 된다. 이후 성염조 형제의 아들 대에도 참찬과 판서에 오르는 인물들이 많다. 앞서 언급했던 『용재총화』의 저자 성현은 성염조의 아들이다. 이후에도 성여완, 성석인, 성억, 성염조로 이어지는 창녕 성씨 집안은 조선 초만큼은 아니어도 조선의 명신들을 꾸준히 배출한 집안으로 자리 잡았다.

세조, 성종 시대를 장악한 광주 이씨

반면 성현이 '최고의 문벌'이라고 꼽은 광주 이씨 집안은 고려 말까지만 해도 한미한 집안에 불과했다. 광주 이씨 집안은 전형적으로 조선의 탄생과 함께 두각을 나타낸 신흥 사대부의 문벌이었다고 할 수 있다. 조선 초 일대 번성을 이루게 되는 광주 이씨의 중흥을 이끈 시조는 고려 말 성리학자이자 은둔 시인이었던 둔촌(遁村) 이집(李集, 1327~1387년)이다. 지금 서울의 둔촌동은 여기서 유래했다. 호에 이미 향리로 은둔해 있다는 뜻이 들어 있을 만큼 세상사에 적극적이지 않았던 인물이었다.

지방 하급 관리의 자식이었던 이집은 쇠퇴해 가던 고려 왕조 말기에 목은 이색, 포은 정몽주, 도은 이숭인, 삼봉 정도전 등과 성리학적 이상을 공유하며 새로운 세상에 대한 꿈을 키웠다. 이집은 5형제 중 둘째였는데, 5형제 모두 문과 급제를 함으로써 기초를 다졌다. 그 후 그의 세 아들 이지직(李之直), 이지강(李之剛), 이지유(李之柔)가 문과에 급제해 장남 이지직은 형조참의(오늘날의 법무부 차관보)에까지 오르게 된다. 여기서 눈여겨볼 점은 아들들의 마지막 이름자다. 곧은 삶, 외유내강의 삶을 지향했던 이집의 인생관을 어렵지 않게 확인할 수 있다.

형조참의 이지직에게는 이장손(李長孫), 이인손(李仁孫), 이예손(李禮孫)의 세 아들이 있었다. 여기서도 첫째의 이름은 장남이어서 장유유서의 정신을 담아 지은 것 같고, 나머지 두 아들은 인의예지(仁義禮智)에서 따온 이름이다. 이들도 모두 문과에 급제해 장남 이장손은 중서 사인(舍人, 오늘날의 총리 비서실장), 차남 이인손은 우의정, 삼남 이예손은 황해도 관찰사에 오르게 된다. 마침내 집안의 첫 번째 '정승'이 탄생한 것이다. 우의정 이인손은 이후 집안 중흥의 기폭제가 된다.

이인손(李仁孫, 1395~1463년)은 태종 17년 문과에 급제했다. 1455년, 세조 즉위 때 공을 세워 원종공신 2등에 녹훈되면서 훈구공신으로서의 기반을 다졌고, 세조 5년(1459년)에 우의정에 오른다.

장남 이장손의 아들 이극규(李克珪)도 문과에 급제해 병조참의에 올랐고, 삼남 이예손의 두 아들 중 이극기(李克基)는 문과 급제 후 공조참판에, 이극견(李克堅)은 문과를 거치지 않고 좌통례라는 벼슬에 오른다. 그러나 모두 문과에 급제한 차남 이인손의 다섯 아들에 비할 바가 아니었다.

이인손의 첫째아들 이극배(李克培)는 영의정에까지 올랐고, 이극배의 두 아들 세필(世弼), 세광(世匡)도 문과에 급제해 각각 대사헌과 승지에 이른다. 둘째아들 이극감(李克堪)은 형조판서에 이르고 세 아들 세좌(世佐), 세우(世佑), 세걸(世傑)은 문과에 급제해 각각 중추부판사, 호조참의, 중추부첨지사를 지냈다. 셋째아들 이극증(李克增)은 이조판서를 역임했고, 다섯 아들 중 세전, 세경, 세정이 문과에 급제했지만 세정만이 이조참의에까지 오른다. 넷째아들 이극돈(李克墩)은 의정부좌찬성을 지냈다. 다섯째 이극균(李克均)은 좌의정에까지 오르지만 아들 세준은 무과로 나아간다. 이미 부자간에 영의정, 좌의정, 우의정이 다 나왔으니 성현이 자기 집안보다 번성했다고 말한 것은 어쩌면 당연하다.

그러나 연산군 때 참으로 엉뚱한 사건에 단 한 사람이 연루되면서 멸문지화를 당하게 된다. 문제의 인물은 이인손의 둘째인 이극감의 아들 이세좌였다. 세(世)자 돌림 중에서는 가장 뛰어난 인물이기도 하다.

이세좌(李世座, 1445~1504년)는 성종 8년 문과에 급제해 출세가도를 달린다. 불과 2년 만에 홍문관부제학에 오르고 이듬해 승정원에서 각종 승지를 거쳐 1483년(성종 14년) 도승지에까지 오른 것이다. 그가 승지로 있을 때 폐비 윤씨에게 사약이 내려졌는데, 그 사약을 들고 간 책임자가 바로 이세좌였다. 성종 때 이세좌는 광양군에 봉해지고 예조, 호조참판과 대사헌 등을 지내는 등 욱일승천의 기세로 승진을 거듭했다. 연산군 때도 초반에는 호조판서, 이조판서, 예조판서 등을 거치며 무탈한 듯했으나 연산군은 마침내 복수의 칼을 빼든다. 1503년에 창덕궁 인정전에서 열린 양로연에서 연산군이 내린 어사주를 돌리다가 잘못해 어의(御衣)에 술을 쏟았다는 이유로 귀양을 갔다가 이듬해 다시 불려 와 결국 자결하는데, 이것은 연산군이 펼친 어머니에 대한 복수극의 서막이었다.

연산군은 한 달여가 지난 윤 4월 12일, 이세좌의 작은아버지 좌의정 이극균이 조카를 비호하려 했다는 죄목을 내세워 사약을 내렸다. 미처 날뛰던 연산군은 5월 4일, 이세좌의 네 아들 이수원(李守元), 이수형(李守亨), 이수의(李守義), 이수정(李守貞)을 교수형에 처했고, 동생 이세걸은 지방의 종으로 내쳤다. 며칠 후에는 이극돈, 이극감이 공신 명부에서 삭제됐고 노비와 전토를 몰수당했으며, 이극증, 이극배도 노비와 전토를 몰수당했다. 광주 이씨의 경제적 기반마저 사라져버린 것이다. 광주 이씨의 부활은 중종반정이 일어나고 세월이 흘러 명종 때에 가서야 이루어진다.

세조비 정희왕후와 파평 윤씨

성종 때는 수렴청정을 했던 정희왕후 파평 윤씨 집안의 도약이 두드러졌다. 그전까지는 정치적 이유로 왕비 집안이 도약할 기회가 없었다. 태조비 강씨 집안의 경우, 태종 때 왕자의 난으로 인해 말할 수 없는 탄압을 받았고, 태종비 민씨 집안이나 세종비 심씨 집안은 태종에 의해 멸족 일보 직전까지 갔다. 반면 정희왕후 윤씨는 세조와 사이가 좋았고, 손자 성종이 왕위에 오르면서 최초로 수렴청정까지 하게 됐다.

먼 조상 윤척을 기준으로 보면 세조 비, 성종 비, 중종 비(2인)는 모두 한 집안이고, 윤번을 기준으로 보더라도 세조 비와 중종 비(문정왕후)가 같은 집안이다. 파평 윤씨는 다시 한명회의 집안과도 2중, 3중으로 혼맥을 형성했다. 청주 한씨와 파평 윤씨 없이는 세조, 예종, 성종, 연산군, 중종, 명종까지의 정치를 설명할 수 없을 정도다. 세조의 아랫동서 한계미는 한명회와 육촌간이다. 한명회는 딸 둘을 각각 예종 비와 성종 비로 시집보낸 바 있다. 어쩌면 조선 신하 중에서 최고의 권력을 누렸다 해도 과언이 아닌 한명회는 한보라는 아들 하나만 두었는데, 한보는 그다지 크게 성공하지 못해서 한명회의 후손 또한 이렇다 할 문벌을 형성하지는 못했다. 게다가 사림 정치가 시작되면서 훈구의 상징과도 같은 한명회의 후손은 오히려 손해를 보지 않으면 다행일 만큼 사정이 바뀌게 된다.

역사는 실력 있는 자를 기억한다

◈ 감출 수 없는 재능 ◈

指鹿爲馬

지록위마 指鹿爲馬

사슴을 가리키며 말이라고 한다는 뜻. 상대방
을 농락하거나 위세를 함부로 부리는 것을 비
유한 말로, 『사기(史記)』에 있다. 사람들은 때
로 권위에 눌려 사실이 아닌 것을 사실인 것
처럼 떠들 때가 있다. 신분이 낮은 사람이 남
다른 재능을 보이면 그를 인정해 주기보다 폄
하하고 외면하려 한다. 힘 있는 자에게는 없
는 업적도 만들어 주면서 말이다.

경복궁은
환관이 설계했다?

천재 건축가 환관, 김사행

경복궁의 설계자는 누구일까? 서울의 궁궐들을 돌아보면 아름답기로야 창덕궁이 최고지만 역시 정궁(正宮)으로서의 위엄은 경복궁이 으뜸이다. 다른 궁궐은 경복궁의 건축 미학을 약간씩 변용한 것에 불과하다.

토막 상식 하나, 경복궁을 만든 사람은? '태조 이성계'라고 하면 너무나 무성의한 답이다. "예술의전당을 만든 사람은?"이라고 물었을 때 "전두환 대통령"이라고 답하는 것이나 마찬가지다. 질문을 바꿔본다. "예술의전당을 설계한 이는 건축가 김석철이다. 그렇다면 경복궁을 설계한 이는?" 이럴 경우 상식이 풍부한 한국인이라도 십중팔구 '정도전'이라고 답한다. 유감스럽게도 틀린 답이다.

정답은 김사행이다.

경복궁과 관련해 정도전이 한 일은 태조 4년(1395년) 12월에 경복궁이 완성된 후 전각(殿閣)의 이름을 지은 것뿐이다. 경복궁, 근정전, 사정전, 교태전, 강녕전 등의 이름이 바로 그의 작품이다.

그런데 우리 역사에서 경복궁을 지은 천재 건축가 김사행의 이름은 사라지고 그 빈자리를 작명자 정도전이 차지했다. 거창하게 말할 필요도 없이 이런 게 바로 역사 왜곡이다. 왜곡의 '왜(歪)' 자를 살펴보라. 올바른 것[正]을 아니다[不], 혹은 잘못된 것[不]을 바르다[正]고 하는 것이다. 이런 왜곡이 일어난 이유는 그가 환관이었기 때문이다. 게다가 그는 제1차 왕자의 난 때 이방원(후일의 태종)에 의해 비참한 최후를 당했기 때문에 오욕의 이름으로 기억되었다.

환관 김사행(金師幸)은 어려서 원나라에 환관으로 보내진 듯하다. 실록 곳곳에서 그가 원나라 환관으로 있다가 고려 공민왕 때 돌아왔다고 서술하고 있다. 어쩌면 북경에서 공민왕과 만난 것이 인연이 되어 귀국한 것인지 모른다. 공민왕은 김사행을 아껴 내시부사로 임명했다.

미리 말해 두지만 김사행은 독실한 불교 신자였다. 노국공주를 잃은 공민왕은 공주를 추모하기 위해 대대적인 토목 공사를 벌여 대규모 사찰을 곳곳에 지었다. 불교와 토목 공사 그리고 호화 사치는 공민왕과 김사행을 연결해 주는 세 가지 키워드다. 밖으로 공민왕의 혀가 되어준 이가 '요승(妖僧)' 신돈이었다면, 궐 안에서 공민왕의 손과 발이 되어 움직인 인물이 김사행이다. 김사행은 노국공주의 능 조성 작업을 잘하였다고 해서 안장 갖춘 말을 상으로 받기도 했다. 당시로서는 최고의 상이다. 이런 점을 감안할 때 김사행은 북경에 있으면서부터 건축 기술을 갈고닦았던 것으로 보인다.

지금의 경복궁 근정전 모습.

〈경복궁〉, 정선, 고려대박물관 소장. 정선은 임진왜란으로 불탄 후
쓸쓸해진 경복궁을 표현했다.

통상 환관의 운명은 모시던 국왕이나 세자의 부침과 함께했다. 공민왕을 죽인 것도 환관 최만생이다. 우왕이 즉위하자 김사행은 '왕을 부추겨 사치를 조장하고 대규모 공역을 일으켜 백성을 도탄에 빠지게 했다'는 죄목으로 익주(지금의 전라북도 익산)의 관노로 전락했다. 그나마 다른 환관처럼 정치에 깊숙이 개입하지 않은 덕에 목숨을 부지할 수 있었는지도 모른다.

누가 왕이 되든 김사행과 같은 환관은 필요악이었다. 우선 환관은 조정 신하처럼 잘난 척하거나 거들먹거리지 않는다. 개인 신앙인 불교에 대해 반(反) 성리학적이라며 비판하지도 않는다. 당장은 목숨이라도 내줄 것처럼 맹종한다.

게다가 김사행은 국왕의 권위를 빛나게 해줄 궁궐 건축의 달인이 아닌가? 우왕은 다시 김사행을 불러들였고, 창왕·공양왕을 거치면서 김사행은 위태로운 가운데 궁궐 생활을 이어갔다. 김사행은 신하들과 국정을 논의하며 성리학을 익히는 자리인 경연에 참석하려는 공양왕에게 "한두 번 빠진다고 국정에 무슨 문제가 있겠느냐"며 불교를 믿도록 권유하기도 했다.

이성계의 눈에 들다

내시부사였던 김사행은 공양왕과 실질적인 권력자 이성계 두 사람 사이의 가교 역할을 했다. 이 과정에서 이성계는 김사행을 눈여겨보았을 것이다. 조선 개국과 함께 김사행은 고려의 배에서 조선의 배로 옮겨 탔다. 건국 1년을 맞은 태조 2년(1393년) 7월 27일, 이성계는 창업에 공이 있는 신하들에게 교지를 내려 치하했는데, 그중에 김사행이 포함돼 있다.

〈격구도〉, 이여성, 1930년대, 마사박물관 소장. 김사행은 경복궁을 설계했을 뿐 아니라
조선의 골프 격인 격구를 처음 도입한 인물이기도 하다.

"내시부 판사 김사행은 내가 왕위에 오른 초기에 궐내의 제도가 갖춰지지 못했는데, 고려조가 왕성했을 때의 궁중 제도와 의식을 일일이 알아내어 지나친 것은 줄이고 모자란 것은 보태어서 내조(內助)의 다스림을 장식했으니 공을 기록할 만하다."

고려 말 환관의 폐단을 몸소 겪은 개국공신들은 환관을 궁에서 내쫓아야 한다고 보았다. 그러나 사대부의 집안에도 종이 있는데 궁궐에 국왕이나 중전의 시중을 드는 환관이 없을 수 없었다. 태조의 이같은 뜻을 받들어 조선 초 내시부의 제도를 정비한 장본인이 김사행이었다. 대신 환관의 기능과 역할을 고려 때에 비해 축소시켰다.

조선 제1호

경복궁 조성 및 내시부 창설에 이어 김사행은 '조선 제1호'의 또 다른 기록을 갖고 있다. '조선의 골프'인 격구(擊毬) 혹은 타구(打毬)를 처음으로 조선에 도입한 인물이 김사행이라는 기록이 정종 1년(1399년) 5월 1일자 『실록』에 나온다.

김사행 등이 원나라에서 보고 배워 들여와 태조 이성계에게 "임금이 궁중에만 머물면서 몸을 움직이지 않으면 반드시 병이 생길 것입니다. 몸을 움직이는 데는 타구만 한 것이 없습니다"라며 권유했다는 것이다. 타구는 원나라 몽골족이 즐겨 행하던 놀이였던 것 같다. 정종 때의 신하들은 동생 이방원에게 실권을 빼앗긴 채 격구에나 몰두하는 정종을 향해 "어찌 망해버린 원나라의 놀이를 본받겠습니까?"라며 비판했다.

한양 천도 및 경복궁 창건을 추진할 때 태조 이성계는 신하들의 거센 반대에 부딪혔다. 건국 초기에 백성의 고통을 가중시키는 역사(役事)를 일으켜서는 안 된다는 것이었다. 정도전도 반대의 선봉에 있었다. 반면 하륜을 비롯한 일부 신하들은 "건국 초야말로 왕권의 위엄을 상징할 대역사를 일으킬 적기"라며 태조를 지지했다. 더 가까이에서 김사행은 태조가 새로운 궁궐을 짓도록 부추겼다.

태종 12년(1412년) 5월 14일자 『실록』에 흥미로운 기록이 나온다. 태종이 태조 시절을 회고하면서 이렇게 말한다.

"태조 때 모든 공역을 김사행이 맡았다. 온 나라 사람이 말하기를 '김사행이 태조를 권하여 공역을 일으켰다'고 하였다. 그러나 김사행이 권한 것이 아니고 한양 도성을 창건하는 계획은 결국은 태상왕의 뜻에서 나온 것이다."

한양 및 경복궁의 설계자가 김사행이었다는 사실을 이보다 확실하게 증언하는 기록이 또 있을까? 태종의 입장에서는 결국 중대사의 책임이 죄고 시노사에게 있음을 억설하기 위해 이런 말을 했겠지만, 백성들은 김사행 때문에 죽을 고생을 한다고 생각했다. 이런 경우 대개 정치인보다는 백성의 말이 맞다.

이런 공이 인정되어 김사행은 품계가 2품에 이르렀고 경흥부 판사, 도평의사사 동판사, 사복사 및 선공감 판사에 가락백(伯)이라는 귀족 작호까지 받았다. 가락백이라는 것은 김사행이 김해 김씨였다는 뜻이다. 이성계의 뜻을 받들어 세자 방석과 그의 장인인 심효생과 정치 노선을 함께했던 김사행은 제1차 왕자의 난 때 이방원 세력에 의해 체포되어 참수형을 당했다. 죄목은 그가 익주로 쫓겨날 때와 같았다.

轉禍爲福

전화위복 轉禍爲福

화가 바뀌어 복이 된다는 뜻으로, 불행한 일을 만나더라도 진심을 다해 노력하면 오히려 그 일이 계기가 되어 좋은 일이 생긴다는 말이다. 『사기(史記)』에 있다. 고려 말부터 조선 초 외교 분야에서 탁월한 능력을 발휘한 설장수는 그 태생이 위구르 인으로 화를 피해 조선으로 귀화한 인물이었다. 그러나 그는 자신의 처지를 절망하지 않았고 오히려 자신의 조건을 이용하여 남들보다 뛰어난 능력을 발휘했다.

조선 최초의 외교관은
귀화인이었다

한국 외교사에서 사라진 설장수

    한 위구르인이 있었다. 위구르를 한자로는 회골(回骨) 혹은 회흘(回
紇)이라고 쓴다. 『실록』에 나오는 회회인(回回人)도 위구르 사람을 일
컫는다. 이 위구르인은 나라가 망하자 원나라 수도 북경으로 이주했다.
그의 증손자 설손은 마침내 원나라 순제 때 고위 관직에까지 올랐다.

    설손은 당시 북경에 와 있던 고려 왕자(훗날 공민왕)와 가깝게 지냈
다. 설손은 황태자의 교육 기관인 단본당(端本堂) 정자(正字)라는 관
직을 맡고 있었고, 고려 왕자는 황태자의 시종을 맡고 있을 때였다.
세월이 한참 흘러 '홍건적의 난'이 일어나 정세가 불안해지자 설손은
아들 다섯 명을 데리고 공민왕을 찾아 고려로 귀화했다. 그때가 공민
왕 7년(1358년)이다. 공민왕은 옛 친구 설손을 고창백(高昌伯)으로 봉
하고 봉토를 하사하는 등 크게 우대했다.

조선 초 대명 외교의 개척자

설장수는 설손의 다섯 아들 중 장남이었다. 아버지를 따라 고려에 왔을 때 설장수의 나이는 열일곱 살로, 이미 위구르말, 중국말, 몽골말에 능통했다. 어학 감각이 뛰어났고 아버지의 학문적 자질까지 물려받은 설장수는 고려에 온 지 4년 만인 1362년에 문과에 급제했다. 이때쯤엔 고려말에도 정통했다는 뜻이다.

외국어의 달인 설장수는 주로 외교 분야에서 활약했다. 당시 대륙은 원에서 명으로 권력이 넘어가던 혼란기였기 때문에 몽골말, 중국말에 두루 능한 설장수의 독무대나 마찬가지였다. 조선의 외교사를 쓴다면 그는 당연히 첫머리를 장식할 인물이다. 통역이 필요 없는 외교관이기도 했다.

고려 우왕 13년(1387년), 마흔일곱의 문하부지사 설장수는 사신으로 파견돼 '명나라 관복을 습용(襲用)해도 좋다'는 허락을 받는다. 지금의 '자주(自主) 세상'에서 보자면 사대(事大)라 하여 무시해버릴 일인지도 모른다. 그러나 당시로서 명의 관복을 습용하기로 했다는 것은 명나라의 공식 승인을 받은 것이나 마찬가지여서 중대한 의미가 있다. TV 역사 드라마를 만들 때 우왕 13년을 기점으로 관복의 색상이나 모양이 달라져야 하는 것도 그 때문이다. 제대로 된 '한국 의복사(衣服史)'를 쓴다면 거기에서도 설장수라는 이름 석 자를 발견하게 될 것이다.

고려의 외교관으로서 설장수의 활약은 눈부신 것이었다. 명나라를 세운 태조 주원장은 '한반도의 철령 이북 땅은 원래 원나라에 속했던 것이기 때문에 우리에게 귀속시키겠다'는 심사로 그곳을 병참 기지화하려 구상하고 있었다. 주원장의 이 구상을 맨 먼저 알아내 고려 조정에 전한 이가 설장수다. 그 바람에 고려 조정에서는 최영 장군에 의한 요동 정벌론이 급속하게 확산되었고, 결국은 이성계의 위화도회군으로 일단 마무리되었다.

이 무렵부터 설장수는 신흥 세력의 지도자 이성계와 밀접한 친분을 쌓은 것으로 보인다. 새로운 국가 건설을 염두에 두고 있던 이성계라면 설장수 같은 탁월한 외교관의 쓰임을 생각하지 않았을 리 없다.

1389년, 우왕에 이은 창왕을 내몰기 위해 이성계는 '흥국사 회의'를 요청했다. 이 비밀 회의에는 장차 '9공신(功臣)'으로 불리게 되는 아홉 명의 핵심 인사가 참여하는데, 이성계, 정몽주, 조준, 정도전 등의 이름과 함께 설장수도 포함돼 있었다. 이들은 창왕을 몰아내고 공양왕을 새로운 임금으로 추대했다. 더불어 설장수도 문하찬성사로 특진했다. 문하찬성사란 조선 시대로 이야기하자면 의정부찬성으로, 3정승 바로 아래 종 1품에 해당하는 고위직이다.

그런데 '9공신'에는 정몽주 같은 고려 혁신론자들과 정도전 같은 새 왕조 창건론자들이 뒤섞여 있었다. 설장수는 정몽주 쪽이었다. 3년 후 정몽주가 이성계의 아들 이방원에 의해 피살당하고 새 왕조 창건론자들이 조선 건국을 추진하면서, 설장수는 하루아침에 역적으로 내몰린다. 역사의 급류에 휘말린 것이다.

정도전과의 갈등

51세의 설장수는 생사의 기로에 섰다. 그에게 삶의 길을 열어준 사람은 이성계였다. 정도전은 평소 감정이 있었던 우현보와 설장수를 죽이려 했다. 우현보는 정도전의 출신이 천출이라는 점을 알고서 은근히 문제 삼았기 때문에 고려 말부터 서로 관계가 좋지 않았다. 그러나 이성계는 즉위교서에서 명시적으로 "우현보, 이색, 설장수는 목숨은 살려두고자 하니 직첩을 회수하고 서인으로 삼아 해상으로 옮겨 종신하도록 관직에 돌아오지 못하도록 하라"고 명했다.

설장수와 정도전의 악연은 더욱 깊어진다. 유배 5개월 만에 태조 이성계는 설장수 등을 풀어주었고, 설장수는 다시 한 달도 안 돼 '검교 문하시중'으로 관직에 복귀했다. 검교(檢校)란 일종의 명예직이란 뜻이다. 문하시중이 영의정에 해당하는 것이니 '명예 영의정'이 된 것이다. 당시 복잡하게 뒤엉켜 돌아가고 있던 대명 외교를 푸는 데 설장수만 한 인물이 없다는 이성계의 판단 때문이었다. 게다가 설장수는 태조 3년(1394년) 11월 19일에 오늘날의 동시통역대학원 및 외교안보연구원의 기능을 합친 '사역원(司譯院)' 창설의 총책임자로 사역원의 시험, 선발 방법 및 교육 방안 등에 관한 마스터플랜을 만들어 올렸다.

이후 정도전은 명나라로부터 요동 정벌론의 주창자로 의심 받아 압송당할 위기에 처하게 된다. 정도전은 병을 이유로 명나라행을 거부했다. 결국 태조 6년 4월, 이성계는 권근과 설장수를 대신 보내 사정을 설명하게 한다. 설장수가 대성공을 거두고 돌아오자 이성계는 정도전이 들으라는 듯이 설장수에게 이렇게 치하했다.

"천자가 진노하였을 때 자청하여 천자의 화를 풀리게 하였으니 나라에 큰 공을 세웠다."

이후 이방원이 제1차 왕자의 난을 일으킨 직후 명나라에 사정을 설명하고 정종의 즉위를 허락한다는 외교 승인을 받아온 이도 설장수다. 『실록』만으로 보면 그는 총 여덟 차례에 걸쳐 명나라를 다녀왔다. 한번 가면 6개월은 족히 걸리던 시절의 이야기다.

설장수의 이름을 지금처럼 '망각의 강'에 내버려두는 것은 조선 건국사는 말할 것도 없고 한국 외교사, 의복사, 통역사의 거인을 지워버리는 일이다. 설장수의 이름을 기억하려면 그가 쓴 『직해소학(直解小學)』이 조선 초 최고의 중국어 어학 교재였다는 사실을 상기하면 좋을 것이다. 『직해소학』이란 말 그대로 『소학』을 당시의 중국어로 알기 쉽게 풀어쓴 책이다.

間世之材

간세지재 間世之材

여러 세대를 지나 드물게 나는 인재라는 뜻으로, 매우 빼어난 인물을 가리키는 말이다. 조선의 통역관 원민생의 첫 임무는 '처녀주문사'였다. 그다지 명예롭지 않은 출발이었지만 그는 주어진 역할에 충실했고, 임무를 완수했다. 그에게는 점점 막중한 임무가 부여되었고, 그럴 때마다 훌륭하게 해냄으로써 왕의 무한한 신뢰를 얻었다. 그저 무수한 역관 중의 한 명으로 지나치기에는 아까운 인물이다.

처녀 주문사가
왕의 제문을 받다

탁월한 통역관, 원민생

세종 17년(1435년) 7월 30일, 당대 최고의 통역관 원민생(元閔生)이 사망했을 때 세종이 직접 써서 내린 제문(祭文)의 일부다.

"경은 타고난 천성이 부지런하고 민첩하며 행실은 공정하고 청렴하였도다. 일찍이 사신이 될 만한 재주를 가졌으며 어려서부터 중국말의 음훈을 잘 알아 소고(昭考, 태종)의 인정을 받고 거듭 칭찬을 받았도다. 나를 보좌하게 됨에 더욱 은총을 입었고 험난한 만 리 길을 직접 오가며 황제의 궁궐에다 우리의 바람을 상세히 아뢰었도다."

조선 시대 때 국왕의 제문은 적어도 판서 이상은 되어야 내리는 것이 일반적이었다. 과연 원민생은 어떤 인물이었기에 역관인데도 세종이 친히 제문을 내린 것일까?

성을 세 번 바꾼 인생 역정

원민생은 고려 말 중추원부사를 지낸 원빈(元賓)의 아들로 태어났는데, 서자였던 것 같다. 이후 민부(閔富)라는 사람의 양자로 들어갔고 덕생이라는 이름을 얻었다. 오랫동안 민덕생으로 살던 그는 사역원부사에 오른 다음 원래의 성을 되찾고 이름도 민생으로 고쳤다. 즉, 그의 이름 원, 민, 생 석자에는 그가 겪었던 세월의 풍파가 고스란히 녹아 있는 셈이다.

통사로서 원민생의 이름이 『실록』에 처음 등장하는 것은 태종 2년(1402년) 7월 2일이다. 전국적으로 가뭄이 심하게 들어 백성의 고통을 걱정하던 태종이 원민생을 불러, 명나라에서 돌아오는 길에 본 평안도와 황해도 일대의 가뭄 현황에 대해 상세하게 묻는 대목에서다. 이후 거의 매년 명나라에 드나들던 원민생은 태종 17년 4월 4일에 극비 보고를 올렸다. "명 황제가 미녀를 요구한다"는 것이었다.

이 일이 원민생의 인생을 확 바꿔놓게 된다. 그동안 명나라를 14차례나 다녀왔지만 신분은 늘 통사였다. 그런데 5월 17일에는 황제에게 헌납할 처녀들의 프로필을 들고 가는 '처녀 주문사'가 되어 명나라로 떠나게 되었다. 명칭은 다소 불명예스럽지만 어쨌거나 처음으로 '사신'이 된 것이다. 당시 사신은 2품 이상의 고위직이 아니면 불가능했다. 그래서 국내에서도 '좌군 첨총제'라는 무관 고위직을 하사 받았다. 이후 원민생이 헌납한 처녀가 마음에 들었는지 이듬해 3월 2일에 그는 오늘날의 차관급에 해당하는 참판직인 공안부윤에 임명된다. 『실록』은 그 배경을 이렇게 적고 있다.

"원민생은 사람됨이 정교하고 지혜롭고 언변이 좋고 중국어를 잘해 임금이 중국 조정의 사신들과 이야기할 적에는 반드시 원민생으로 하여금 통역하도록 했다. 황제도 그를 사랑하여 명나라 서울에 가게 되면 비밀리에 불러 이야기를 하고 비단옷 등을 선물했다."

3개월 후인 6월 3일, 태종은 양녕대군을 폐세자하고 셋째아들 충녕대군을 세자로 삼았다. 문제는 명나라의 승인을 받는 일이었다. 명나라 입장에서는 부정적일 수밖에 없었다. 양녕의 세력이 역모를 꾸밀 가능성이 있고, 그렇게 되면 조선 정국이 불안해질 수 있기 때문이었다.

태종으로서는 고민이 아닐 수 없었다. 이 고민을 풀어줄 적임자가 바로 원민생이었다. 6월 9일, 원민생은 충녕을 세자로 봉해주기를 청하는 주본(奏本)을 들고 북경을 향해 떠났다. 태종은 반드시 8월까지는 돌아와야 한다고 당부했다. 서둘러 왕위를 물려주기 위해서였다.

태종은 마음이 바빴다. 왕위를 물려준 다음 국왕 수업을 시켜야 한다고 생각했기 때문이다. 결국 원민생이 돌아오지도 않은 8월 8일, 태종은 충녕에게 왕위를 물려주었다. 중국의 승인과 관계없이 양위해버린 것이다. 다행히 8월 22일에 한양으로 돌아온 원민생은 명 황제가 7월 27일자로 충녕의 책봉을 승인했다고 보고했다. 자칫 중대한 외교적 문제가 발생할 뻔했으나 아무 탈 없이 넘어간 것이다.

그 과정에서 당시 조선을 자주 찾았던 환관 출신의 명나라 사신 황엄의 역할이 컸다. 원민생은 중국에 들어갔을 때 우선 황엄을 찾아갔다. 그때 원민생은 황엄에게 "세자를 바꾸기를 청합니다"라고 말하자 황엄은 "필시 충녕을 봉하도록 청하는 것이리라"라고 말한다. 황엄은 한양에 왔을 때 충녕대군을 본 적이 있었다. 세종의 즉위에는 이처럼 황엄과 원민생의 외교적 협력이 크게 작용했다.

처녀 두 명을 진헌하라

이후 원민생의 인생은 탄탄대로였다. 세종은 원민생을 통해 명 조정의 정보도 입수하고 새로운 무기도 입수하도록 밀명을 내리는 등 그에 대한 무한한 총애를 보여주었다. 특히 세종 6년(1424년) 4월 1일, 주문사로 명나라에 가는 원민생에게 세종은 "북경에 가거든 연발식 활을 구하고 그 쏘는 방법도 배워오라"는 특명을 내렸다.

그런데 이때 북경에 들어간 원민생은 큰 곤욕을 치르게 된다. 그를 부른 황제는 화를 내면서 이렇게 말한다.

"노왕(태종)은 지성으로 나를 섬기어 건어(乾魚)에 이르기까지 진헌하지 않은 것이 없었는데 소왕(세종)은 그렇지 못하다. 짐은 늙었다. 입맛이 없으니 조선의 새우젓과 문어 등을 올리게 하라. 현인비가 살았을 적에는 진상하는 식품이 모두 마음에 들더니, 죽은 뒤에는 음식이나 술이 전혀 마음에 들지 않는다."

어머니가 조선인이라는 설이 있는 영락제는 조선 음식을 좋아했던 것이다. 상황이 어색해지자 명나라 내시 해수가 원민생에게 "좋은 처녀 두 명을 진헌하라"며 중재에 나섰다. 실은 음식보다 여자를 원했던 것이다. 영락제는 크게 웃으면서 20세 이상 30세 이하의 음식 만들고 술 빚는 데 능한 여인 대여섯 명도 함께 뽑아 오라고 말한다.

우여곡절 끝에 두 명의 처녀를 영락제에게 바치기 위해 10월 17일에 길을 떠났다. 이때 황엄과 원민생이 동행했다. 그런데 처녀 중 한 명이 북경으로 가던 도중에 배가 아프다면서 김칫국을 먹고 싶다고 했다. 황엄은 그게 무엇이냐고 물었다. 그러자 원민생은 황엄에게 김치 담그는 법을 상세하게 설명해 주었다. 『실록』의 설명이 재미있다.

"사실 그 처녀는 이미 이웃 사람과 관계하여 임신한 상태였기 때문에 김칫국이 먹고 싶었던 것이다."

원민생이 남긴 가장 중요한 업적은 명나라에 보내는 공물 중에서 금과 은을 면제 받은 것이다. 이 문제는 태종 때부터 대명 외교에서 가장 절실한 과제였다. 그러나 명나라는 완강했다. 황엄도 적극적으로 도왔지만 쉽게 풀리지 않았다.

세종 11년 7월 30일, 세종은 황회와 맹사성을 불러 다시 이 문제를 논의한다. 누구를 사신으로 보내 이 문제를 해결할 것인가에 관해서였다. 이렇게 해서 왕실의 공녕군 이인을 사신으로, 원민생을 부사로 삼아 사신단을 파견했다. 이미 사신을 여러 차례 지낸 원민생을 부사로 삼았다는 것은 이때의 사신단이 그만큼 중요했다는 뜻이다. 명나라에 조선 조정의 의지를 간접적으로 과시하는 효과를 노린 것이다.

이때 금과 은을 면제하는 문제는 성공적으로 해결되었던 것 같다. 12월에 돌아온 이인과 원민생을 위해 세종이 경회루에서 대연회를 베풀고 큰 상을 내렸기 때문이다. 또 세종이 내린 제문 중에 그의 공적을 열거하면서 "금, 은의 조공을 면제 받으매"라는 대목이 포함되어 있는 것으로 보아 확실하다.

이후 세종 15년에는 인순부윤으로 임명되어 조용하게 관직 생활을 보내고 2년 후 세상을 떠났다. 『실록』은 원민생이 "통사로 14차례, 사신으로 일곱 차례 명나라를 찾았다"고 적고 있다. 원민생은 세종 때의 대표적 외교관 중 한 명이었던 것이다.

首丘初心

수구초심 首丘初心

여우가 죽을 때 머리를 자신이 살던 굴 쪽으로 하고 죽는 데에서 비롯한 말로 고향을 그리워한 뜻을 표현한 것이다. 『예기(禮記)』에 있다. 고향을 그리워한다는 것은 결국 근본을 잊지 않는 것과 통한다. 조선시대에 명나라 환관으로 뽑혀간 인물 중에 상당수가 대국의 환관이 되어 조선을 다시 찾았을 때는 횡포를 일삼는 경우가 많았다. 하지만 그 가운데에도 의리를 저버리지 않은 인물은 있었다.

나는
조선 사람이다

조선 출신의 명나라 환관, 정동

세종 10년 10월 3일자 『실록』의 기록이다.

> "화자(火者) 금성(金城) 사람 김유(金儒), 광주(廣州) 사람 염용(廉
> 龍), 신천(信川) 사람 정동(鄭同), 보령(保寧) 사람 박근(朴根)이 먼저 북
> 경으로 길을 떠났는데, 이들은 사신이 선발한 자였다."

화자(火者)란 간단히 말하면 명나라의 요청에 따라 열두 살에서 열여
덟 살 사이의 남자아이 중에서 선발한 환관 후보자다. 이런저런 이유로
남성으로서 생식 기능을 상실한 아이들이었다.

그중에서 황해도 신천 출신의 정동은 명나라에 들어가 잘 적응한
결과 최고의 권세를 누리는 환관으로 성장했다. 정동이라는 이름이
다시 『실록』에 등장하는 것은 예종 1년(1469년) 1월 30일자에서다. 명

나라 사신으로 최안, 정동, 심회 3인이 곧 한양에 들어오게 될 것이라는 보고서였다. 41년 전에 화자로 갔던 바로 그 정동이 이제 명나라 태감(太監)이 되어 조국의 땅을 다시 밟게 된 것이다.

41년 만에 금의환향하다

태감은 궁실 내부의 각종 업무를 관장하던 기관의 장으로 내시 중에서 가장 높이 오를 수 있는 자리였다. 그래서 조선을 찾는 환관은 태감으로 불리기를 좋아했다. 반면 화자라는 말은 극도로 싫어했다. 화자란 말 그대로 사람[人]에서 고환을 상징하는 두 개의 점이 떨어져 나간 사람을 뜻했기 때문이다. 흔히 이런 사람을 고자(鼓子)라고도 하는데, 이는 북처럼 속이 없는 사람이라는 뜻이다.

예종 1년(1469년) 윤2월 4일, 명 사신 최안, 정동, 심회 등 세 명이 황제의 명인 조칙(詔勅)을 받들고 한양에 왔다. 이들은 말 그대로 '칙사'였다. 조칙의 내용은 세조가 죽고 새로 왕위에 오른 예종의 즉위를 승인한다는 것이었다. 사신 중에서도 가장 중요한 임무를 띤 사신단이었다.

세 명 중 최안과 정동은 화자 출신이었다. 최안은 온양 사람이었고 정동은 황해도 신천 출신이었다. 정동은 무려 41년 만에 대국 사신단의 일행이 되어 고국을 찾은 것이다. 이때 정동의 나이는 이미 50대 중반에서 후반쯤이었을 것이다.

정동은 한양에 머무는 동안 별도의 집을 마련했고 중간에 고향 신천도 방문하고 왔으며 가까운 친척의 관직 청탁도 서슴지 않았다. 조선 조정은 정동의 청을 빠짐없이 들어주어야 했다. 심지어 4월 6일에는 그의 고향 신천을 현(縣)에서 군(郡)으로 승격하였다. 어쨌거나 정동의 입장에서는 금의환향이었다.

당시 명나라 사신이 조선에 들어오면 3~4개월 정도 머물며 온갖 향응과 유람을 즐기다가 더 이상 싣고 가기 힘들 정도로 선물을 받아서 북경으로 돌아갔다. 5월 2일, 돌아가는 길에 성동은 고향인 신천을 방문하게 되는데, 이때 호조판서 노사신이 황해도까지 안내를 맡았다. 화자가 명나라 태감이 되었다는 신분 상승의 의미는 그만큼 컸다.

조선 권력의 행방을 좌우하다

이후 명나라를 방문하는 조선의 사신은 무조건 북경에 있는 태감 정동의 집을 방문해 현안에 관한 입장 조정을 거쳐야 했다. 정동도 가능하면 고국의 문제들이 잘 풀릴 수 있도록 도와주려고 애썼다. 어쩌면 세조부터 성종대의 대명 외교를 연구하는 데 정동은 가장 중요한 인물인지도 모른다.

성종 10년(1479년) 1월 4일, 성종과 한명회가 나누는 대화를 보면 정동이 명나라 조정 내에서 핵심 요직을 차지하고 있었음을 알 수 있다.

"정동이 병사(兵事)를 맡은 지 이미 오래되었고 조정의 일을 많이 장악하고 있으니, 명의 대신이 모두 삼가고 반드시 그를 꺼릴 것이다. 내가 만약 정동에게 뇌물을 내렸다가 중국 조정에서 안다면 반드시 나를 비루하다고 할 것이니, 어떻게 하는 것이 좋겠는가?"

정동에게 뇌물을 줘야 한다고 했던 인물이 바로 한명회였다. 따라서 한명회는 그렇게 하는 것이 좋을 것이라고 답한다. 이 무렵 이미 한명회는 동시통역사인 장유화를 매개로 해서 정동과 깊은 유착 관계를 형성하고 있었다. 그것이 조선 조정 내에서 권력을 유지하는 데 큰 도움이 되었기 때문이다.

이듬해 3월 27일, 정동이 칙사가 되어 두 번째로 조선에 방문하게 되었다는 소식이 평안도 관찰사 현석규에 의해 보고됐다. 이에 조정에서는 서둘러 신천 근처에 흩어져 살던 정동의 형제와 조카들에게 곡식을 내려주었다. 4월 초에는 서울의 정동의 집과 신천 생가까지 모두 수리하도록 명했다. 그의 비위를 건드려서는 안 되기 때문이었다.

조선 국왕에게 예를 갖추다

5월 1일, 마침내 정동은 같은 화자 출신인 강옥과 함께 한양으로 들어왔다. 당시 사신이 들어오면 일단 홍제원(서울 홍제동)에서 숙식을 취하고 관복으로 갈아입은 다음, 지금의 독립문 자리에 있던 모화관에서 조선의 임금과 명나라 사신이 격식을 갖춰 인사를 나눈다. 그 후 임금은 경복궁으로 돌아가고, 얼마 후 사신은 경복궁으로 임금을 방문하여 의식을 치른다.

예법에 따르면 국왕은 남쪽을 바라보며 남면(南面)하도록 되어 있고, 신하는 당연히 북면(北面)하게 된다. 그러나 명 사신의 경우 우리가 조공을 바치는 나라의 신하이기 때문에 거꾸로 조선 국왕이 북면을 하는 경우가 잦았다. 이때 정동과 강옥은 둘 다 조선 출신이었기 때문에 성종이 남면하기를 권했으나 성종은 끝까지 사양했다.

오랜 실랑이 끝에 일종의 타협책으로 동서로 나누어 재배례(再拜禮)를 행했다. 이때의 방문에서도 정동은 다시 한 번 친척과 통역사 장유화의 승진을 청탁했다. 이 또한 들어줄 수밖에 없었다. 사신으로서 두 번째 고국 방문은 8월 5일에 한양을 출발하면서 끝난다.

『실록』에는 성종 때 모두 네 차례 방문한 것으로 되어 있는데, 정동의 말에 따르면 "사신으로서 본국을 찾은 것이 모두 여섯 번"이었다고 한다. 별로 높은 지위가 아닐 때 따라온 것이 두 차례여서 『실록』에는 별도로 기록하지 않았는지도 모른다.

이 무렵 성종은 연산군의 어머니인 윤씨를 폐비시키는 바람에 명나라와도 외교적으로 갈등을 일으켰다. 이 문제를 깨끗하게 해결해 준 인물도 정동이었다. 사실 명나라 입장에서는 폐비를 시킨다거나 적장자가 살아 있는데 둘째나 셋째 아들에게 왕위를 물려줄 경우 정치적 분쟁의 씨앗이 되기 때문에 승인해 주지 않으려 했다. 윤씨의 경우에도 마찬가지였다. 그러나 성종의 밀명을 받은 한명회가 손을 쓰고 정동이 황제에게 "윤씨에게는 몹쓸 병이 있어 폐비했다고 한다"며 거짓으로 보고해서 별탈 없이 넘어갈 수 있었다.

성종 14년(1483년) 7월, 70세를 넘긴 정동은 사신으로서 마지막으로 조국을 찾았다. 서울에 머무는 동안 위급한 상황을 맞기도 했던 정동은 결국 10월경 명나라로 돌아가던 길에 황주의 생양관에서 숨을 거둔다. 조선에서 화자로 살다가 명나라 황제의 총애를 받는 권력자에까지 올랐지만 개사로 치후름 마친 것이다.

횡포가 없지는 않았지만 정동은 자신이 조선 사람임을 잊지 않았다. 연산군 9년, 또 다른 화자 출신 김보가 거들먹거리며 횡포를 부리자 연산군과 신하들은 정동을 그리워했다.

"정동은 창덕궁의 돈화문 밖에서 말에서 내렸으며, 전하를 높여 북면하여 앉았고, 자리를 옮길 때면 손수 의자를 들어서 옮겨놓고 감히 (성종을) 우러러보지 못하였다."

물론 그렇지 못한 화자 출신 사신이 훨씬 많았다.

各得其所

각득기소 各得其所

모든 것이 각자 있어야 할 제자리를 얻었다는 뜻으로, 각각의 능력에 따라 적재적소에 배치되어 제 할 일을 다한다는 말이다. 『한서(漢書)』에 있다. 저마다 타고난 재능이 있다. 부리는 사람은 그 재능을 제대로 파악하고 적절한 지위를 부여해 주어야 그의 능력을 오롯이 활용할 수 있다. 그렇지 않고 엉뚱한 자리에 배치하면 오히려 화를 부를 뿐이다.

당대의 명필,
그의 업무 능력은?

명필 한석봉의 이면

떡장수 홀어머니와의 일화로 유명한 조선 시대 4대 명필(名筆) 중한 명인 석봉(石峯) 한호(韓濩, 1543~1605년)의 이름이 『실록』에 처음등장하는 깃은 선조 16년(1583년) 윤2월 1일자에서다. 관리의 기강을감찰하는 책임을 맡고 있던 사헌부에서 "와서별제(瓦署別提) 한호는용심(用心)이 거칠고 비루한 데다 몸가짐이나 일 처리하는 것이 이서(吏胥, 이방)와 같아, 의관을 갖춘 사람이 그와 동렬(同列)이 되기를 부끄러워하니 체직(교체)하소서"라며 상소를 올렸다.

여기에는 설명이 필요하다. 먼저 '와서'라는 기관은 공조 소속으로,국가가 필요로 하는 기와를 굽던 곳이었다. 별제는 종6품으로 실무자중에서는 최고위직이었다. 가능성은 두 가지다. 하나는 실제로 사헌부가 상소한 대로 한호라는 사람의 됨됨이에 문제가 있었을 가능성이다. 또 하나는 명종 22년(1567년)에 진사시 급제가 전부인 한호를 글씨를 잘 쓴다는 이유만으로 선조가 '발탁'하자 중앙 관리들이 격에 어울리지 않는다며 거부감을 나타냈을 가능성이다. 특별한 잘못보다는 용심, 비루, 몸가짐 등을 언급한 데서도 그 점을 확인할 수 있다. 실은 둘 다였다. 그러나 선조는 단호하게 사헌부의 상소를 물리쳤다. 그 자신 명필이었던 선조가 한호의 글씨를 누구보다도 아꼈기 때문이다.

외교 문서는 석봉이 썼으면 좋겠소

진사시에 급제한 후 한호는 사자원(寫字員), 즉 글씨를 쓰는 요원으로 일하면서 명성을 날렸다. 여말 선초에는 선비들이 주로 조맹부의 송설체를 즐겨 썼다. 한호, 윤순, 김정희와 함께 조선 4대 명필로 손꼽히는 안평대군이 잘 썼던 글씨가 조맹부의 송설체였다. 반면 한호는 조맹부체보다는 왕희지체를 좋아했다. 어린 시절 꿈에 왕희지가 글씨를 주었기 때문이라고 한다. 이후 그는 왕희지체를 기본으로 하여 자신의 색깔을 가미했다는 평을 듣는다. 그것이 바로 석봉체다.

선조 이상으로 한호의 글씨를 좋아한 사람은 다름 아닌 임진왜란 때 조선을 찾은 명나라 장수와 사신이었다. 특히 명 조정 내의 고위직 인사들이 한호의 글씨를 좋아해서, 조선에 온 장수나 사신은 상납을 위해 한호의 글씨를 구하려고 온갖 노력을 기울였다.

한호는 명나라에 가는 사신단에 사자관으로 수행한 적이 있었기 때문에 그곳에서도 글을 많이 남겼다. 이수광은 『지봉유설』에서 "한호가 북경에 갈 때 어느 중국 사람 집에서 이백의 시 하나를 흰 벽에 써준 적이 있었다. 그런데 내가 24년이 지나고 마침 그 집에 들렀는데 먹 기운이 새것과 같았다. 이는 중국 사람이 한호의 글씨를 매우 소중히 여겨 아끼고 보호했던 까닭이다"라고 적고 있다.

『한석봉증류여장서첩』 중 「추일연등왕각서」, 국립중앙박물관 소장.

한호가 쓴 안동 하회마을 북촌댁의 현판. 한호는 특히 현판 글씨에 능했다.

특히 명나라 최고의 문학가였던 왕세정 같은 인물은 한호의 글씨를 보고서 "목마른 말이 냇가로 달려가고 성난 사자가 돌을 내려치는 형세"라고 평하였다. 재미있는 것은 영의정 이항복으로부터 왕세정의 이 같은 극찬을 전해 들은 선조의 반응이다.

"모든 일은 다 마음에서 이루어지는데 왕세정의 병통은 진실하지 못한 데가 있다. 한호는 현판에 쓰는 큰 글씨는 잘 쓰지만 초서와 예서는 그의 특장이 아니다. 왕세정이 그렇게 말했다면 다른 뜻이 있어서일 게다."

실제로 한호는 초서나 예서보다는 실용 서체인 해서나 행서 등에 능했다. 선조는 한호의 장단점을 누구보다 잘 알고 있었다. 그런데 당대 첫손 꼽히는 명나라 문인이 극찬했다니 믿을 수 없었던 것이다. 그러나 명나라에서는 조선에서 보내는 외교 문서는 석봉체로 써달라고 요구할 만큼 한호의 글씨를 아끼는 사람이 많았다.

재능과 행실은 별개의 문제

전쟁이 끝나자 선조는 한호를 가평군수로 임명했다. 경치 좋은 곳에서 글씨 공부에 전념할 수 있도록 배려해서였다. 하지만 한호는 관리로서 재능은 없었던 듯하다. 사헌부에서는 한호가 수령으로서 직무를 태만히 하는 바람에 백성이 고통을 견디지 못하고 뿔뿔이 흩어지고 있다며 그를 파직할 것을 연일 건의했다. 선조는 조사해 볼 것을 명하면서도 아무런 처벌도 하지 않았다.

선조의 한호에 대한 총애가 얼마나 컸는지 보여주는 사례가 있다. 선조 37년(1604년) 3월에 대마도 도주가 편액을 요청하자, 예조에서는 흡곡현령으로 있던 한호에게 쓰게 하면 어떻겠냐고 선조에게 물었다. 이에 대한 선조의 답이다.

"닭 잡는 데 어찌 소 잡는 칼을 쓸 수 있겠는가? 서울에 있는 아무에게나 쓰도록 해서 보내주어라."

대명 외교 문서에만 한호의 글씨를 써야 한다고 생각하고 있던 선조로서는 아직 강화도 맺지 않은 대마도 도주에게 글을 보낸다는 것 자체가 마땅치 않았던 것이다.

이 무렵 선조는 임진왜란 때 자신을 의주까지 호종했던 호종공신과 왜적을 맞아 전공을 세웠던 선무공신을 책봉했다. 공신도감에서는 공신의 등급을 정하고 이들에게 일종의 인증서인 교서를 내렸다. 당연히 한호가 교서 쓰는 일에 동원되었다. 그런데 한호는 빼어난 글씨와는 달리 행실에 문제가 있었던 것 같다. 이때도 사헌부에서 한호를 파직해야 한다는 상소가 올라왔는데, 교서를 쓰기 싫어하는 내색을 보이는가 하면 일부러 글씨를 잘못 쓰는 등 태업을 벌였다는 것이다. 역시 선조의 답변은 단호했다.

"한호가 글씨를 쓰기 싫어했다는 말은 사실이 아닌 듯하다. 고의로 오서까지 했다는 것은 더욱 이해가 안 간다. 이번에 교서를 한호 혼자 쓰게 했어도 한 번에 쓸 수 있었을 텐데 무슨 어려움이 있었겠는가? 아마도 잘못 전해진 것일 듯싶다."

이후 일종의 공신증이라고 할 수 있는 녹권을 쓰는 일에도 동원되었는데, 이때도 한호는 천재로서의 자존심 때문이었는지 거만한 태도를 보였다가 다시 사헌부의 탄핵을 받는다. 결국 한호는 흡곡현령에서 파직되었다. 얼마 후 선조는 공신녹권을 쓰느라 고생한 인물들에게 어린 말 한 필씩을 포상으로 내렸는데, 거기에 한호의 이름도 포함돼 있었다.

한호는 이런 논란이 있은 다음해 1605년(선조 38년)에 63세를 일기로 세상을 떠났다. 그가 세상을 떠난 지 1년이 지난 1606년 8월 6일,

선조가 극찬한 명나라 사신 주지번의 글씨.

선조는 명나라 사신을 한양에서 의주까지 접대하는 원접사의 임무를 마치고 돌아온 대제학 유근을 위로차 불러 이런저런 이야기를 하던 중 한호에 대해 언급한다. 당시 대제학이 원접사를 맡은 이유는 조선을 찾는 사신 중에 시를 좋아하는 인물이 많아 이쪽에서도 시문에 능한 사람을 뽑아서 보내다 보니 그렇게 된 것이었다.

　선조가 묻는다.

　"사신이 한양에 머물면서 이곳저곳을 유람할 때 우리 재상이 지은 시는 모두 직접 지은 것인가?"

　이에 유근은 직접 지은 것도 있고 자신이 대신 지어준 것도 있다고 답한다. 이에 대한 선조의 답변이다.

　"우리나라 사람은 글씨 획이 매우 약하고 중국은 필력이 강하다. 우리나라에서 글씨에 능통한 사람으로는 한호만 한 사람이 없었으나 그도 미진한 점이 많았다. 명나라 사신으로 왔던 주지번(朱之番)은 작은 부채에 「난정기(蘭亭記)」를 썼는데 작은 글씨가 매우 정묘하였다. 우리나라에서 글씨에 능통한 자라도 어찌 그에 미치겠는가?"

고군분투 孤軍奮鬪

원조가 없는 군대를 이끌고 적군과 힘차게 싸
운다는 뜻으로, 외부의 도움 없이 힘에 벅찬
일을 해나간다는 말이다. 선조는 임지왜란의
총 책임자로서 너무 많은 오명을 짊어지고 있
는 인물이다. 하지만 그의 행적을 더듬어보면
다시 평가해야 할 부분이 적지 않다. 선조는
한문의 권위가 절대적이던 시절, 지식의 공유
라는 기치 하에 과감하게 경서의 언해작업을
추진하였다. 훈민정음을 경서의 언어로 끌어
올린 것이다. 그의 열정은 기억할 일이다.

경서는 언문으로 쓰면
안 되는가

언해 작업을 중시한 선조

선조 7년(1574년) 10월 10일, 선조는 경연에서 유희춘과 함께 『서경』의 「홍범(洪範)」을 강연한 다음 국정 전반에 관해 이런저런 의견을 나눈다. 이때는 아직 20대 초반으로 '국정 수업' 중이었다고 할 수 있다. 『서경』을 읽고 있었다는 것은 『주역』을 제외한 사서오경에 숙달했다는 뜻이기도 하다.

이날 진강을 마친 유희춘이 물러나려 하자 선조는 이렇게 말한다.

"지금 사서(四書)와 경서(經書, 5경)의 구결(口訣)과 언석(諺釋, 언해)을 경이 정하지 않은 것이 없으니 경의 학문이 정밀하고 해박함은 세상에 드문 일이다. 사서와 5경의 구결 및 언석을 경이 모두 자상하게 정해놓았으니, 하나의 국(局)을 설치할 만하다. 혹 경학을 강론할 관원을 뽑고 싶다면 7인이 있으니, 경이 알아서 가리라."

유희춘의 개인적인 사서오경 번역 작업을 국가 차원으로 끌어올리겠다는 뜻을 밝힌 것이다. 이에 유희춘은 지금 『주자대전』의 교정 작업을 하고 있기 때문에 직접 맡아서 사서오경의 국역(國譯) 사업을 진두지휘하기는 곤란하다고 답했다. 그에 관한 선조의 대답이 인상적이다.

"아, 그렇게 해서는 안 된다."

이유불문하고 사서오경을 언해하라

10월 19일, 조강에서 이 문제가 다시 제기되었다. 유희춘은 사서오경을 언문으로 번역하는 일과 관련해 조정 내에서 반대 의견이 있음을 거론하면서, 굳이 국역 사업을 전개하려 한다면 이황이 이미 번역 및 주석 작업을 해놓은 것이 있으니 그것을 기본으로 여러 사람들의 의견을 모으면 될 것이라는 절충안을 내놓았다.

그러나 청년 선조는 단호했다.

"남들이 사서오경의 언해 사업을 아무리 좋게 여기지 않더라도 나는 좋게 여긴다. 또 사서와 오경이 모두 언해되기를 기다린 다음에 올린다면 내가 보기가 쉽지 않을 것이니, 하나씩 언해가 이루어질 적마다 올리라."

학문을 사랑하는 성품을 엿볼 수 있는 대목이다. 이후 유희춘은 개인적으로 『대학』과 『논어』의 언해와 주석을 지어 올렸다.

정확히 어떤 이유에서였는지는 모르지만 이때는 선조가 명한 국 설치도 이뤄지지 않았고 언해 사업도 제대로 시행되지 못했다. 신하들

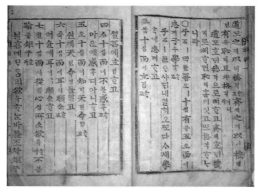

『논어언해본』, 규장각 소장.

『미암일기』, 유희춘. 선조는 미암 유희춘에게 경서언해 작업의 총 책
임을 맡겼다.

의 반대가 주요 원인이었을 것이고, 아직 어린 선조가 그것을 밀어붙
일 만한 정치력을 갖지 못했던 것도 원인으로 작용했을 것이다.

언해 작업의 주역들

선조의 사서오경 언해 구상은 결국 10년 후인 선조 17년(1584년) 교
정청(校正廳)을 설치하면서 실현된다. 임진왜란 이전의 『선조실록』의

경우 전란으로 사료가 소실되어 교정청 설치 이후의 진행 과정에 대해서는 아무런 기록이 없다가, 4년 후인 선조 21년 10월 29일에 마침내 사서오경 언해가 완성되었다는 기록이 나온다. 실은 1584년의 교정청 설치에 관한 기록도 이때 기록된 것이 전부다.

"지난 갑신년(1584년)에 교정청을 설치하고 학문하는 선비들을 모아 사서삼경의 음석(音釋)을 교정하고 아울러 언해를 달도록 하였는데, 이때에 이르러 모두 마쳤다. 관계자들에게 차례로 논상하고 태평관에서 어주(御酒)와 1등 풍악을 하사하였다."

이때 언해 작업에는 정구, 최영경, 한백겸, 정개청, 정철 등 당대의 대표적인 문사들이 대거 참여했다. 이들은 『소학』과 사서삼경의 번역을 마무리했다. 그러나 삼경은 미처 간행 사업을 하기도 전에 임진왜란이 일어나는 바람에 원고가 모두 사라졌다. 결국 임진왜란이 끝난 후에 『주역』을 중심으로 한 삼경의 번역 간행 사업이 다시금 추진되었다.

정구(鄭逑, 1543~1620년)는 사림의 대부인 김굉필(金宏弼)의 외증손으로, 조식과 이황에게서 성리학을 배웠다. 과거를 단념하고 학문 연구에만 몰두하였으나 유일(遺逸)로 천거되어 선조 13년(1580년) 창녕현감, 사헌부지평 등을 역임하고, 1585년 교정청 교정랑에 임명되어 『경서훈해(經書訓解)』를 교정하였다. 이후 임진왜란이 일어나자 각지에 격문을 보내어 의병을 일으켰고, 1594년부터 우승지, 강원도 관찰사, 공조참판 등을 지냈으며, 광해군 즉위년(1608년)에 대사헌이 되었으나 임해군(臨海君)의 옥사가 일어나자 낙향했다. 또 1613년 계축옥사가 일어나자 영창대군을 구하기 위해 상소하였고, 그후에는 벼슬을 단념하고 후학 교육에 전념하였다. 그는 경학, 병학, 의학, 역사,

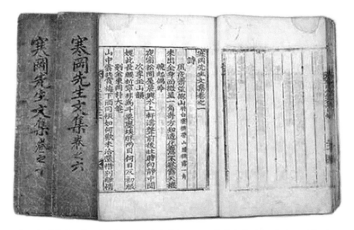
정구의 시문집, 성호기념관 소장. 임진왜란으로 중단되었던 언해 작업은 이후 정구, 최영경, 한백겸 등을 주축으로 하여 다시 전개되었다.

천문, 풍수지리 등 다방면에 통달하였는데, 특히 예학(禮學)에 조예가 깊었다.

최영경(崔永慶, 1529~1590년)은 조식의 문인으로, 학문이 뛰어나 선조 6년(1573년)에 천거되어 참봉, 주부, 도사에 임명되나 모두 사퇴하였다. 1581년에도 사헌부지평에 등용되었으나 나아가지 않았고, 1584년에 교정청낭관이 되어 『경서훈해』의 교정에 참여하였다. 불행하게도 1589년 정여립의 모반 사건 때 무고로 투옥되어 옥사하였다가 이듬해 동인(東人)의 집권으로 신원되었다. 당대의 저명한 성리학자로서 전정경의(專精敬義)를 학문의 태도로 삼았고, 조식의 영향을 받아 학문이란 구설(口舌)과 문장(文章)을 떠나 실생활에 적용시켜 실천해야 된다고 주창하였다.

한백겸(韓百謙, 1552~1615년)은 이발과 함께 민순(閔純)에게서 수학하였다. 민순은 서경덕의 제자로 예학(禮學)에 밝았는데, 이러한 학풍이 한백겸에게도 영향을 미쳤다. 실제로 그는 후대에 가서 김장생

(金長生), 정구와 함께 대표적인 예학자로 손꼽히게 된다.

과거에 뜻을 두지 않고 학문 연마에만 열중하던 그는 선조 18년 (1585년) 초부터 조정에서 경서의 훈해 작업을 시작하자 교정랑으로 뽑혀 활약하였다. 이때 탁월한 학문과 재능을 인정받아 다음해에는 태조의 영정을 관리하는 경기전(慶基殿) 참봉에 제수되고, 이어 선릉참봉에 제수되었으나 나아가지 않았다. 그의 관직 생활을 바꾼 것은 정여립 모반 사건이었다. 정여립 사건에서 그와 함께 교정랑으로 활약했던 최영경과 정개청이 억울하게 희생되었고, 그 역시 정여립에게 가담했던 이진길(李震吉)의 시체를 거두었다 하여 곤장을 맞고 유배되었다. 왜란 직후 사면을 받아 호조좌랑, 영월군수, 공조정랑 등을 두루 거쳤다.

광해군 즉위 초에는 사직소를 올리면서 공물의 폐단을 비판하였는데, 그것이 계기가 되어 이원익 등이 선혜청을 설치하면서 대동법이 실시되었다. 계축옥사 이후로는 은둔 생활에 들어갔으며 그가 죽었을 때는 생전에 그를 비판했던 사람들까지 "선인이 죽었다"며 안타까워 했다고 한다.

훈민정음의 격상

선조의 『경서훈해』 작업은 무엇보다도 훈민정음의 격을 끌어올렸다는 점에서 중대한 의미를 갖는다. 사서오경을 훈민정음으로 언해하려 했다는 것은 훈민정음을 학문 언어로 격상시켰다는 뜻이기 때문이다. 그것은 서양에서 라틴어 성서를 영어나 독일어 등 자국어로 번역하려 했던 문화 혁명에 비할 만한 중대한 사건이다. 이렇게 중대한 문화적 사건을 왜 우리의 역사가들은 폄하하고 제대로 서술조차 하지 않았는지 이해할 수 없을 정도다. 그 또한 선조라는 인물에 대한 생래적인 거부감 때문이었을까?

사실 선조가 사서오경의 언해를 명한 데는 지식의 공유라는 목표가 있었기 때문이다. 전란이 한창이던 선조 28년 5월 28일에는 조총에 맞설 수 있는 총구가 세 개인 삼안총이라는 신병기의 개발을 기뻐하면서 그것을 운용하는 데 필요한 교본인 『살수보(殺手譜)』를 언해하도록 지시한 지 오래되었는데도 시행되지 않고 있다며 진노했다.

전쟁은 끝났으나 상처는 너무 깊었다. 선조 33년 2월 3일, 선조는 승정원에 비망록을 내렸는데 그중에 이런 대목이 포함돼 있다.

"사서언해를 구하려 해도 구할 길이 없다."

이듬해 9월, 선조는 홍문관에 『주역』을 언해할 것을 명한다. 그러나 홍문관에서는 현재 자신들의 실력으로는 주역을 언해할 수 없으니 별도의 기관을 설치하고 널리 인재를 구하여 언해 사업을 펼치는 것이 좋겠다고 의견을 올렸다. '교서관(校書館)'이라는 별도의 기관이 설치되었고, 『주역언해』는 2년 후인 1606년 3월 20일에 완성되었다. 당시 이 사업에 선조가 얼마나 적극적이었으면 『실록』의 사관은 "이런 일은 조금 천천히 해도 되는데 미처 못 마칠까 봐 두려워하기가 너무나도 심하였다"고 비판하고 있다. 그러나 이는 사관이 사서오경 번역에 쏟은 선조의 열정을 너무 과소평가했기 때문이다. 『주역』 번역이 끝난 후 교서관에서는 『시경』을 번역하겠다고 보고했고, 이 일은 이뤄졌을 것이다.

兎死狗烹

토사구팽 兎死狗烹

토끼를 잡고 나면 토끼잡이에 이용했던 사냥
개도 필요 없어져 잡아먹는다는 뜻으로, 아쉬
울 때는 긴요하게 쓰다가 목적을 달성하고 나
면 가차없이 버린다는 말이다. 권력의 세계에
서는 목적에 따라 이합집산이 언제든 가능하
고, 목적을 위해서라면 때론 정적과도 함께한
다. 그러나 목적을 이루고 자리를 선점하고
나면 처절하게 상대를 내치는 것은 예나 지금
이나 다르지 않다.

전쟁이 끝나면
장수는 필요 없다

평양성 탈환의 영웅, 김응서

몇 년 전 북한은 역사적인 인물 일곱 명을 그려 넣은 우표 7종을 발표했다. 고구려의 을지문덕, 연개소문, 고려의 강감찬, 서희, 이규보, 문익점, 조선의 김응서 등이다. 문신보다는 무신을 중심으로 선정한 것도 눈에 띄지만, 무엇보다 눈길이 갔던 사람은 김응서였다. 우리에게는 거의 알려져 있지 않을 뿐만 아니라 조선의 인물로 유일하게 그가 선정된 이유도 궁금하지 않을 수 없었다.

김응서의 인생을 바꾼 임진왜란

김응서(金應瑞)는 명종 19년(1564년)에 태어나 임진왜란이 일어났을 때에는 스물여덟의 혈기왕성한 청년이었다. 그에 앞서 선조 19년(1586년) 8월 4일자 『실록』에 김응서에 관한 첫 번째 기록이 나온다. 당시 사헌부에서는 주요 관청에 대한 관리 감독을 위해 감찰을 파견했는데, 이를 분대(分臺) 감찰이라고 불렀다. 그런데 이날 사간원에서는 "감찰 김응서는 가문이 한미하여 남들로부터 무시당하고 있으니 교체해야 한다"고 건의했고 이 건의는 받아들여졌다. 2년 후에도 김응서는 감찰로 복귀했다가 똑같은 이유로 그 자리에서 물러났다. 문신 중심의 신분제 사회인 조선에서 '무신' 김응서는 주변인에 지나지 않았던 것이다.

이순신도 마찬가지겠지만 김응서의 운명을 180도로 바꿔놓은 것은 1592년에 일어난 임진왜란이었다. 개천이나 강의 수비를 책임지는 수탄장(守灘將)이라는 중견 장교였던 김응서는 선조가 의주로 몽진할 때 평양성 방어 작전에 투입되었다가 퇴각하는 바람에 징계를 받아 군직에서 물러나야 했다. 그러나 비변사는 "김응서가 용맹하다"며 곧바로 복직시켰다. 이후 김응서는 적의 목을 10여 급 베는 등 큰 공을 세워 우방어사로 승진한다. 우방어사는 각도의 군사령관인 병마절도사 바로 아래 직급이다. 그만큼 복직 후 김응서가 보여준 용맹함은 뛰어났던 것이다.

장수로서 김응서의 용맹성이 두드러진 것은 1593년 1월에 이여송이 이끄는 명나라 군대와 함께 평양성 탈환 작전을 감행했을 때였다. 김응서는 명나라 부총병 조승훈, 평안도 병마절도사 이일 등을 도와 함구문 돌파의 선봉장 역할을 맡았다. 평양 수복 전투는 대승을 거두었다. 이때의 전공으로 김응서는 종2품 가선대부에 오른다. 이후 김응서는 명군과 함께 경상도 우방어사가 되어 밀양까지 내려가 남해안에 머물고 있던 왜군의 소탕 작전을 진두지휘했다.

그러나 같은 해 7월, 김응서는 사헌부의 탄핵을 받아 자리에서 물러난다. 용맹성은 인정되나 변란을 제어할 만한 지략이 모자라며, 가는

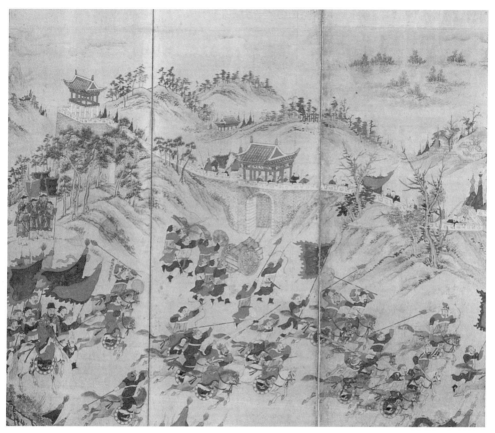

〈평양성 탈환도〉, 국립중앙박물관 소장. 1593년 이여송이 평양성을 탈환하는 장면을 묘사한 그림
이다. 김응서는 이 전투에서 선봉장 역할을 맡아 큰 공을 세움으로써 인생의 전기를 맞았다.

곳마다 창기를 가까이해 사람들로부터 손가락질을 받는다는 것이었다. 실제로 김응서는 평양성 전투에서도 평양 기생 계월향과의 염문설로 유명하다. 계월향의 도움을 받아 평양성에 은밀히 침투해 공을 세울 수 있었다는 말이었다. 그러나 큰 처벌 없이 지나갈 수 있었다. 그의 무공이 너무나도 컸기 때문이다.

그 무렵 바다에서 이순신과 원균의 갈등에 대한 보고가 조정에 올라왔다면, 육전에서는 김응서가 고언백과 서로 공을 다투고 있다는 보고가 잇달았다. 싸우는 이유도 이순신과 원균의 경우처럼 나이 어린 김응서가 자신과 같은 방어사라는 사실에 고언백이 불만을 가졌기 때문이었다. 이를 조정하는 일을 도원수 권율이 맡고 있었는데, 선조 27년(1594년) 8월, 권율은 두 사람의 화해를 조정에 부탁하기까지 하였다.

이후 전쟁이 교착 상태에 들어가자 김응서는 왜군의 소서행장 등을 직접 만나 강화 교섭을 추진하기도 했다. 그러나 적장을 직접 만난 일로 인해 김응서는 큰 고초를 겪게 된다. 선조의 주전론(主戰論)에 정면으로 맞서는 일이었기 때문이다. 주화론(主和論)은 유성룡이 이끌고 있었고, 육군의 김응서와 해군의 이순신은 유성룡의 주화론을 뒷받침하고 있었다. 주화론이란 일본과의 전쟁을 조기에 끝내자는 입장이었고, 주전론은 협상이 아니라 전투를 통해 일본군을 조선에서 내쫓아야 한다는 입장이었다. 고언백과 김응서가 다툴 때에도 유성룡은 김응서를 지켜주었다. 결국 선조는 1595년 5월 1일에 경상도 우병사 김응서를 추국하도록 명한다.

그러나 비변사에서 글을 올려 지금은 전란 중이고 김응서가 세운 공이 적지 않은데 김응서를 처벌했다가는 적의 사기를 올려주고 백성에게 괜한 걱정을 끼칠 수 있다며 처벌을 연기해 줄 것을 요청했다. 결국 김응서는 적과 내통했다는 혐의로 자리에서 쫓겨나 백의종군한다. 명나라 장수를 따라 종군하던 김응서는 다시 군공을 세웠고, 명 장수의 건의에 따라 선조는 김응서를 복직시킨다.

전쟁 영웅의 비극적인 최후

전쟁이 끝난 후 1601년에 김응서는 전라도 병마절도사, 즉 전라도 전체를 책임지는 군사령관으로 승진한다. 그의 행실과 관련하여 사헌 부 등의 탄핵이 이어졌지만 그의 전공이 워낙 혁혁하였기 때문에 선 조도 그를 신임했다. 김응서는 이듬해 충청도 병마절도사에 오르지만 부하 무장을 거칠게 다룬 죄로 사헌부의 탄핵을 받아 절도사에서 물러 났다.

전쟁이 끝나자 전쟁 영웅에 대한 조선 조정의 대우는 다시 나빠졌 다. 그는 평안도 정주, 함경도 길주 등의 목사를 '전전'하고 있었다. 평 화로운 시대는 그를 필요로 하지 않았다. 심지어 광해군 5년(1613년) 에는 그가 역모를 꾸몄다는 거짓 고변까지 조정에 들어갔다. 안주목 사로 근무할 때 백성에게 지나치게 많은 부역을 시켰기 때문에 힘들 었던 백성이 평안도 관찰사에게 그런 글을 올렸던 것 같다. 김응서는 욕심이 많기는 했지만 역모를 꾸밀 사람은 아니었다.

곧 석방된 김응서는 한동안 어려운 시절을 보냈지만 임진왜란 때 그가 세운 전공과 용맹성을 누구보다 잘 알고 있던 광해군이 1618년 에 평안도 병마절도사로 임명했다. 서북 지방의 국경을 맡긴 것이다. 같은 해 7월, 명나라에서는 후금 정벌을 위해 원군을 요청했다. 광해 군은 처음에는 국내 사정을 이유로 파병을 여러 차례 미뤘으나, 칙사 까지 파견하는 등 압박하는 명나라의 강력한 요구를 끝까지 거절할 수 는 없었다. 마침내 김응서는 부원수가 되어 도원수 강홍립과 함께 1만의 군사를 이끌고 출정하였다.

광해군을 비롯한 조선 조정에서는 강홍립에게 별도로 비밀 명령을 내렸다.

"형세를 보아 향배(向背)를 정하라!"

현지 상황에 맞게 적당히 싸우는 척하며 시간을 끌고 싸우는 시늉만 하라는 것이었다. 1619년에는 심하라는 곳에서 후금 군대와 맞서 큰 승리를 거두기도 했다. 그러나 부차 전투에서 명나라 군대가 크게 패하자 강홍립은 후금에 투항했고, 그 바람에 김응서는 포로 신세가 되고 말았다.

여기서 도원수 강홍립과 부원수 김응서의 처신은 갈렸다. 강홍립은 훗날 청나라를 세우게 되는 후금의 왕 누르하치에게 조선이 처해 있는 상황을 설명하며 조선군의 무사 귀환을 요청했다. 이에 반해 김응서는 후금의 자세한 정세를 일기 형식으로 기록하여 비밀리에 조선으로 보내려 했다. 임진왜란 때 소서행장(小西行長, 고니시 유키나가)와 직접 면담했던 데서도 알 수 있듯이 김응서는 정보전의 중요성을 잘 알고 있었다.

그러나 이런 김응서를 지켜보는 강홍립의 생각은 달랐다. 자칫 김응서의 행동이 발각될 경우 명나라의 조선에 대한 의심은 더욱 커질 것이고, 포로가 된 조선군의 석방도 어려워지리라고 본 것이다. 결국 강홍립은 김응서의 일기 작성을 누르하치에게 고발했고, 김응서는 이국 땅에서 삶을 마감해야 했다.

계속 억류돼 있던 강홍립도 김응서가 죽은 지 3년 후인 인조 5년(1627년) 정묘호란 때 청나라 군대의 선도가 되어 조선에 들어왔다가 역신(逆臣)으로 몰려 죽음을 당하게 된다. 힘없는 나라의 두 장수는 원치 않던 원정에 동원됐다가 결국 비극적인 최후를 맞았다.

북한이 조선의 인물 중에서도 무장인 김응서를 대표적인 인물로 선정한 이유는 무엇일까? 평양성 탈환 때 그가 세운 공 때문이었으리라. '조국'의 수도인 평양을 지키겠다는 수호 의지를 간접적이나마 밝히려는 것이라고 봐야 할 것이다.

사건을 꿰뚫는 촌철살인

鼠目寸光

서목촌광 鼠目寸光

쥐 눈에 작은 빛이라는 뜻으로, 안목이 좁아 멀리 내다보지 못하는 좁은 소견을 이르는 말이다. 사람은 때로 결과에 집착한 나머지 사건의 본질을 호도하는 경우가 많다. 우리는 임진왜란을 볼 때 선조는 우리 민족에게 치욕을 안겨준 왕으로, 이순신은 자존심을 지켜준 영웅으로 양분하며 선조에게 유독 가혹한 평가를 내린다. 정말 그것만이 진실일까.

선조를 왜
무능하다고만 하는가

조선사 최대의 악연, 선조와 이순신

한국 역사에서 '임진왜란'이라는 단어만큼 한국인의 심성을 병들게
한 단어가 또 있을까? 있다면 병자호란이나 을사늑약 정도가 아닐까?
역사 속에서 한 나라가 나라답지 못한 국면을 만났을 때 그것을 직시
하기란 불가능하다. 그것은 개인도 마찬가지다. 눈앞에서 비극적인
사건이 발생했을 경우 그것을 응시하거나 직시하기는커녕 반사적으
로 얼굴을 돌려 외면해 버린다. 그리고 시간이 얼마간 흐른 뒤에야 아
주 조심스럽게 실눈을 뜨고 사고 현장을 잘게 나눠서 충격을 최소화
해 가며 들여다보게 된다.

선조의 굴욕만으로, 이순신의 영웅적 행위만으로 임진왜란을 살펴
보려 한다면 그것은 역사 외면의 전형적인 사례가 될 것이다. 두 사람
중에서 어느 한 사람이 빠진 조선인의 '임진왜란' 체험사는 절름발이
신세를 면치 못한다.

'조선호'의 선장과 기관장

그동안 한국인의 '임진왜란 보기'는 이순신의 눈을 통해서만 보려는 경우가 많았다. 그래야 자존심이 덜 상하고 상처를 덜 입게 될 뿐 아니라 때로는 통쾌하기까지 해서다. 이를 위해 선조는 망가져야만 하는 소품처럼 다뤄졌다.

그러나 유감스럽게도 하나의 전체로서 임진왜란을 맞아야 했던 사람, 그것도 유일한 사람은 이순신이 아닌 선조였다. 부분의 영웅이 이순신이었다면 전체의 지휘자는 선조였다. 선조가 실패한 전쟁 지도자였는가 하는 문제는 별개로 하고 말이다.

전쟁은 역사에서는 분명 돌발적인 변수다. 평상시 뛰어난 국왕이 전쟁 때 혼군이 될 수 있고, 평상시의 폭군이 전쟁을 승리로 이끄는 명군이 될 수도 있다. 뛰어난 정치력이 곧 뛰어난 전쟁 수행 능력을 말하는 것은 아니기 때문이다. 전쟁을 일으키는 군주가 될 수도 있고 전쟁을 당하는 군주가 될 수도 있다. 누가 승자인가? 적어도 전쟁에 관한 한 살아남은 쪽이 승자다. 과정이야 어쨌든 선조는 살아남았다. 갖은 굴욕과 여러 차례의 역모에도 선조는 나라를 지켜냈고 정권도 지켜냈다. 상처뿐인 승자도 승자다. 운이 좋아서 살아남았을 수도 있고, 살아남는 데 필요한 능력을 발휘했기 때문일 수도 있다.

사실 선조와 이순신은 직접 얼굴을 맞댄 적이 없다. 두 사람은 '역사적으로 대면'했다. 너무나 극적인 대비를 이루며 두 사람은 역사에서 '만났다.' 이렇게 두 사람을 만나게 해준 것도 전쟁이다. 전쟁이 나지 않았더라면 직접 얼굴을 볼 기회는 말할 것도 없고 '역사적으로 대면'해야 할 일도 없었을 것이다. 극한의 불확실성이라는 전쟁이 일어났기에 선조와 이순신은 함께 얽힐 수밖에 없는 운명이었다.

임진왜란 당시 조선호라는 낡고 오래된 배의 키를 잡고 있던 사람은 선조였다. 애당초 자신이 키를 잡게 되리라고는 꿈에도 생각하지 못했다. 배나 항해에 관한 지식이라고는 한 줌도 되지 않았고, 바다에 나가본 적도 없었다. 갑자기 노련한 항해사들이 열여섯 어린아이에게 선장을 맡아줄 것을 강권했다. 사양했지만 피할 수가 없었다. 선장직을 수락한 후에도 모든 일은 항해사들이 알아서 했고, 자신은 뒤늦게 항해술에 관한 수업을 받느라 정신이 없었다. 다행히 난파 조짐을 보이던 배는 다시 움직이기 시작했고, 조금씩이나마 항해를 계속해갔다. 마흔 살을 넘어 조금씩 항해에 흥미를 가지려 할 무렵에 태산 같은 파도가 밀려오더니 7년간 폭풍우가 몰아쳤다. 이런 상황은 난생처음이었다. 그동안 익힌 항해술로 대처한다는 것은 불가능했다. 제발 다른 사람이 키를 맡아달라고 수도 없이 호소했지만 아무나 선장이 되는 것은 아니라며 자리를 지켜줄 것을 강요했다. 폭풍우가 잦아들었을 때 배는 만신창이가 됐지만 난파는 면했다. 선조를 위한 변명이 아니라 역사적 사실을 비유적으로 정리한 것이다.

'육군 장교' 이순신

이순신(李舜臣)은 을사사화가 일어나던 명종 즉위년(1545년) 3월 8일에 한양 건천동에서 태어났다. 그러나 살림이 어려워 어머니 변씨의 친정이 있는 충청도 아산으로 이사 가 어린 시절을 그곳에서 보냈다. 어려서는 두 형을 따라 학문을 익히며 문신의 길을 꿈꿨으나 어느 시점부터 무인의 길을 걷기로 결심했다.

이와 관련해 주목해야 하는 것은 그의 장인 방진이다. 이순신은 스무 살 무렵 방진의 딸과 결혼했다. 이순신이 무신의 길을 택한 데는 보성군수를 지낸 방진의 권유와 지도가 절대적이었던 것 같다. 아산

현충사 경내에 있는 방진의 비문에는 이순신의 결혼에 대한 일화가 기록돼 있다. 당시 영의정 이준경이 방진에게 이순신과 딸을 결혼시킬 것을 권유했다는 것이다.

이순신은 22세 때부터 본격적으로 무예를 배우기 시작했고 28세 때 처음으로 훈련원 별과에 응시했지만 말을 타다가 떨어져 왼쪽 다리가 부러지는 바람에 낙방했다. 4년 후인 선조 9년에 무과에 급제해 함경도 최전방의 권관(權官)으로 나간다. 오늘날의 초급 장교였던 셈이다.

이후 이순신은 훈련원봉사, 충청도 절도사군관, 함경도 절도사군관 등을 지내며 사복시주부에 올랐으나 선조 19년에 북방의 오랑캐들이 난리를 일으키자 조산보 병마만호가 되어 최전방으로 파견되었다. 이 듬해 8월에는 두만강 내 녹둔도 둔전관을 겸하게 되는데, 사정을 돌아본 병마만호 이순신은 이 섬의 위치가 고립되어 있으니 군사를 증원해달라고 함경도 절도사 이일(李鎰)에게 요청했으나 거절당했다. 이후 실제로 오랑캐가 급습하는 바람에 큰 피해를 입었고, 절도사 이일은 그 책임을 이순신과 이경록에게 덮어씌웠다. 그 바람에 두 사람은 파직당하고 백의종군을 명 받았다. 이일은 그 후에도 계속 이순신의 앞길을 막아섰다.

선조의 특명으로 '해군 장교'의 길로 들어서다

『실록』을 보면 선조는 임진왜란이 터지기 몇 해 전부터 왜란의 조짐을 경계하고 있었다. 선조가 1589년 1월 21일, 비변사에 '불차채용(不次採用)'의 특명을 내린 것도 그 때문이었다. 그것은 서열에 관계없이 능력이 있는 장수들을 뽑아 올리라는 것이었다. 이에 비변사의 3정승과 병조판서 등이 각자 대여섯 명씩 후보를 써냈다. 이때 영의정 이산

해와 우의정 정언신이 각각 이순신을 추천했다. 중복 추천을 받은 것이다. 여기서 특히 주목해야 할 것은 정언신의 추천이다. 정언신은 이미 이순신을 직접 겪어서 잘 알고 있었기 때문이다.

정언신(鄭彦信, 1527~1591년)은 명종 21년(1566년)에 유성룡과 함께 문과에 급제했고, 사헌부장령, 동부승지 등을 거쳐 함경도 병사로 나가 녹둔도에 둔전을 설치하고 군량미를 비축했다. 이 무렵 이순신과 첫 만남이 있었을 것이다. 이후 한양으로 돌아와 대사헌, 부제학 등을 지냈다. 선조 16년에 오랑캐 니탕개가 침입하자 함경도 순찰사로 임명되어 이순신, 신립, 김시민, 이억기 등을 거느리고 격퇴하였다. 이후 함경도 관찰사로 임명되어 변경의 방비를 강화했으며, 그 공으로 병조판서에 올라 우의정으로 있으면서 이순신을 천거한 것이었다.

선조의 불차채용 덕에 이순신은 복직하여 전라도 순찰사 이광의 아래에 있다가 정읍현감을 지낸다. 짧은 인연이지만 이광에 대해 간략히 언급해 둘 필요가 있다. 이광(李洸, 1541~1607년)은 이순신과 같은 덕수 이씨로 좌의정을 지낸 이행의 손자다. 선조 7년(1574년), 문과에 급제해 6조의 좌랑, 정랑을 두루 거쳤으며 1589년에 전라도 순찰사가 되었다. 그해 겨울 정여립 관련자들을 모두 잡아들이라는 명령을 어기고 혐의가 적은 자들을 임의로 풀어주었다가 탄핵을 받고 파직되기도 했다. 이순신을 부하로 받아들였던 것도 이 무렵이다.

1592년에 임진왜란이 발발하자 전라도 관찰사로 충청도 관찰사 윤선각, 경상도 관찰사 김수 등과 함께 관군을 이끌고 북상하여 한양 수복 계획을 추진했으며, 이때 막료인 권율 등이 곧바로 한양으로 진격할 것을 건의했으나 용인에 진을 지고 있는 왜적을 먼저 공격하기로 했다가 기습을 받아 참패했다. 이 문제로 많은 전공이 있었는데도 파직되어 백의종군하다가 유배를 가게 된다.

한편 선조 24년(1591년) 2월, 이순신은 진도군수로 임명되었다가 곧바로 전라좌수사로 특진한다. "이천, 이억기, 양응지, 이순신을 남해의 요충지로 보내 공을 세우게 하라"는 선조의 특명이 있었기 때문이다. 즉, 육군 이순신을 해군 이순신으로 변모시킨 장본인은 선조다. 물론 거기에는 유성룡의 천거가 있었다.

이순신을 특진시켜 전라좌수사로 임명하자 대간에서는 반발했다. 아무리 인재가 없다고 하더라도 그것은 지나친 인사라는 것이었다. 물론 이순신이라는 인물을 선조가 알았을 리는 없지만 서둘러 인재들을 뽑아 전면에 배치해야 한다고 했던 것은 선조 자신이었다. 선조는 불안해하고 있었다. 주변 정세의 움직임이 좋지 않았기 때문이다. 여러 차례 대간들이 이순신 반대 상소를 올린 데 대한 선조의 답변에서 그 같은 절박감을 읽어낼 수 있다.

"지금은 상규(常規)에 구애될 수 없다. 인재가 모자라 그렇게 하지 않을 수 없었다. 그 사람이면 충분히 감당할 터이니 관작의 고하를 따질 필요가 없다. 다시 논하여 그의 마음을 동요시키지 말라."

적어도 이순신을 있게 한 데는 선조의 이 같은 결정이 있었다는 사실을 지워버려서는 안 된다. 선조가 이때 내린 결정의 진가는 1년 후 임진왜란이 일어나자마자 극적으로 드러나게 된다.

왕의 추락, 장수의 상승

이순신이 예측했고 선조가 우려했던 대로 선조 25년(1592년) 4월에 임진왜란이 발발했다. 4월 30일 새벽, 선조는 한양 도성을 버리고 북쪽으로 파천길에 나섰다. 다음 날 전라좌수사 이순신은 휘하의 모든 장수와 전선들을 불러 모았다. 전선은 24척이었다. 나흘 후 경상도 쪽 당포로 가보았더니 경상우수사 원균은 전투에서 패해 전선 73척을 모조리 잃었다. 5월 7일, 마침내 이순신은 옥포에서 왜선 30여 척을 깨뜨리는 대승을 거뒀다. 조선 관군이 일본군을 상대로 거둔 첫 번째 대승이었다. 조정에서는 5월 23일에 이순신에게 가선대부(종2품)의 품작을 내렸다. 이때 선조 일행은 평양에 머물고 있었다. 그러나 평양도 얼마 안 가서 함락 위기에 놓인다.

6월 11일, 선조 일행은 평양을 버리고 다시 북쪽으로 향했다. 이때부터 선조는 의주를 거쳐 명나라로 도망칠 생각을 하고 있었다. 선조는 조국을 버리려 했고, 이순신은 조국을 침범한 적 속으로 파고들고 있었다. 6월 2일, 당포에서 적선 20여 척을 부수고 대승을 거둔 이순신 군대는 6월 5일에 당항포에서 적선 100여 척을 파괴하는 대승을 거둔다. 이순신은 자헌대부(정2품)에 오른다.

선조 일행은 6월 22일에 의주에 도착했다. 도착한 날부터 선조는 명나라로 망명하겠다는 의사를 밝힌다. 선조의 요동 망명을 둘러싸고 실랑이가 계속되던 7월 8일, 이순신은 적선 70여 척을 대파하고 한산대첩에서 승리를 거두었다. 선조는 추락하고 있었고 이순신은 날아오르고 있었다.

한편 육전에서는 연말부터 이여송이 이끄는 명군이 참전하여 1593년 초 평양성을 탈환했고, 4월에는 한양을 수복했으며, 일본군은 경상도 남쪽으로 퇴각했다. 한편 조정에서는 3도의 수사들이 통제에 혼란을 겪고 있으므로 3도수군통제사를 신설해 이순신이 겸임하도록 하였다. 전쟁이 소강 국면에 접어들면서 3도수군통제사 임명은 정치를 모르는 이순신에게는 독이었다. 선조의 개입이 시작됐고, 원균의 질시가 이어졌다. 어찌 보면 이순신은 국가의 존망이 달린 전투 현장에서만 필요한 인물이었는지도 모른다.

당시 선조는 서두르고 있었다. 일본군이 바다를 건너 자기 순순히 나라로 돌아가게 해서는 안 된다는 것이었다. 반면 이순신은 적의 계략에 빠지는 것을 경계했다. 이순신에 대한 선조의 인식이 바뀌고 있었다. '전쟁 초에 공을 세웠다고 해서 조정을 무시하는 것인가?' 결국 이순신을 모함하는 무리들의 공작이 성공을 했고, 이순신은 선조의 공격 명령을 무시했다는 죄목으로 3도수군통제사에서 파직되어 한양으로 체포된다. 선조 30년의 일이다.

윤근수가 주도한 이순신 처단론이 급격하게 힘을 얻고 있었다. 선조도 격분했다.

"지금 이순신이 지은 죄는 가등청정(加藤淸正, 가토 기요마사)를 생포한다고 해도 면하지 못할 것이다."

실제로 이때 선조는 이순신을 죽이려 했다. 선조의 기세에 눌려 이순신을 추천한 장본인인 유성룡도 더 이상 변호하기 힘들 정도였다. 조정에서는 이순신의 죄를 논의하기 시작했다. 죽음은 시간문제처럼 보였다. 이때 중추부판사 정탁이 홀로 나섰다.

"그 사람은 명장이오니 죽여서는 안 되옵니다. 군사상 문제는 다른 사람이 판단하기 어려운 부분이 있습니다. 그 또한 짐작하는 바가 있어 싸우지 않은 것이라 생각됩니다. 너그러이 용서해 훗날을 대비하십시오."

형벌은 사형에서 '한 차례 고문 후 삭탈 관직'으로 감형되었다. 이순신은 권율 장군의 휘하로 들어가 두 번째 백의종군을 해야 했다.

그러나 이순신을 내몰고 3도수군통제사에 오른 원균은 7월 18일에 일본군에 대패하여 배를 모두 잃었고 명장 이억기도 순직했다. 조정은 발칵 뒤집어졌다. 결국 8월 3일, 다시 이순신을 3도수군통제사로 임명했다. '전쟁의 신' 이순신은 아무 말 없이 13척을 몰아 연전연승을 거두었다. 이듬해(1598년) 이순신과 함께했던 명나라 수군 장수들은 선조를 만날 때마다 이순신에 대한 칭찬으로 침이 말랐다.

"이순신이 아니었던들 중국 군대가 작은 승리라도 거두는 것이 불가능했을 것입니다."

그때마다 선조의 대답은 냉랭했다.

"소방(小邦, 조선)의 수군도 황제의 위엄을 얻어 약간의 승리를 얻었을 뿐입니다."

대국의 장수에 대한 겸양의 말만은 아니었다.

전쟁은 막바지를 향해 치닫고 있었다. 11월 18일 자정, 노량해전이 시작됐다. 새벽 2시경 몸소 북을 두드리며 부하들을 독려하던 이순신이 적탄에 맞았다.

"내가 죽었다는 말을 입 밖에 내지 마라. 군대를 놀라게 하면 안 된다."

함께 싸웠던 명나라 장수 진린은 이순신의 죽음을 듣고서 배 위에

서 세 번이나 넘어지며 통곡했다.

"이제는 같이 일할 만한 이가 없구나!"

한편 조정에는 11월 24일에 이 사실이 보고됐다. 선조의 반응은 담담했다. 그리고 다시 일주일이 지난 11월 30일, 선조는 승정원에 다음과 같은 전교를 내렸다.

"이순신에게 증직(贈職)하고 치부(致賻)하고 관에서 장사를 도우라.

또 그의 아들이 몇 명인가? 상이 끝난 뒤에 모두 벼슬을 제수하는 것이 옳다. 해상에도 사우(祠宇)를 세워야 하니 비변사로 하여금 의논하여 아뢰도록 하라."

이순신은 그해 12월 우의정에 증직되었다가 선조 37년에 선무(宣武) 공신 1등에 책록되는 동시에 좌의정 덕풍부원군에 추증됐고, 시호는 충무공(忠武公)으로 정해졌다. 그 후 정조는 이순신을 영의정에 추증했다. 선무공신 1등은 모두 셋으로, 권율과 원균이 나머지 두 명이다.

이순신은 선조를 만나 불행했다. 당대의 국왕으로부터 인정받지 못한 장수였기 때문이다. 인정은커녕 질시와 견제의 대상이었다. 그러나 만대에 걸쳐 인정받고 존경 받는 인물이 된다. 반면 선조는 이순신을 만나 당면한 화를 면할 수 있었다. 나라를 망해먹은 국왕이라는 오명을 피할 수 있었던 것도 이순신과의 '만남' 때문이었다. 그러나 선조는 두고두고 이순신을 뒤흔든 국왕, 사람을 알아볼 줄 모르는 국왕이라는 손가락질을 받아야 했다. 전쟁이 아니었다면 결코 일어날 수 없는 일이다.

困窮而通

곤궁이통 困窮而通

곤궁하면 통한다는 뜻으로, 도저히 어찌해 볼 수 없는 어려운 상황 중에 오히려 활로가 열린다는 말이다. 진주 선비 조완벽은 전란의 혼란 속에 일본에 표류해 포로 신세가 되었다. 하지만 문자를 알았기에 무역상으로 고용되어 조선인 최초로 베트남을 방문하기에 이른다. 뜻하지 않은 중에 이수광과 인연을 맺은 이들을 만나 이름이 역사에 등장하게 되고, 마침내 고국으로 돌아올 기회를 얻었다.

진주 선비,
베트남을 방문하다

최초의 베트남 방문객, 조완벽

개인은 역사의 풍랑을 만나면 하루아침에 조각배 신세를 면치 못한
다. 우리 역사 속에 이처럼 조각배 신세가 되어 이 나라 저 나라를 떠
돌아야 했던 비운의 인물을 만나기란 그리 어렵지 않다. 특히 임진왜
란 때 그런 인물이 많았다.

그중 조완벽(趙完璧)이라는 인물은 특이하게도 안남(安南, 베트남)
에 세 번이나 다녀왔다. 진주 사람인 그에 관한 정보는 대단히 간략하
다. 선조 때 인물인 이수광은 『지봉유설』 중에 특이하고 재미있는 이
야기를 전하는 '이문(異聞)' 편에서 조완벽의 안남 방문 이야기를 상세
하게 기록하고 있다. 그리고 조선 중기의 문신인 정사신의 문집 『매창
집』에는 조완벽이 사헌부장령을 지낸 하진보(河晉寶)라는 사람의 조
카손녀사위라고 되어 있다. 하진보는 명종과 선조 때 세자시강원 사
서, 사간원정원, 병조좌랑, 사헌부지평, 예조정랑, 사헌부장령 등을

지냈다고 『실록』에 기록된 인물이다. 그러나 그 이후 일찍 사망했는지 아니면 관직에서 물러났는지 더 이상의 기록은 없다.

포로에서 무역상으로

조완벽은 양반 집안의 평범한 젊은이로 생원시에 합격하고서 문과 급제를 꿈꾸다가 전란을 당하여 기구한 운명을 겪게 된 것으로 보인다. 스무 살 무렵인 선조 30년(1597년) 정유재란 때 조완벽은 포로의 신세가 되어 일본으로 끌려갔다. 처음에는 노역에 동원되었다가 문자를 안다는 이유로 교토의 무역상에게 고용되었다. 당시 일본은 동남아 일대를 상대로 활발하게 교역을 하고 있었다.

조완벽을 고용한 무역상은 주로 안남을 상대로 상거래를 펼쳤다. 당시 뱃길에 대해 이수광은 조완벽으로부터 전해 들은 증언을 바탕으로 이렇게 설명한다.

"안남은 일본과의 거리가 바닷길로 3만 7천 리나 되는 곳으로, 일본 사쓰마로부터 바다로 나가는데 바닷물이 서쪽으로 높고 동쪽은 낮아 주야로 50~60일은 가야 안남에 도착한다."

조완벽 일행은 한번 안남에 가면 석 달 정도 머물렀다. 이때 조완벽의 눈에 신기한 광경이 들어왔다. 불과 석 달 사이에 한쪽에서는 논을 갈고, 다른 쪽에서는 곡식이 무르익고, 또 다른 쪽에서는 곡식을 거두는 것이었다.

현재까지의 기록으로만 본다면 조완벽은 조선인으로서 안남에 처음으로 발을 들여놓은 인물이 된다. 고려 때 안남 리(李) 왕조의 왕족이 고려로 귀화한 적은 있었다. 반면 고려 사람이 안남에 들어갔다는 기록은 없다. 따라서 조완벽의 안남행은 한국과 베트남 관계사의 새 장을 연 셈이라고 할 수 있다.

그에 앞서 조선과 안남의 간접적인 접촉은 있었다. 두 나라 모두 명나라에 조공을 바쳤기 때문에 북경에서 양국 사신들이 만나는 경우가 종종 있었다. 『지봉유설』의 저자 이수광이 바로 그런 경우다. 실학 사상의 아버지로 불리는 이수광(李睟光, 1563~1628년)은 임진왜란이 발발하기 2년 전인 1590년에 성절사의 서장관으로 뽑혀 처음 북경에 다녀왔다. 조완벽이 일본으로 피랍되던 1597년에는 성균관대사성으로 있으면서 진위사로 북경을 방문했다.

바로 이때 이수광은 안남에서 온 사신들과 필담으로 교분을 나눴다. 이때 만난 안남 사신의 이름이 풍극관(馮克寬)이라고 『지봉유설』에서 밝히고 있다. 이때 이수광과 풍극관이 주고받은 시 문답은 이랬다. 먼저 이수광이 "귀국은 겨울도 봄처럼 따뜻하고/얼음과 눈을 볼 수가 없다고 하더이다"라고 하자 풍극관은 "남국은 겨울이 적고 봄이 하도 많아서"라고 화답했다. 또 이수광이 "귀국에는 두 번 익는 벼와/여덟 번 치는 누에가 있다고 하더이다"라고 노래하니 풍극관은 "두 번 익는 보리와 여덟 번 치는 삼도 있소이다"라고 맞받았다. 400년 전, 북경의 옥하관에서 외교관들이 풍류와 낭만을 즐긴 것이다.

이후 광해군 3년(1611년)에도 이수광은 세자의 관복을 명나라에 요청하는 주청사로 북경에 다녀오게 된다. 이때도 이수광은 안남의 사신들과 시문을 주고받는 등 교류했다. 이수광이 『지봉유설』을 저술하면서 안남에 다녀온 조완벽 이야기에 별도의 항목을 할애한 것도 북경에서 쌓은 안남 사신들과의 교분이 크게 작용했을 것이다.

조완벽과 이수광

조완벽이 일본 상인 일행을 따라 처음으로 안남에 간 해는 선조 37년 (1604년)이다. 이미 이수광이 두 차례 안남 사신들과 교류를 한 이후였다. 『매창집』에는 안남에 간 조완벽의 경험담이 상세하게 실려 있는데, 그곳 사람들은 조완벽이 조선 사람이라는 것을 알고 환대했다. 그러면서 어떤 이는 이수광의 시를 암송하면서 그가 어떤 인물이냐고 물었다. 진주의 젊은 선비로 서울 생활을 한 적이 없던 조완벽이 이수광이라는 이름을 들었을 리가 없다. 안남 사람들은 오히려 "너희 나라의 문인을 어찌 모르느냐"며 면박을 주기까지 했다. 이에 조완벽은 안남인들이 즐겨 암송하던 이수광의 시를 베껴 가지고 왔다고 한다. 아마도 이수광이 풍극관에게 화답한 시였을 것이다. 이후 두 차례 더 안남을 오가는 과정에서 조완벽은 여송(呂宋, 필리핀)과 유구국 등도 두루 방문할 수 있었다.

그러나 아직 서른도 되지 않은 조선의 선비 조완벽은 어떻게 해서든지 고국으로 돌아가려고 애썼다. 1606년에 다행스럽게도 귀국할 기회가 찾아왔다. 일본은 전쟁이 끝나자 계속 통상을 요청했다. 조선 조정에서는 굴욕적이라는 의견이 만만치 않았으나, 결국은 회답사라 하여 통상을 재개하기 위한 사신단을 파견한다. 정사는 여우길, 부사는 경섬, 서장관은 정호관으로 결정되었다. 선조는 회답사의 과제 중에 일본으로 붙잡혀 간 포로들을 쇄환하는 문제를 반드시 포함시킬 것을 명했다.

"군주는 백성에게 부모의 도리가 있다. 백성이 오랑캐에게 잡혀 가 예의지국의 백성에서 장차 오랑캐 나라의 백성이 되게 생겼으니 슬프지 않을 수 있겠는가?"

회답사는 명칭을 '회답쇄환사'로 바꾸지는 못했지만 100여 명의 조선인 남녀를 데리고 1607년 7월 19일에 조선으로 돌아왔다. 훗날 호조 참판에 오르게 되는 회답사의 부사 경섬(慶暹)은 『해사록(海槎錄)』이라는 일본 기행문을 남겼는데, 여기서 조완벽에 관해 언급한다.

"포로 조완벽은 진주 선비로서 영리하고 믿을 만한 사람으로 함께 귀환하였다."

조선으로 돌아온 조완벽이 이수광을 직접 찾아왔는지는 확인할 길이 없다. 그런데 이수광은 일본이나 큰 바다에 관한 이야기를 할 때면 수시로 조완벽의 말을 인용하고 있다. 또 안남에서 애송되고 있는 자신의 시와 관련된 이야기도 언급하고 있다. 문맥을 살펴봤을 때 두 사람이 만났을 가능성은 높다.

귀국 이후 조완벽은 출사(出仕)의 길을 도모하지는 않았던 것 같다. 아무나 하기 힘든 특이한 체험을 했기 때문이었을까? 대신 귀국 이후 조완벽의 행적에 대해 이수광은 아주 담담하게 "10여 년 만에 조완벽은 본국으로 돌아와서 늙은 어머니와 아내와 함께 탈 없이 사니 사람들은 모두 이상한 일이라고 하였다"고만 적고 있다.

가문의 부침으로 보는 조선 500년 II

동래 정씨, 안동 김씨

조선 최대의 문벌 동래 정씨

세조 때부터 중종 때 사이에 조선이 망할 때까지 10여 명의 정승을 배출하게 되는 조선 최고의 명문 문벌이 성장하고 있었다. 이들이 권세를 누린 기간이나 지위를 본다면 조선 후기의 안동 김씨도 비교가 안 될 정도다. 바로 정광필의 동래 정씨 집안이다. 정광필의 아버지 정난종 때부터 본격적으로 벼슬길에 나선 이 집안은 도표 하나로는 그리기 어려울 정도로 300년 가까이 수많은 조정 인재들을 배출한다. 사실 조선 중후기는 사림들의 당쟁이 극에 달했던 시기인데, 어떻게 끊이지 않고 정승 판서들을 지속적으로 배출했는지 불가사의할 뿐이다.

정난종(鄭蘭宗, 1433~1489년)은 24세 때인 세조 2년에 생원시, 진사시, 문과에 한꺼번에 급제해 일찍부터 주목을 받는다. 세조는 그의 학문을 높이 평가해서 승지로 높여 가까이에 두었고 예조와 형조의 참판을 거치게 했다. 『실록』에 따르면 세조는 정난종에게 장수의 재(才)가 있다고 보아 지방의 군사를 책임지는 절도사 등을 맡기려 하였다. 문무를 겸비한 인재였던 것이다. 세조 13년(1467년)에 이시애의 난이 일어나자 황해도 관찰사로 있으면서 효과적인 병참 지원을 펼쳐 난을 평정하는 데 기여했다.

세조와 예종이 연이어 사망하자 성종이 한명회의 지원으로 왕위에 올랐다. 정난종은 중후한 처신으로 정치 바람에 크게 휩쓸리지 않았

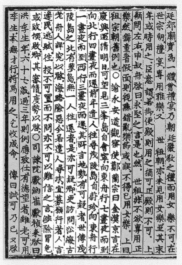

『성종실록』의 정난종 관련 부분. 동래 정씨의
명문가로서의 출발은 정난종 때부터다.

다. 이 점은 훗날 그의 아들 정광필의 정치적 행보를 이해하는 데도
중요한 단서가 된다. 성종 시대는 비교적 평안한 시기였기 때문에 정
난종도 정승에만 오르지 못했지, 평안도와 전라도 관찰사를 거쳐 이
조, 공조, 호조판서 등을 두루 거쳤다. 벼슬길에서 그의 후원자는 당
대의 실력자 신숙주였다. 정난종은 문무에 뛰어났을 뿐만 아니라 서
예에도 조예가 깊었다. 1488년에 두 번째로 의정부 우참찬(정2품)에
제수되었으나 이듬해 57세를 일기로 세상을 떠난다. 몇 년만 더 살았
으면 정승의 자리에 올랐을 것이 분명하다. 1489년에 정난종이 세상
을 떠났을 때 그에게는 광보(光輔), 광필(光弼), 광좌(光佐), 광형(光
衡) 등 장성한 네 아들이 있었다.

　광(光)이라는 돌림자 뒤에 붙인 글자를 보면 정난종이 국왕을 대하
는 태도를 그대로 볼 수 있다. 보필(輔弼)하고 보좌(輔佐)하며 세상을

바로잡는 저울(衡)이 되겠다는 뜻을 담고 있기 때문이다. 물론 이 네 형제가 아버지의 뜻을 받드는 삶을 살았는지는 별개의 문제다. 아버지의 기대는 둘째아들 정광필로 이어진다.

정광필(1462~1538년)은 전형적인 훈구의 아들로 31세 때인 1492년에 문과에 급제하면서 관직 생활을 시작한다. 그런데 그가 관리의 길로 들어선 지 얼마 안 돼 성종이 세상을 떠나고 연산군 시대가 시작됐다. 시련의 예고였다.

정광필은 조선 시대 4대 사화 중 세 건의 사화를 아주 가까이에서 겪게 된다. 연산군 4년(1498년) 7월 2일, 정광필은 홍문관수찬에서 부교리(副校理, 종5품)로 승진했다. 그리고 보름 후인 7월 17일에 연산군이 김일손의 사초에 실린 김종직의 조의제문(弔義帝文)을 문제 삼으면서 무오사화가 터진다. 그러나 이때 정광필은 고위직이 아니었던 데다가 훈구파 후손이었기 때문에 이렇다 할 피해를 입지는 않았다.

물론 무오사화와 관련하여 그에게도 위기의 순간이 있었다. 그는 무오사화의 주역인 김일손과 가까운 사이였다. 조선 중기의 문신인 윤근수의 문집 『월정만필』에는 다음과 같은 이야기가 나온다. 연산군 초에 두 사람이 어사가 되어 남쪽 지방으로 파견되었다. 그때 용인의 한 객관(客館)에서 유숙하게 되었는데, 이때 김일손이 현실 정치를 정면으로 비판하자 정광필은 "그런 말은 위험하오"라며 오히려 김일손을 말렸다. 이에 분개한 김일손은 "어찌 사훈(士勛, 정광필의 자)이 그런 저속한 말을 하시오? 나는 절대로 썩은 선비 노릇은 하지 않을 것이오"라며 면박을 주었다. 정광필을 '썩은 선비'라고 비판한 것이었다. 그러나 보기에 따라서는 김일손이 과격했고 정광필이 진중했다고도 볼 수 있다. 결국 김일손으로 인해 사림 세력은 회복할 수 없을 만큼 타격을 입기 때문이다.

연산군 시절, 3정승 중에서 특히 정광필을 아끼고 지원해 준 인물은 이극균이다. 그는 정광필이 관리의 길로 들어선 이후 줄곧 후견인 역할을 해주었다. 연산군이 조금씩 폭군의 길을 향해 나아가기 시작하던 연산군 9년 10월 9일에 연산군이 사냥을 가려 하자 경연에 참석했던 정광필은 "날씨가 추워지고 있어 옥체를 상할까 두렵다"며 사냥을 말렸다. 사냥을 해서는 안 된다고 한 것도 아니고 몸조심해야 한다는 아주 완곡한 표현이었다. 그런데 연산군은 이 정도에도 펄쩍 뛰었다. 연산군은 즉각 정광필을 국문하라며 우의정 이극균에게 전교하였다. 이극균은 글을 올려 "정광필은 임금을 사랑하는 마음에서 그런 말을 한 것이며, 또 그것은 광필 개인의 의견이 아니라 홍문관의 공의(公議)이기 때문에 그렇게 한 것"이라고 극구 변호했다. 아무리 우의정이라 하더라도 이 무렵 연산군의 상태를 감안하면 쉽게 할 만한 말이 아니었다.

여러 차례의 논란 끝에 연산군은 더 이상 처벌을 요구하지 않는다. 그 대신 당시 연산군의 심정을 엿볼 수 있는 전교를 덧붙인다.

"여러 신하들이 겉으로는 조심하고 바른 것 같지만 속은 정직하지 못하다. 이세좌 같은 사람도 평시에는 참으로 순후 근실한 것 같았는데 하사하는 술을 엎질러 쏟기까지 하였으니 어찌 그 마음을 알 수 있겠는가?"

이세좌는 이극균의 조카였다. 그 무렵 이세좌는 술자리에서 연산군이 내린 술잔을 쏟았다가 곤경에 처해 있었다. 정광필도 일단 용서해주겠지만 조심하라는 경고였다. 정광필은 이극균의 변호에 힘입어 '봉변'을 면할 수 있었다. 그러나 역사의 격랑은 더욱 거세지고 있었다.

이극균 또한 이세좌 사건에 연루돼 사약을 받았고, 조정의 한복판에 있던 정광필은 이 모든 과정을 눈앞에서 생생하게 지켜봐야 했다. 게다가 연산군이 폭거를 취할 때마다 "지당하옵니다"를 반복할 수밖에 없었다. 특히 자신의 후견인인 이극균이 비명횡사하는 장면을 보면서 말할 수 없는 자괴감을 느꼈을 것이다. '김일손의 말대로 지금의 나는 썩은 선비와 무엇이 다른가?'

그런데 뜻밖에도 정광필을 이 같은 정신적 고통에서 해방시켜준 것은 연산군이었다. 어머니 폐비 윤씨에 대한 복수를 어느 정도 끝낸 연산군은 이제 예전 일을 꼬투리 잡아 생사람을 처벌하기 시작했다. 1년 전 밤 사냥을 삼가라는 정광필의 충성 어린 주청이 또다시 문제가 됐다. 1년 전의 사냥 문제를 제기한 지 열흘 만인 연산군 10년 6월 17일, 연산군은 정광필에게 장 100대에 유배형을 명했다. 이때 함께 형벌을 받은 사람이 조원기, 오릉, 심정이었다. 정광필은 한양에서 그리 멀지 않은 충청도 아산으로 귀양 가야 했다.

사소한 문제로 귀양을 간 것이 정광필에게는 전화위복이었다. 그대로 조정에 남아 있었다면 연산군의 올가미에 걸려 어떻게 죽을지 몰랐고, 설사 그것을 피해 살아남았다 한들 반정이 일어났을 때 죽거나 정치적 생명을 잃어야 했을 것이기 때문이다. 2년 남짓한 아산 유배 생활은 오히려 훈구의 자식이었던 정광필이 사림의 정신세계를 받아들이는 환골탈태의 기회가 되었다. 그것은 이후 정광필의 새로운 정치 노선에 든든한 밑거름이 된다. 중종반정으로 사림 세상이 열렸지만 훈구의 자식 정광필이 영의정에까지 올라 사림들로부터 존경 받을 수 있었던 것은 기묘사화 때 조광조를 강력하게 변호한 탓도 있지만, 운명의 전환이 크게 작용한 것이기도 하다.

정광필은 예조정랑을 지낸 은진 송씨 송순년의 딸과 결혼해 정노겸, 정휘겸, 정익겸, 정복겸 등의 아들들을 두었으나 아들들은 그다지 크게 벼슬을 하지는 못했다. 넷째아들 정복겸이 강화부사를 했다는 기록이 있는 정도다. 오랫동안 정승을 한 정광필의 아들들치고는 다소 부진했다고 할 수 있다.

오히려 손자대(2대)에 가면 문과 급제자가 나온다. 첫째 정노겸의 아들 정유인(鄭惟仁)은 정광필이 세상을 떠난 지 5년 후인 중종 38년에 문과에 급제했다. 그리고 정유인의 아들 정지연은 우의정에 오르게 된다. 또 넷째 정복겸의 아들 정유길은 좌의정에 오른다.

정유길(鄭惟吉, 1515~1588년)은 할아버지 정광필이 세상을 떠난 해인 1538년(중종 33년)에 문과에 장원급제해 1544년에 이황, 김인후(金麟厚) 등과 함께 동호당(東湖堂)에서 사가독서(賜暇讀書, 안식년 휴가)하였고, 1552년에는 부제학을 거쳐 도승지가 되었다. 이후 요직을 두루 거쳐 1583년에 우의정에 오르고, 그 이듬해 궤장(几杖)이 하사되어 기로소에 들어갔으며, 1585년에는 좌의정이 되었다. 충효와 근신을 근본으로 삼고 넓은 도량을 가지고 있어 포섭력이 강하였으며, 큰일에는 대의를 가지고 과감하게 처신하였다는 평을 들었다. 할아버지 정광필의 국량(局量)을 이어받은 셈이었다.

여기서 한 가지, 조선 후기 최고의 문벌로 떠오른 안동 김씨와의 인연을 짚고 넘어가야 한다. 그의 딸이 안동 김씨의 번영을 이루는 김상헌(金尙憲), 김상용(金尙容)의 어머니였기 때문이다. 이와 관련해서는 한 가지 일화가 있다. 어느 날 길을 가다가 정유길은 안동 김씨 김극효(金克孝)와 마주치게 됐다. 그의 관상을 보니 그 몸에서 정승 판서가 나올 상이라 판단하고 그를 사위로 맞았다. 실제로 김극효는 이렇다 할 벼슬을 하지 못했지만 그의 아들 중에서 김상헌, 김상용은 정승 판서에 오르게 된다. 이후 김상헌 집안은 세도 정치의 중심에 설 때까지 조선 중후기의 정치를 이끄는 최고 핵심 집안으로 떠오르게 된다. 정유길의 아들 정창연도 훗날 좌의정에 오른다.

정광필의 장손인 정유인(정유길과는 사촌)의 아들 정지연도 우의정에 올랐다고 앞서 말했는데, 대기만성형의 인물이었던 정지연(鄭芝衍, 1527~1583년)은 당시 재야의 저명한 학자였던 이중호(李仲虎)에게서 학문을 익혔고, 이황, 서경덕(徐敬德), 성제원(成悌元) 등의 문하에 출입하기도 하였다. 정광필 때부터 마련한 집안의 세거지인 한양 회현동에 살았으며, 명종 4년(1549년)에 진사가 되었고 1566년에는 이황의 추천을 받아 하성군(河城君, 후의 선조)의 왕자 사부로 들어갔다. 그것이 인연이 되어 선조 즉위와 함께 부름을 받았다. 선조 2년(1569년), 의금부도사였던 43세에 문과에 급제하였다. 이후 3사의 요직을 지내면서 청론(淸論)을 주장하였고, 대사성, 대사간, 대사헌 등을 차례로 거치며 초고속 승진을 거듭한 끝에 선조 14년에는 우의정에 올라 문과 급제 13년 만에 정승이 되는 기록을 남겼다. 선조 16년 8월 1일자 『실록』에 있는 그의 졸기의 한 대목이다. 비슷한 시기에 우의정이 됐던 열두 살 위의 5촌 당숙인 정유길과 비교한 부분이 있어 눈길을 끈다.

"상(선조)이 잠저에 있을 적에 그에게 수학하였는데, 나이 45세에 의금부도사로 있다가 등제(登第)하여 곧바로 전조(銓曹, 이조)에 들어와 상당히 청론을 견지했다. 상이 불차탁용(不次擢用, 발탁 인사)하여 이때에 와서 정승에까지 제수하였는데, 출신한 지 겨우 13년 만에 이렇게 빨리 승진한 것은 과거에 없었던 일이다. 종숙인 정유길과는 나이가 비슷한데, 정유길은 재주가 있어 일찍 현달했으나 정치적 혼란 시기를 겪은 나머지 하자를 면치 못한 반면, 정지연은 별다른 재능이 없었어도 국량이 있었고 또 늦게 진출하였던 관계로 아망(雅望)을 잃지 않았다."

정지연의 육촌 동생이자 정유길의 장남인 정광필의 또 다른 증손자인 정창연(鄭昌衍, 1552~1636년)도 선조 12년에 문과에 급제해 핵심 요직을 두루 거쳐 이조판서에 올랐고, 광해군의 처외숙이었던 관계로 광해군 6년(1614년)에는 우의정에 오르고 곧 좌의정을 지냈다. 그가 여기에 만족했더라면 인조반정 때 무사하지 못했을 것이다. 그러나 그해 영창대군의 죽음에 항의하여 화를 당한 정온(鄭蘊)을 구제하는 데 최선을 다했고, 인목대비 폐모론이 일어나자 두문분출하여 탄핵을 받았으나 이 때문에 인조반정이 일어나고서도 무사할 수 있었다. 특히 그는 왕비 유씨(柳氏)의 외숙이었으므로 광해군과 친밀하여 억울하게 옥사에 걸린 사람들을 변호하여 구출해 주었다. 정창연이 바르게 처신하지 않았다면 인조반정 이후 동래 정씨 집안의 번성을 기대할 수 없었을지 모른다. 인조 1년(1623년)에 그가 다시 좌의정에 제수됐을 때 『실록』 사관의 평이다.

"창연은 사람됨이 성실하고 조심스러웠다. 폐비의 가까운 인척으로 자못 자신을 단속하고 경계하여 폐모의 정청(庭請)과 수의할 때 모두 참여하지 않았으므로 시론이 훌륭히 여기었다."

정광필의 증손자인 정지연이나 정창연이 정치적 격랑 속에서도 무사히 살아남아 정승에까지 오를 수 있었던 비결은 무엇일까? 결국은 정광필이 정립해놓은 가풍이라고 봐야 하지 않을까? 예를 들면 세조와 성종 때 동래 정씨 못지않은, 혹은 그보다 훨씬 번성했던 광주 이씨 집안이 연산군 때 일거에 몰락하게 되는 경우와 확연히 비교된다. 특히 연산군 집권 초기 영의정에까지 올랐던 이극배의 졸기는 그 점을 웅변하듯 보여준다.

"기개가 우람하고 도량이 깊고 사상이 확고하며, 평소에 말과 웃음이 적고 경학(經學)에 독실하고, 또 이치(吏治)에 능하며, 조복의 차림새로 조정에 서면 위의가 엄연하여 사람들이 바라만 보고도 두려워하였다. 그래서 초선(貂蟬, 당상관)을 달기 전부터 이미 공보(公輔, 재상)의 물망이 있었다. 정권(政柄)이 손아귀에 들어 있은 지 오래였으나, 문 앞에는 사알(私謁, 개인적 청탁)이 없었고, 물(物)에 있어서도 별로 좋아하는 것이 없었으며, 일찍이 가무나 관현(管絃)을 오락으로 삼지 않았다. 그리고 국가의 일을 의논함에 있어서는 대체(大體)를 잃지 않으려 힘쓰며, 까다롭고 세쇄한 것은 캐지 않았고, 평생에 남의 과실 말하기를 좋아하지 않았다. 항상 가문이 크게 성한 것을 염려하여 자제들을 훈계하되 '무릇 무슨 물건이고 성하면 반드시 쇠하는 법이다. 너희들은 혹시라도 자만하지 말라' 하고, 두 손자의 이름을 이수겸(李守謙), 이수공(李守恭)으로 지어주며 '처세하는 길은 이 두 글자보다 나은 것이 없다'고 하였으며, 아우 이극균(李克均)이 손님 대접하기를 좋아하는 것을 보고 매양 경계하였다."

결국 연산군 말엽 이극배의 걱정대로 이극균을 비롯해 이세좌 등 3족이 멸하는 고통을 겪어야 했다. 그래서 늘 마지막 한계를 조심했던 정광필 집안의 가풍에 눈길이 간다.

정광필 후손의 인맥은 네 아들 중에서 막내인 정복겸을 거쳐 정유길, 정창연으로 이어진다. 정창연에게는 정광성, 정광경이라는 두 아들이 있었다. 정광성은 판서, 정광경은 참판을 지냈다. 동래 정씨의 대대적인 번성은 이 두 사람의 아들 대에서 절정에 이른다.

먼저 정광성의 아들들을 보자. 장남 정태화(鄭太和, 1602~1673년)는 정광필 이후 동래 정씨 집안에서 처음으로 영의정에까지 오르게 된다. 그가 여러 판서를 지냈던 무렵은 소현세자의 죽음과 그 후계 문제로 조정 정신(廷臣)들 사이에 심한 충돌이 일고 있었고, 그 결과 소현세자의 부인 강씨가 사사(賜死)되고 그 아들들이 제주에 유배되는 사태까지 빚어져서 중진 관료로서 처신하기가 매우 어려웠던 시기였다. 그런데도 예조, 형조, 사헌부의 장관과 같은 난감한 직책을 되풀이 역임할 수 있었던 것은 성품이 온화하고 대인관계가 원만하여 적대 세력을 두지 않았기 때문이라고 전한다. 심지어는 뒷날에 사신(史臣)이 "조정의 의논이 자주 번복되어 여러 차례 위기를 맞았으나 그의 영현(榮顯)은 바뀌지 않았으니, 세상에서는 벼슬살이를 가장 잘하는 사람으로 그를 으뜸으로 친다"고 평할 정도였다.

정태화의 네 살 아래 동생 정치화(鄭致和, 1609~1677년)의 경력도 형 못지않다. 정치화는 아들을 얻지 못하여 형 태화의 막내아들 재륜(載崙)을 입양하였는데, 그가 효종의 딸 숙정공주(淑靜公主)의 남편인 동평위(東平尉)가 되어 효종과 사돈이 되었다. 정광필 집안에서는 왕실과 세 번째 맺은 인연이었다.

인조 6년(1628년)에 문과에 급제해 주로 3사의 청요직을 거쳤고, 충청도, 함경도, 황해도의 암행어사를 거쳐 1640년에는 세자시강원 보덕이 되어 심양에서 소현세자를 모시기도 하였다. 그러나 소현세자와의 깊은 인연이 결국 그에게 위기를 가져온다. 1645년에 승정원 동부승지가 되었으나 이듬해 일어난 소위 강옥 때 패초(牌招)를 올리지 않은 죄목으로 파직되었다. 그래서 1년 반 동안 폐고(廢錮, 관직에 나아가지 못함)되어 있다가 인조 25년(1647년) 말 평안도 관찰사로 승진하며 재기용되었다. 현종 8년(1667년)에 우의정이 되기까지 10년 동안 육조의 판서와 대사헌을 두루 역임했다. 우의정에 오른 이듬해 송시열이 우의정에 임명되면서 좌의정에 올랐지만, 곧 형 태화가 영의정으로 복귀하면서 중추부판사로 물러났다. 숙종 4년(1677년) 9월, 중추부영사로서 죽었다. 삼공(三公)의 자리에 있을 때에도 자의대비(慈懿大妃)의 복상 문제로 서인이 축출되는 사태가 빚어졌지만, 중도적 노선을 지켰기 때문에 화를 면할 수 있었다고 한다. 집안 특유의 중용이 정태화, 정치화 형제를 살렸다고 할 수 있다. 정치화의 줄기는 의외로 간명하다.

"정치화는 어려서부터 강직하고 명민하다는 칭송이 있었고, 또 청렴하다는 명망이 널리 알려졌다. 만년에 서자(庶子)를 지나치게 사랑하여 자못 뇌물을 받는다는 책망이 있었으므로, 그 좋은 명예를 보전하지 못하였다."

정치화보다 여덟 살 아래인 정만화는 문과에 급제해 병조참판을 지냈으나 두 형들에 비하면 크게 성공했다고는 할 수 없다.

이제 이들의 사촌이자 참판 정광경의 두 아들을 살펴보자. 형 정채화는 그다지 높은 벼슬을 하지 못했으나, 그보다 두 살 아래인 정지화(鄭知和, 1613~1688년)는 인조 15년(1637년)에 문과에 장원급제해 홍문관부수찬에 임용되었으며, 2년 후 사간원정언을 거쳐 세자시강원사서(世子侍講院司書)가 되어 심양에 가는 세자를 모셨다. 이처럼 정태화 형제들의 출세에는 집안의 가풍과 함께 소현세자와의 깊은 인연이 크게 작용했다.

그 뒤 병조참의가 되어 당상관에 올랐고, 안으로는 승지, 대사간 등을 거치는 한편 밖으로는 전라도, 함경도, 평안도 등의 관찰사를 지내다가 현종 5년(1664년)에는 형조판서에 올랐다. 그리고 숙종 1년(1674년)에 좌의정이 되기까지 각 조의 판서와 대사헌을 거듭 역임하면서,

1666년과 1667년에는 동지사(冬至使)로 청나라 연경(燕京)에 다녀왔다.

그러나 예조판서로 있던 현종 14년(1673년)에 영릉(寧陵, 효종릉)의 봉심(奉審)을 잘못한 죄로 관작을 삭탈당하고 한성 문밖으로 출송되었다. 1년간 시골에서 지내다가 현종이 죽기 몇 달 전에 좌의정으로 기용되었으나, 곧 신병을 칭하여 중추부판사로 물러앉았다. 현종의 죽음과 더불어 다시 복상 문제가 일어나(2차 예송) 송시열을 비롯한 서인들이 모두 화를 입었기 때문이다. 겨우 죽음을 면한 그는 1680년에 숙종이 환국을 통해 허적의 남인을 몰아내고 서인을 중용할 때 다시 좌의정이 되어 한동안 정계에서 활약하기도 했지만, 대부분의 세월을 중추부의 판사나 영사로 지내면서 한가히 보내다가 76세로 죽었다. 그에 관한 사관의 평이다.

"관직에 있을 때 엄숙함을 자못 명령하면 시행되고 금하면 그쳐지는 효과가 있었다. 성품이 음악과 여색과 거문고와 퉁소를 좋아하여 분대(粉黛, 곱게 화장한 미인)가 좌우를 떠나지 않았으며, 즐겨 노는 것이 습관이 되어 공무에 게을러 힘쓰지 않았으므로, 직위가 정승에 이르렀으나 정책을 수립하여 밝힌 것이 없었다. 가세(家世, 문벌)로써 정승에 올랐는데, 간당(奸黨, 남인을 지칭)이 정권을 잡은 시기를 만나자 곧 사임하여 집에 있었다. 그러나 남인인 윤휴와 허목의 무리가 예송을 문제삼아 송시열을 죽이려고 할 때 곧 차자(箚子, 약식 상소)를 올려 그들의 잘못을 남김없이 말하였으니, 밝고 정대하여 흉론(凶論)이 조금 좌절된 것은 정지화의 힘이었다. 그래서 사람들은 '이 한 가지 일이 자못 정광필의 후손임에 부끄러울 것이 없다'고 하였다."

여기서 주목해야 할 것은 맨 마지막 문장이다. 이때까지도 정광필의 명망이 이어지고 있었다는 것을 알 수 있기 때문이다.

5대에서 정태화, 정치화, 정지화 세 명의 정승이 나왔고 6대에는 정태화의 아들 정재숭(1632~1692년)이 우의정에 이른다. 7대에는 다소 부진했다가 8대에 정태화의 증손자인 정석오(1691~1748년)가 좌의정, 9대에 정태화의 현손인 정홍순(1720~1784년)이 우의정에 오르며, 10대 이후에도 영의정 정존겸(1722~1794년), 영의정 정원용(1783~1873년), 좌의정 정범조(1833~1898년) 등이 나와 동래 정씨의 문벌 파워는 조선이 망할 때까지 이어지게 된다.

조선 후기 왕실을 능가한 안동 김씨

조선 후기 안동 김씨의 번성은 앞서 잠깐 언급했던 만남, 즉 정유길과 김극효(1542~1618년)의 만남에서 시작된다. 그전까지만 해도 안동 김씨는 그다지 세력이 강한 집안은 아니었다.

실제로 김극효의 두 아들 김상용(金尙容, 1561~1637년)과 김상헌(金尙憲, 1570~1652년)이 각각 문과에 급제해 서인의 중견 인물로 활약하면서 '안동 김씨'의 번성은 시작된다. 김상용은 선조 23년(1590년), 김상헌은 임진왜란이 한창이던 선조 29년에 문과에 급제해 관리의 길로 들어섰고, 선조 때까지만 해도 이렇다 할 정치 바람을 타지 않고 요직을 두루 거치며 승승장구했다. 그런데 광해군 때부터 이들 형제는 고초를 겪기 시작한다. 광해군 5년에 계유옥사로 인목대비의 아버지 김제남이 사사되고 서인에 대한 북인들의 탄압이 본격화된 것이다. 게다가 김상헌의 양자인 김광찬(金光燦)이 김제남의 손자사위여서 김상헌과 김제남은 사돈이었다. 김상헌도 이때 파직당하게 된다.

두 사람은 인조반정에 참여하지는 않았지만 반정 세력과 노선이 같았고 관료로서 전문성도 갖추고 있었다. 그래서 김상용은 공신들의

왼쪽부터 김수항, 김창집, 김창흡. 이들은 조선의 대표적인 명문가 안동 김씨 집안의 인물로 벼슬뿐 아니라 높은 학문으로도 이름을 떨쳤다. 덴리대학 소장

지지를 받아 이조판서에 오르게 된다. 반면 동생 김상헌은 대사간으로 국정에 참여했지만 형과 달리 공신 세력에 대해 다분히 비판적이었다.

두 형제의 이름을 역사에서 분명하게 각인시킨 계기는 병자호란이다. 인조 15년(1637년) 1월 청나라 군대가 강화도를 함락하려 할 때 종묘 신주를 모시고 왕실 사람들과 함께 강화도로 피난했던 형 김상용은 남문 누각에 올라가 화약을 터뜨려 분사(焚死)했다. 순절(殉節)이었다. 동생 김상헌은 오랜 논란 끝에 척화파의 대표로 자리 잡게 된다. 형제 모두 의리와 명분이 중시되던 시절에 상징적 인물이 된 것이다. 김상헌은 인조 24년에 좌의정에 오른다.

김상용, 김상헌 형제의 아들 대에서는 고위직에 진출한 인물이 별로 없었다. 그러나 손자 대에 이르면 크게 번성하기 시작한다. 김상헌의 손자 김수증, 김수홍, 김수항 셋 중에서 김수홍과 김수항이 영의정에 오른 것이다.

셋 중에서 후손이 가장 번성한 이는 김수항(金壽恒, 1629~1689년)이다. 김수항은 송시열과 함께 서인 중 노론을 이끌던 정치 지도자로, 숙종 때 남인이 재집권한 기사환국이 일어나 세상을 떠나게 된다. 이런 시련은 장기적 관점에서 보면 안동 김씨를 더욱 높이는 계기로 작용했다.

김수항에게는 김창집, 김창협, 김창흡, 김창업 등의 아들이 있었는데, 모두 학문적으로 출중했다. 김창집(金昌集, 1648~1722년)은 아버지에 이어 영의정에 올랐고, 순조 때부터 본격적으로 안동 김씨 시대를 열게 되는 김조순(金祖淳, 1765~1832년)은 김창집의 현손(玄孫)이다. 훗날 김창집의 후손 중에서만 영의정 두 명(김좌근, 김홍근)과 좌의정 한 명(김홍근)이 나오게 된다. 안동 김씨의 핵심 계보인 셈이다.

김창흡의 현손 김달순도 우의정에 오른다.

　김상헌의 후손에 비하면 김상용의 후손은 상대적으로 높은 관직에 오른 편은 아니다. 물론 여러 명의 판서와 대사헌 등을 배출했지만 정승에 오른 인물은 김상용의 손자 김수민의 현손인 김이교(金履喬, 1764~1832년)가 좌의정이 된 정도였다.

　일반적으로 '세도 정치' 때문에 안동 김씨에 부정적인 인식을 가지는 경향이 있다. 그러나 특정 집안에 대한 호불호를 떠나 집안이 면면히 이어지며 명문가의 전통을 이어갈 때는 그만한 저력이 있다고 봐야 한다. 안동 김씨 집안에는 자랑스러운 선조들이 있었고 학문을 숭상했으며 타인을 배려하는 유연함이 있었다. 물론 강한 권력 의지 또한 작용했을 것이다.

| 사진 출처 |

17쪽   개성 왕씨의 족보, 국립중앙도서관 소장

20쪽   숭의전, 경기도 연천 소재

25쪽   제주도 법화사 대웅전, 서귀포시 하원동 소재

33쪽   〈금강전도〉, 호암미술관 소장

35쪽   〈옹천도〉, 국립중앙박물관 소장

41쪽   안평대군이 쓴 칠언절구, 출처 미상

55쪽   「능엄경」, 동국대 중앙도서관 소장

57쪽   〈장안사도〉, 국립중앙박물관 소장

71쪽   인목대비의 글씨, 강릉시 오죽헌시립박물관 소장

81쪽   「선원계보기략」, 장서각 소장

93쪽   황희의 초상, 덴리대학 소장

96쪽   이덕형의 초상, 덴리대학 소장

119쪽   「내훈」, 규장각 소장

133쪽   이이의 초상, 강릉시 오죽헌시립박물관 소장

141쪽   「향화인등록」, 규장각 소장

148쪽   「실록포쇄제명기」, 규장각 소장

155쪽   「성학십도」, 장서각 소장

158쪽   〈평생도〉, 국립중앙박물관 소장

174쪽   「삼강행실도」, 규장각 소장

204쪽   〈담배 썰기〉, 국립중앙박물관 소장

210쪽   김상헌의 글씨, 출처 미상

222쪽   「동의보감」, 국립중앙도서관 소장

233쪽   면신례 관련 기록, 화성시 소장

234쪽   〈평생도〉, 국립중앙박물관 소장

258쪽   선조가 쓴 오언절구, 속리산 법주사 소장

273쪽   「용재총화」, 고려대박물관 소장

283쪽   〈경복궁〉, 고려대박물관 소장

285쪽   〈격구도〉, 마사박물관 소장

309쪽   「한석봉증류여장서첩」, 국립중앙박물관 소장

317쪽   「논어언해」, 규장각 소장

317쪽   「미암일기」, 출처 미상

319쪽   정구의 시문집, 성호기념관 소장

325쪽   〈평양성 탈환도〉, 국립중앙박물관 소장

340쪽   〈명량해전도〉, 출처 미상

361쪽   김수항 초상, 덴리대학 소장

361쪽   김창집 초상, 덴리대학 소장

361쪽   김창흡 초상, 덴리대학 소장

조선사 진검승부

초판 1쇄 2009년 11월 25일
초판 3쇄 2015년 10월 30일

지은이 | 이한우
펴낸이 | 송영석

편집장 | 이진숙 · 이혜진
기획편집 | 차재호 · 김정옥 · 정진라
외서기획 | 박수진
디자인 | 박윤정 · 박새로미
마케팅 | 이종우 · 한명회 · 김유종
관리 | 송우석 · 황규성 · 전지연 · 황지현

펴낸곳 | (株)해냄출판사
등록번호 | 제10-229호
등록일자 | 1988년 5월 11일

04042 서울시 마포구 잔다리로30 해냄빌딩 5 · 6층
대표전화 | 326-1600 **팩스** | 326-1624
홈페이지 | www.hainaim.com

ISBN 978-89-7337-225-6